EUGENE T. GENDLIN

DEIN KÖRPER – DEIN TRAUMDEUTER

EUGENE T. GENDLIN

DEIN KÖRPER –
DEIN TRAUMDEUTER

OTTO MÜLLER VERLAG SALZBURG

Deutsche Übersetzung:
KATHARINA SCHOCH

ISBN 3-7013-0725-3

© deutsche Ausgabe: 1987 Otto Müller Verlag, Salzburg
Titel der amerikanischen Originalausgabe:
Let your body interpret your dreams
Copyright © 1986, by Eugene T. Gendlin, Ph.D.
Published by arrangement with Chiron Publications,
Wilmette, Illinois 60091
Satz: Verlag Politisches Archiv, Landshut
Druck und Bindung: Wiener Verlag, Himberg

Inhalt

Vorwort

Jeder träumt. Und er träumt seinen ureigensten, einmaligen Traum. Der Traum als inneres Ereignis mit seiner spezifischen Qualität, den farbigen Bildern, den tiefen Gefühlen, den Anmutungen, Handlungen, Bewegungen, Geräuschen und dem anscheinend Unsinnigen bleibt als ganzheitliches Erlebnis unvermittelbar. Nur der Träumer hat es. Der Traum bleibt die mit-gemachte Erfahrung des Träumers. Versteht der Träumer seinen Traum, hat er ein Aha-Erlebnis, das ihn einen Schritt weiterbringt.

Wann versteht der Träumer seinen Traum? Wenn es ihm gelingt, seine bewußte Welt in Beziehung zum Traum, diesem geheimnisvollen Geschehen zu bringen. Manchmal weiß ein Träumer spontan, wovon sein Traum handelt, aber er erkennt das Neue nicht, das der Traum auch bringt. Die neuen, zukunftsweisenden Schritte aus dem Traum zu finden, bleibt glücklicher Zufall, solange er den Schlüssel nicht besitzt, der den Zugang zum Traum öffnet. Der Schlüssel muß zwei Schlösser öffnen: Körper und Geist. Die Zwiesprache zwischen Körper und Denken ist Verstehen. Das hat Gendlin entdeckt. Seither ist klar: jedes Aha-Erlebnis ist ein Körpervorgang. Der Schlüssel zum verborgenen Körperwissen steckt in einer unscheinbaren, meist übergangenen Körperempfindung, die Gendlin »Felt sense« nennt. Der »Felt sense« ist der Ausgangspunkt des leibhaftig spürbaren Veränderungsprozesses, dem Gendlin den Namen »Focusing« gab, und der schon verschiedentlich beschrieben wurde.

In diesem Buch nun verknüpft Gendlin Traum und Körper in einer Weise, die für die Traumdeutung neu ist. Seine Methode könnte man holographisch nennen, denn der »Felt Sense« kann mit einem Hologramm verglichen werden. Die Holographie als völlig neue Informationsübermittlung entspricht dem lebendigen Traumgeschehen viel eher als die fotographische Punkt-für-Punkt Wiedergabe. *So wie die Holographie die Fotographie revolutioniert, so transponiert Gendlin's Methode die herkömmliche Traumdeutung auf eine neue Ebene.* Hologramme haben anfänglich nicht die geringste Ähnlichkeit mit dem gespeicherten Objekt. Erst die richtige Bestrahlung läßt das ganze dreidimensionale Bild in Erscheinung treten. Ähnlich ist es mit dem »Felt sense«, der sich durch die Linse des Focusing in mehrdimensionaler Weise entfaltet und dadurch einen Prozeß in Gang setzt, der neue Gefühle und unbekannte Bedeutungen ins Bewußtsein bringt. Alles ist gleichzeitig da. Manchmal beinhaltet ein Traumfragment den ganzen Traum. Bei Hologrammen spiegelt jedes Stückchen das ganze Bild. Hologramme kann man von allen Seiten betrachten. Im Focusing umwandert die Aufmerksamkeit den »Felt sense« spielerisch, um seiner Bedeutung näher zu kommen und zu beobachten, wie er sich verändert.

Dieses ganze holographische know-how legt Gendlin an die Träume an. Er leitet den Träumer, der seinen Traum nicht versteht, an, konkret jene Stelle in seinem Körper zu finden, von der aus der Prozeß des Verstehens in Gang kommt. Der Körper hat die ganze Traumangelegenheit erfahren, bevor sich der Traum beim Erwachen auf einzelne Bilder reduziert. Diese erinnerten Bilder sind nur ein Teil des Traumgefüges. Träume tragen ihre eingefaltete Bedeutung. Um ihren Sinn zu verstehen, muß der Träumer unter die Bilder vorstoßen. *Er muß die körperliche Resonanz der Symbolisierung aufspüren.*

Im Gegensatz dazu gehen herkömmliche Traumdeutungen von festgeschriebenen Bedeutungen der Symbole aus. So entarten Symbole zu starren Bildern. Wenn ein Träumer hingegen die individuelle Bedeutung seines Traumes gefunden hat und gleichzeitig seine Wurzel im Kulturgut entdeckt, ist dies etwa völlig anderes, als wenn er auf Symbole festgelegt wird, die in seinem Fall vielleicht gar nicht zutreffen. *Den Körper in Beziehung zu den Symbolen zu bringen und ihn Schritte machen lassen, das ist neu.*

Traumtheorien und Symbole können durch Gendlins Methode der Verknüpfung mit dem Körpererleben zu neuer Lebendigkeit gelangen. Insofern kommt diesem Buch große Bedeutung zu, als es einen Brückenschlag zwischen den verschiedenen Traumdeutungsmethoden ermöglicht. Focusing leistet den Pendeldienst zwischen Traum und Körper, der die Träume enträtseln hilft – unabhängig davon, welche Theorie dahinter steht.

Mit diesem Buch muß die fundamentale Erfahrung des Träumens nicht länger unverstanden beiseite gestellt werden.

Zürich, im Juli 1987   *Agnes Wild-Missong*

8

1. KAPITEL

Einführung

Die in diesem Buch dargestellte Methode der Traumdeutung hat drei Vorteile: *Erstens beschränkt sie sich nicht auf eine einzige Theorie oder ein einziges Glaubenssystem.* Die Interpretationen der Fachleute sind widersprüchlich, da sie einen Traum von verschiedenen Gesichtspunkten her beurteilen. Unsere Methode ermöglicht es, alle diese Gesichtspunkte mit einzubeziehen, ohne auf einen einzigen davon beschränkt zu sein.

Zweitens besteht der Prüfstein dieser Methode aus Ihrer eigenen körperlichen Erfahrung, aus einer Öffnung, die sich in Ihnen vollzieht. Eine Interpretation ist dann, und nur dann, zutreffend, wenn Sie einen Durchbruch, eine körperlich wahrgenommene Bewegung, erleben.

Lassen Sie mich gleich auf der ersten Seite des Buches erklären, woraus dieser Prüfstein besteht: Nehmen wir zum Beispiel an, Sie haben etwas vergessen, was Sie heute erledigen wollten. Sie wissen, daß Sie sich etwas vorgenommen haben, aber Sie wissen nicht mehr, was es war. Sie empfinden ein eigenartiges, unklares Gefühl (wir nennen es einen »Felt Sense«) von dem, was Sie vergessen haben. Sie überlegen sich, was es sein könnte, zum Beispiel: »Es muß mit meiner Arbeit zusammenhängen«, oder »Vielleicht ist es das, was Jeannie mich gebeten hat zu tun.« Das mögen gute Ideen sein. Es sind Dinge, die Sie wirklich tun müssen. Aber solange sich das unklare Gefühl in Ihnen nicht bewegt, wissen Sie, daß es nicht das ist, was Sie vergessen haben.

Wenn es Ihnen endlich einfällt, empfinden Sie eine körperliche Erleichterung. Das ist es! Sie wissen plötzlich nicht nur, was Sie tun wollten, sondern auch warum, wo, mit wem Sie es tun wollten, und welche Gefühle Sie dabei empfanden. Wenn Sie nun jemand fragen würde: »Wie kannst du wissen, daß es das ist, was du vergessen hast?« (und nicht etwas mit Ihrer Arbeit oder Jeannies Sache), würden Sie ihn auslachen. Das Gefühl in Ihrem Körper ist unmißverständlich. Sie haben sich erinnert.

Ein Durchbruch in der Interpretation eines Traumes ist genau dasselbe. Vorher erscheint der Traum verrückt, ohne Bedeutung, und gibt Ihnen nur einen unklaren »Felt Sense«. Nachher sagt er Ihnen auf einmal alles über einen bestimmten Aspekt Ihres Lebens, und Sie wissen das auch. Ein solcher Durchbruch geht einher mit einer köperlich wahrgenommenen Erleichterung, mit einer Freisetzung von Energie in Ihrem Körper. Vor dem Durchbruch gab es mehrere Interpretationen, die auf Ihren Traum zutreffen konnten. Nach dem Durchbruch ist es aber nicht mehr eine Frage der bloßen Wahrscheinlichkeit, sondern Sie wissen, was der Traum Ihnen sagen will.

Später werden wir uns noch mit einigen subtileren körperlichen Antworten befassen, mit denen Sie weiter an Ihrem Traum arbeiten können.

Drittens kann diese Methode gelehrt und gelernt werden. Ich habe die Theorien verschiedener Fachleute übernommen und in Fragen umgewandelt. Sie können diese Fragen sich selbst stellen (oder einer andern Person, wenn Sie dieser helfen, ihren Traum zu interpretieren). Sie stellen die Fragen langsam, eine nach der anderen, bis sich der »Felt Sense« des Traumes öffnet und der Durchbruch stattfindet. Daß die Experten unterschiedliche Auffassungen vertreten, tut dabei nichts zur Sache – Sie können sich dem Traum mit der Frage des einen von ihnen annähern, dann mit der eines anderen und noch eines anderen. Bei verschiedenen Träumen führen verschiedene Fragen zu einem Durchbruch – dem »Felt Shift«.

Diese Methode ist »Focusing«, angewandt auf Träume (Gendlin 1981 dt. 1981 im Otto Müller Verlag, Salzburg). Eine Reihe von Untersuchungen hat ergeben, daß eine psychische Veränderung eintritt, wenn eine bestimmte Art von Aufmerksamkeit auf das körperliche Geschehen gewendet wird. Das bezeichnen wir heute als »Focusing« (Mathieu-Coughlan und Klein 1984). Diese Veränderung tritt immer dann ein, wenn sich die Leute nicht auf das Reden oder Denken beschränken. Sie spüren auch nicht nur immer und immer wieder dieselben, wenn auch intensiven Gefühle. Vielmehr empfinden sie auch körperlich das, was sie nicht definieren können.

Diese Art der Aufmerksamkeit ist erkennbar. So sagt zum Beispiel die betreffende Person etwas, dann folgt eine kleine Pause, dann meint sie: »Nein, das ist nicht ganz richtig. Ich kann es fühlen, aber ich weiß nicht, was es ist. Dennoch weiß ich, daß das, was ich soeben gesagt habe, nicht richtig ist.« Eine weitere Pause . . . Dann sagt sie auf einmal: »Oh, jetzt weiß ich! Es ist so, daß . . .«. Nach einigen Sätzen fragt sie: »Ist das richtig?« Wieder Stille . . . Nun sagt sie vielleicht: »Nein. Auch das ist nicht richtig.« Oder sie atmet auf und zeigt Zeichen der Erleichterung: »Ja, das ist richtig. Das ist es.«

Es hat sich gezeigt, daß Veränderung und Lösung der Probleme bei denjenigen, welche in dieser Weise aufmerksam sind, voraussehbar sind. Diejenigen, die nur reden, denken oder erkennbare Emotionen empfinden, verändern sich meist nicht. Diese Erkenntnis ist in zahlreichen Untersuchungen bestätigt worden.

Die meisten Leute kennen diese merkwürdige Art der körperlichen Wahrnehmung nicht. Nur selten machen sie die Erfahrung eines körperlichen Gefühls, dessen Sinn sie nicht erfassen können. Es geschieht dann, wenn jemand, wie man so sagt, eine schlechte Vorahnung hat. Vielleicht scheint eine bestimmte Situation, zum Beispiel ein berufliches Angebot, bei logischer Betrachtung nur Vorteile zu bieten. Dennoch kann man in seinem Körper ein unbestimmtes Unbehagen empfinden. Man weiß nicht warum und kann es nicht definieren, aber . . .

Ein solcher »Felt Sense« ist selten. Wenn Sie aber die Technik des Focusing beherrschen, können Sie einen »Felt Sense« über jedes Thema erhalten, wann immer Sie wollen.

Wir lehren heute diese Technik in vielen verschiedenen Zusammenhängen. Focusing zu lernen erfordert jedoch ein gewisses Maß an Zeit und Übung. Es kann gelernt werden, indem man mit Träumen arbeitet. Das Schwierigste ist, einen »Felt Sense« aufsteigen zu lassen. Bei einem Traum ist es aber oft leicht. Ein Traum bringt gewöhnlich einen »Felt Sense« mit sich. Wenn nicht, wird er sich bald einstellen, wenn Sie auf Ihren Körper achten, während Sie über den Traum nachdenken. Der »Felt Sense« ist jene unbestimmte, eigenartige körperliche Empfindung, die Ihnen der Traum vermittelt.

Manchmal können Sie sich nicht mehr an einen Traum erinnern, wissen aber, daß Sie einen gehabt haben. Wie können Sie das wissen? Sie haben den »Felt Sense« des Traumes in sich, wenn Sie erwachen. Wenn Sie Ihre Aufmerksamkeit auf dieses unbestimmte Gefühl richten, es berühren, vielleicht wieder verlieren und erneut berühren, kann die Erinnerung an den Traum plötzlich wieder auftauchen.

Der »Felt Sense« ist am ehesten bemerkbar, wenn vom Traum nichts anderes mehr übriggeblieben ist. Er kann aber auch gleichzeitig mit der Erinnerung an den Traum auftreten. Der »Felt Sense« ist kein gewöhnliches Gefühl wie Zorn, Furcht oder Traurigkeit. Zusätzlich zu solch definierbaren Gefühlen hinterläßt ein Traum auch ein einzigartiges Gefühl, das in keine dieser Kategorien paßt. Sie können es nicht benennen. Es ist eine undefinierbare, umfassende, verwirrende, eigenartige, unbestimmte, unbehagliche körperliche Empfindung.

Mit unserer Methode richten Sie die Fragen dorthin – zum »Felt Sense«. Dann warten Sie, um zu sehen, ob etwas Neues auftaucht.

Zu Beginn beantworten die Leute Fragen über einen Traum meist sehr rasch mit »Nein« oder »Nichts«. »Woran erinnert Sie dieser Traum?« »An nichts.« Oder »Woran erinnert Sie dieses Haus?« »An nichts.« Jede Frage benötigt jedoch etwa eine Minute zu ihrer Beantwortung. Statt gleich zu sagen »Nichts«, warten Sie ein wenig. Diese Zeit ist nicht lang genug, um gelangweilt oder unter Druck gesetzt zu werden, aber gerade lang genug, daß die Frage den »Felt Sense« des Traumes berühren kann.

Sie stellen die Frage nicht Ihrem Bewußtsein. Sie fragen den »Felt Sense« des Traumes in Ihrem Körper.

Die traditionelle Methode, Träume zu »interpretieren«, geht von einem einzigen Gesichtspunkt aus und kommt zu gewissen Schlußfolgerungen. Ich bestreite, daß Träume auf diese Weise gedeutet werden können. Solche Schlußfolgerungen sind lediglich Hypothesen. Es gibt keine Interpretation, solange sich im Träumer nichts bewegt als Antwort auf diese Hypothese. Deshalb habe ich diese verschiedenen Theorien in Fragen umgewandelt. Sie stellen dem »Felt Sense« Ihres Körpers eine Frage. Wenn keine Reaktion erfolgt, fahren Sie mit einer andern Frage fort.

Kommt die Antwort aus dem »Felt Sense« selbst, fühlen Sie das körperlich in Form einer Entspannung, eines »Felt Shift«. Das, was jetzt kommt, ist konkret für sie – ich brauche Ihnen nicht mehr zu sagen, daß Ihr Gefühl richtig ist und daß Sie die Interpretation Ihres Traums gefunden haben.

Das ist unser Prüfstein.

Ich verdanke diese Form der Methode meinen drei Jahren als Gastdozent am Richmond College in der City University of New York.

Die Studenten waren zum größten Teil Krankenschwestern, Hausfrauen, Polizisten, berufstätige Leute. Meine Aufgabe war es, die Dinge klar und einfach darzustellen, ohne dabei das Wesentliche aus den Augen zu verlieren. Deshalb mußte ich das Wesentliche herausarbeiten und präziser darstellen, als es ist. Damit erreichte ich Fortschritte. Ich widme dieses Buch dem Richmond College.

Die Methode, Traumdeutung zu lehren, die ich dort entwickelte, unterschied sich von den sonst üblichen Methoden. Natürlich benutzten wir die Bücher von Freud und Jung. Aber die Focusing-Methode, bei der man Fragen stellt, ermöglichte es fast allen Studenten, ihre Träume ganz konkret zu interpretieren und anderen Studenten dabei zu helfen. Sie alle wandten diese Methode auch bei Ehegatten und Freunden an. In einem gewissen Sinne taten die Studenten sogar mehr als unter Experten üblich ist. Selbst erfahrene Fachleute interpretieren einen Traum selten mit der Bestätigung durch ihr Erleben, statt bloße Vermutungen anzustellen. Ich entdeckte, daß die Studenten und ich eine neue professionelle Methode entwickelt hatten. Das überraschte mich.

Die Studenten wußten nicht genug über dieses Fachgebiet, um überrascht zu sein. Sie akzeptierten diese neue Fähigkeit ganz einfach als etwas, das man im College lernt. Aber sie waren begeistert. Am Ende eines Kurses sagte mir ein Student: »Ich kann meine Träume interpretieren und meine Frau und andere Leute dazu bringen, es ebenfalls zu tun. Ich half meiner Nachbarin, bis sie es konnte, und es brachte ihr viel. Ich werde Sie im Buch meines Lebens festhalten, weil Sie mir diese Fähigkeit gegeben haben.« So etwas ist der schönste Dank, den ein Lehrer bekommen kann.

Die drei Vorteile dieser Methode sind, daß wir alle Theorien gleichzeitig anwenden können, daß sie auf der eigenen körperlichen Erfahrung des Träumenden beruht, und daß sie gelehrt werden kann.

Jetzt, da ich mich dieser Neuerungen gerühmt habe, muß ich sie auch etwas bescheidener darstellen. Nichts, was wir über menschliche Wesen sagen, ist sicher. Träume sind geheimnisvoll; nichts an ihnen ist sicher. Wir haben kein unfehlbares Verständnis der Bedeutung unserer Träume. Was ich bieten kann, ist lediglich eine Methode der Bescheidenheit. Eine Interpretation nach einer bestimmten Theorie kann sehr sinnvoll erscheinen, aber wenn man dann eine andere

Interpretation nach einer andern Theorie hört, kann diese ebenfalls einen Sinn ergeben. Und es gibt viele Theorien. Bescheidener ist es, allen Interpretationsmöglichkeiten gegenüber offen zu bleiben. Nur das, was Ihr Körper aussagt, ist die richtige Interpretation Ihres Traumes.

Selbst das ist nur eine Methode unter anderen. Sie schließt andere Möglichkeiten nicht aus.

Auch ist die Methode nicht ganz so einfach, wie ich zu Beginn sagte. *Die Methode hat einen zweiten Teil.*

Es gibt zwei Stufen der Traumdeutung. (Manchmal treten sie beide gleichzeitig ein, manchmal nicht.) Ein Durchbruch kann Ihnen mitteilen, worauf sich der Traum bezieht, aber Sie können feststellen, daß er Sie nichts lehrt, was Sie nicht schon zuvor wußten. Dann handelte es sich lediglich um die erste Stufe der Traumdeutung. Sie können zu einer zweiten Stufe weitergehen, wie ich es Ihnen zeigen werde – das gelingt aber nicht mit jedem Traum. Gelingt es aber, werden Sie sich dadurch weiterentwickeln.

Die Methode besteht also nicht bloß darin, Fragen zu stellen, bis sich der »Felt Sense« des Traumes öffnet. Gewöhnlich ist eine zweite Stufe erforderlich. Im zweiten Teil wenden wir auch die wichtige *»Voreinge-nommenheits-Kontrolle«* an, die ich in Kapitel 10 erklären werde. Wir benötigen sie, um eine Falle zu umgehen, der wir alle begegnen, wenn wir unsere eigenen Träume interpretieren: Wir neigen dazu, dieselbe fehlerhafte Sicht auf den Traum anzuwenden, die wir im Leben auch sonst immer haben. Dann scheint uns der Traum nur das zu sagen, was wir uns selbst immer schon gesagt haben.

Mein Traum entsteht in meinem Körper. Sie können sagen: »Er kommt von mir«, aber »von mir« ist ein vielschichtiger Begriff. Die menschliche Subjektivität ist nichts Eindimensionales. Das gewöhnliche, bewußte Ich besteht schon aus zahlreichen Prozessen, aber es stellt nur einen kleinen Teil dessen dar, was Menschen sein können. Sie können aber auch sagen, der Traum »kommt zu mir«. (Wir wollen uns nicht auf eine bestimmte Konzeption von Träumen – oder von Menschen – beschränken.) Auf jeden Fall drückt er mehr aus, als ich schon weiß. Wenn ich ihn aber interpretiere, benütze ich Ansichten, die ich kenne. Deshalb sehe ich gerade das nicht, was über das bereits Bekannte hinausgeht. Wie kann ich das erkennen?

Alle, die sich mit Träumen beschäftigen, stoßen auf dieses Problem.

Sie schließen daraus, daß man seine eigenen Träume nicht interpretieren kann. Die *»Voreingenommenheits-Kontrolle«* löst diesen Konflikt.

Wie kann ich es verhindern, daß ich dem Traum meine gewohnten, vorgefaßten Meinungen aufzwinge? Die *»Voreingenommenheits-Kontrolle«* ermöglicht es meinem Körper, das zu verhindern. Sie funktioniert nicht immer, aber häufig.

Wenn ich Ihnen die *»Voreingenommenheits-Kontrolle«* erkläre, werden Sie genau sehen, wie das funktioniert. Hier möchte ich Sie nur auf dieses Problem aufmerksam machen und auf die zweite Stufe der Methode hinweisen.

Das meiste, was ich über Träume weiß, stammt von Bonime (1962), Boss (1958), Ernest FitzHugh, Freud, Mary Hendricks, Barbara Ingram, Jung, Malamud (1967, 1979), Perls, Arvind Vasavada, Whitmont (1978), H.R. Wijngaarden, und aus einem ausgezeichneten Artikel von Berry (1974). Ich steuerte nur die neue Methode bei, die körperliche Wahrnehmung, bei der sich die verschiedenen Theorien anwenden lassen. Die Methode entstand aus dem Focusing, das wiederum aus der Forschung und dem philosophischen Werk über das Denken und Erfahren hervorging. Focusing erscheint auf den ersten Blick als etwas Merkwürdiges. Man richtet seine Aufmerksamkeit auf etwas Unbestimmtes, etwas, das man normalerweise nicht wahrnimmt. Es ist zweifellos da, dieses eigenartige Gefühl in Ihrem Körper. Sie können aber nicht sagen, was es ist. Zuerst erscheint es als etwas so Vages, kaum Beachtenswertes. »Das ist nichts«, werden Sie sagen. »Was könnte aus dem entstehen?« Aber genau so »hat« Ihr Körper den Traum. In diesem »Felt Sense« ist alles enthalten, was Ihr Organismus weiß. Und noch mehr. Er bestimmt auch, welchen Schritt Ihr Organismus als nächsten benötigt. Dieser Schritt wird aber erst dann ganz deutlich, wenn er da ist.

Bis hierher habe ich nur einen kurzen Überblick gegeben. Gehen wir nun die Methode in allen Einzelheiten durch.

STUFE I: DER DURCHBRUCH

2. KAPITEL

Die Fragen

In diesem Kapitel werden die Fragen dargestellt. Ich erkläre sie hier noch nicht; ich zähle sie lediglich auf, damit sie leicht gelernt und im Gedächtnis behalten werden können. Jede Frage wird in Anhang B näher erläutert. Sehen Sie dort nach, jetzt gleich oder später, wie man sie anwendet.

Sie werden nie bei einem einzigen Traum alle Fragen stellen müssen. Nur die erste Frage muß jedesmal angewendet werden. Dann gehen Sie die Liste in Ihrem Kopf durch und wählen die Frage aus, die Sie als nächste stellen wollen. Die Fragen werden nicht dem Träumer gestellt. Sie sind vielmehr dazu bestimmt, daß dieser sie an seinen Körper richtet. Lassen Sie die Frage in Ihrem Inneren wirken. Das beansprucht ungefähr eine Minute pro Frage. Wenn keine Reaktion erfolgt, fahren Sie mit einer anderen Frage fort. Wenn Sie die Träume anderer Leute interpretieren, sagen Sie diesen, daß sie Ihnen nicht zu erzählen brauchen, was in ihnen vorgeht. Sie können es, wenn sie wollen, für sich behalten. Bitten Sie den Träumer, es Ihnen mitzuteilen, wenn etwas geschehen ist. Wenn das der Fall ist, sagen Sie: »Bleibe eine Weile ruhig und sieh, wie es weitergeht.« Es kann helfen, wenn man dem Neuen eine Minute oder zwei zugesteht. Wenn Ihr Partner es wünscht, kann er Ihnen dann etwas darüber erzählen.

Frage 1 kommt immer zuerst, weil sie die Assoziationen frei auftreten läßt. Alle anderen Fragen können in beliebiger Reihenfolge gestellt werden.

Kurze Zusammenfassung:

1. Was steigt auf? ⎫
2. Gefühl? ⎬ Assoziationen, drei Wege
3. Gestern? ⎭

4. Ort? ⎫
5. Handlung? ⎬ drei Elemente jedes Dramas
6. Charaktere? ⎭

7. Welcher Teil von mir? ⎫ Bedeutung der Perso-
8. Diese Person sein? ⎬ nen, drei Möglichkei-
9. Kann der Traum weitergehen? ⎭ ten

10. Symbole? ⎫ drei Möglichkeiten der
11. Körper-Analogie? ⎬ Entschlüsselung
12. Gegensätze? ⎭

13. Kindheit?
14. Persönliches Wachstum? ⎫
15. Sexualität? ⎬ vier Entwicklungsmöglich-
16. Spiritualität? ⎭ keiten

3. KAPITEL

Hinweise für den Umgang mit Träumen

1. Erinnern Sie sich in allen Einzelheiten an den Traum

Rufen Sie sich den Traum bildlich in Erinnerung. Viele Leute sind nicht gewohnt, sich zu erinnern oder zu erzählen, was sie wirklich gesehen haben.

Wenn es sich um Ihren eigenen Traum handelt, schreiben Sie ihn so bald als möglich nieder. Notieren Sie alle wichtigen Aspekte. Dann gehen Sie zurück an den Anfang und schreiben Sie alle Einzelheiten nieder. Was haben Sie gesehen? Was haben Sie gefühlt und gedacht?

Handelt es sich um den Traum einer anderen Person, so bitten Sie diese, ihn in allen Einzelheiten zu erzählen. Sie müssen sich den Traum vorstellen können. Wenn Ihr Partner lediglich sagt: »Meine Mutter kam zu Besuch. Das ist alles.«, so genügt das nicht. Fragen Sie dann: »Sahst du sie? Wo war es? Stand sie oder saß sie? Was sahst du genau?«, und wenn Sie das wissen, fragen sie: »Gab es noch andere Szenen? Oder war nur dieses eine Bild da?«

Wenn Sie den Traum einer anderen Person hören, so wiederholen Sie ihn, Stück für Stück. Das ist die einzige Möglichkeit, ihn im Gedächtnis zu behalten und genügend Zeit zu gewinnen, ihn sich vorzustellen. »So, warte einen Augenblick. Laß mich diesen Teil wiederholen, sieh, ob ich ihn richtig verstanden habe. Deine Mutter kam in dein Zimmer. Erst hörtest du sie die Treppe heraufkommen, dann stand sie da, und du hattest sie nicht hereinkommen hören. Sie wirkte aufgeregt. Sie stand da vor der Tür. Dann saß sie auf deinem Bett, und du lagst im Bett. Bitte fahre fort.« Man kann selbst mit der kleinsten Einzelheit eines Traumes arbeiten. Ein einziges Bild kann den ganzen hier beschriebenen Prozeß auslösen. Aber natürlich ist es besser, mehr zu haben.

Die scheinbaren Nebensächlichkeiten werden am ehesten vergessen, und so hat man weniger, womit man arbeiten kann.

2. Jede Frage erfordert eine gewisse Zeit

Wenn die Antwort zu schnell kommt, so heißt das, daß die Frage noch nicht mit dem »Felt Sense« in Berührung gekommen ist. Dies erfordert zehn Sekunden bis eine Minute.

Finden Sie heraus, wie die Frage am besten gestellt wird, sodaß sie auf Ihren Traum zugeschnitten ist. Es kann dabei nötig sein, verschiedene Möglichkeiten, eine nach der anderen, auszuprobieren. Jede Version erfordert eine Minute. Wenn der Traum einer anderen Person analysiert wird, stellen Sie die Frage auf verschiedene Arten, bis Sie eine Version gefunden haben, die dem Träumer zusagt.

Der »Felt Sense« ist oft flüchtig und kaum wahrnehmbar. Sie müssen Ihre Aufmerksamkeit auf Ihren Körper richten; Sie müssen den »Felt Sense« erfühlen. Wenn sie ungeduldig sind und sich selbst drängen, können Sie ihn nicht erfassen. Dann wird Ihre Antwort auf jede Frage lauten: »Nein. Es kommt nichts.«

Lehnen Sie sich ein wenig zurück. Strecken Sie sich, machen Sie es sich bequem, wenden Sie Ihre Augen von allem ab, was Sie ablenken könnte. Lassen Sie Ihren Blick auf einer Wand ruhen, oder schließen Sie die Augen (Sie brauchen sie aber nicht ständig geschlossen zu halten). Entspannen Sie sich.

Wenn Sie aber zu entspannt sind, müssen Sie sich wieder aufrütteln. Sie müssen vollständig wach bleiben, wenn Sie die Fragen stellen und die Antworten darauf erfassen wollen. Sie müssen entspannt sein, aber nicht so sehr, daß bewußtes Handeln erschwert wird.

Wenn die Leute ihre Aufmerksamkeit auf ihr Inneres richten, werden ihre Augen starr. Wenn Sie also den Traum von jemand anderem interpretieren und dieser Ihnen direkt in die Augen sieht, so können Sie ihm sagen: »Achte für den Moment nicht auf mich. Geh in dich und versuche zu fühlen, in deinem Körper, wie dieser Teil des Traums auf dich wirkte. Gib mir ein Zeichen, wenn du den »Felt Sense« wieder gefunden hast.«

Dann – wenn der »Felt Sense« wieder da ist – stellen Sie die Frage. Auf diese Weise kann die Frage mit dem »Felt Sense« in Berührung kommen.

Erst müssen Sie erklären: *»Ich verlange keine Antwort von dir. Die Frage ist dazu bestimmt, daß du sie in deinem Inneren stellst. Richte deine*

Aufmerksamkeit auf deinen Körper und suche dieses unbestimmte Gefühl. Wenn du es gefunden hast, stelle die Frage ruhig in deinem Inneren und warte ab, was kommt.«

Die Antworten, die wir brauchen, kommen aus dem »Felt Sense«. Oder es kann auch eine deutliche Veränderung des »Felt Sense« mit ihnen einhergehen.

Antworten, die aus Ihrem Bewußtsein kommen, können am »Felt Sense« ausprobiert werden. »Bewegt das irgend etwas?« »Geschieht irgend etwas in mir, wenn ich annehme . . .?« Wenn nichts geschieht, hat die Antwort nichts bewirkt, auch wenn die Idee gut erscheinen mochte.

Versuchen Sie nicht, Antworten zu erzwingen; warten Sie lieber ab.

Sie benötigen ungefähr 60 Sekunden für jede Frage. Sehen Sie gelegentlich auf Ihre Uhr und achten Sie darauf, wie lange uns das erscheint, wenn wir warten. Und doch ist es eine so kurze Zeit! Wir befragen unsere innere Person so selten, und wenn wir es endlich tun, gönnen wir ihr nicht einmal die 60 Sekunden! Bekommen wir nicht sofort eine Antwort, geben wir es wieder auf.

Falls Sie aber einmal eine Weile gewartet haben, versteifen Sie sich nicht auf die Idee, daß auf jede Frage unbedingt eine Antwort folgen muß. Es genügt, wenn nur einige wenige der Fragen eine Reaktion auslösen. Warten Sie eine Minute oder zwei. Dann, wenn nichts aufsteigt, gehen Sie zur nächsten Frage über.

3. Suchen Sie den Kontakt mit dem »Felt Sense« nach jeder Unterbrechung

Nach allem, was gesagt worden ist, müssen Sie sich immer wieder vergewissern, daß Sie den »Felt Sense« wieder finden.

Kehren Sie zum »Felt Sense« zurück, wann immer Ihre Gedanken abgeschweift sind. Vergewissern Sie sich auch bei jeder neuen Frage, daß ein »Felt Sense« da ist, den Sie fragen können. Lassen Sie die Frage mit diesem »Felt Sense« in Kontakt kommen.

Sie werden feststellen, daß Ihre Gedanken oft abschweifen. Das ist ganz natürlich. Jede Unterbrechung läßt auch den Kontakt mit dem

»Felt Sense« verschwinden. Vor wenigen Augenblicken war er noch da, jetzt ist er weg! Deshalb müssen Sie ihn jedesmal wieder suchen.

4. Überwinden Sie Ihren »Kritiker«

Der »Kritiker« ist dieser wohlbekannte Teil Ihrer selbst, der Sie oft beschimpft. Freud nannte ihn das »Über-Ich«. »Du machst alles falsch«, belehrt er Sie. Oder »Du bist wohl verrückt.« »Wenn das deine eigene Idee ist, muß sie falsch sein.« »Du bist zu dumm, um diese Methode zu lernen.« Natürlich nimmt er genau dieselbe negative Haltung Ihrem Traum gegenüber ein, so zum Beispiel: »Dieser Traum bedeutet, daß du nicht mehr so faul sein sollst.« (Oder irgend eine andere entmutigende und vorwurfsvolle Reaktion.) Sie können Ihr Über-Ich daran erkennen, daß es Sie unterbrechen und maßregeln will. Es kommt nicht aus Ihren eigenen Gefühlen heraus, ist kein Ausdruck Ihrer selbst, sondern gleicht vielmehr einer außerhalb von Ihnen und über Ihnen stehenden Person, die Sie mit erhobenem Zeigefinger belehrt und kritisiert.

Das Ergebnis davon ist, daß Sie unter Druck stehen und sich eingeengt fühlen.

Der Kritiker wiederholt sich ständig, was auch immer geschieht. Träume wollen Ihnen aber etwas Neues zu Bewußtsein bringen. Deshalb ist der Kommentar des Kritikers in Ihnen kaum jemals richtig.

Jede kreative Tätigkeit, jeder gute Gedanke, jede Trauminterpreation und jedes Focusing erfordern es, daß das Über-Ich zur Seite geschoben wird.

Man kann es ja ins Vorzimmer schicken, damit es dort warten soll. Wenn es nicht gehen will, müssen Sie sich damit abfinden, aber lassen Sie sich bitte nicht beeindrucken von dem, was es sagt. Winken Sie einfach ab, als ob Sie sagen wollten: »Das ist nichts Neues.« Oder »Unterbrich mich nicht. Lass mich arbeiten.«

Freud bat seine Patienten, das, was aus ihrem Inneren kam, nicht zurückzuweisen, wie irrational oder unerwünscht es auch erscheinen mochte. Damit hatte er ganz recht. Sie müssen Ihre Gefühle akzeptieren, selbst wenn Sie nicht mit ihnen einverstanden sind. Sie können sich aber entschließen, solche Gefühle nicht weiterzuverfolgen. Das Über-Ich wird Ihnen aber schon deswegen Vorwürfe machen, weil Sie überhaupt ein solches Gefühl empfunden haben. Wenn der Angriff des Über-Ichs vorbei ist, haben Sie das, was Sie empfunden haben, bereits wieder verloren. Stattdessen empfinden Sie anderes – Schuldgefühle, Scham, oder was auch immer der Angriff des Über-Ichs in Ihnen ausgelöst hat. Dann kann es geschehen, daß Sie die Interpretation des Über-Ichs übernehmen, weil Sie nun jene Gefühle haben, die dazu passen.

Es ist äußerst unwahrscheinlich, daß ein Traum Ihnen genau dieselben alten Erkenntnisse vermitteln will, die Ihr Kritiker ständig wiederholt. Wenn Ihre Interpretation in diese Richtung geht, sind Sie nicht weit genug gegangen. Suchen Sie etwas anderes in Ihrem Traum, das noch ungeklärt ist, und arbeiten Sie damit.

5. Privatsphäre

Es hilft, wenn Sie den Traum jemandem erzählen. Oft tauchen schon während des Erzählens Assoziationen auf, auf die Sie allein nicht gekommen sind. Die Gegenwart einer anderen Person unterstützt auch den lautlosen inneren Prozeß. Das funktioniert aber am besten, wenn Sie wissen, daß Sie alles, was kommt, erzählen können, aber nicht müssen. Sichern Sie sich Ihre Privatsphäre, dann kann es sinnvoll sein, den Traum jemand anderem zu erzählen.

Traumdeutung ist etwas Persönliches, wie auch Träume persönlich sind. Erzählen Sie einer anderen Person nur soviel, wie Sie wollen. Wenn Sie den Traum der anderen Person interpretieren, so sagen Sie ihr, daß sie Ihnen nicht erzählen muß, was in ihr geschieht. Wenn sie glaubt, alles erzählen zu müssen, wird sie blockiert, und es wird sehr wenig geschehen. Sagen Sie ihr, daß diese Methode privat ist. Wichtig ist, was in ihr geschieht. Sie soll nur das sagen müssen, was sie sagen will.

Vielleicht sind Sie neugierig und würden sich besser unterhalten, wenn Sie alles, was in der anderen Person vorgeht, erfahren könnten. Wenn Sie aber das verlangen, werden Sie ohnehin nichts erreichen, denn dann wird sich Ihr Partner gehemmt fühlen, und nichts wird geschehen.

Die eigentliche Interpretation geschieht in der Privatsphäre des Träumers, nicht im Gespräch. Sagen Sie Ihrem Partner, daß er Sie darauf aufmerksam machen soll, wenn genug geschehen ist, sodaß es Zeit ist, aufzuhören. Sie werden einiges erfahren, aber nicht alles.

Wenn Ihr Partner weiterfahren will, nachdem etwas gekommen ist, und Ihnen nicht sagt, was es war, sind Sie im Ungewissen. Sie können nicht feststellen, wann der Traum genügend interpretiert worden ist, doch Ihr Partner kann es Sie wissen lassen.

Zu Beginn mag es verwirrend erscheinen, mit unbekannten Informationen zu arbeiten, aber wenigstens wissen Sie, daß etwas geschehen ist. Wenn die Leute nicht die Freiheit haben, zu verschweigen, was es ist, werden sie überhaupt nichts sagen, wenn etwas kommt. Dann können sie sich nicht die Zeit nehmen, sich innerlich mit dem, was kam, zu beschäftigen, weil sie von Ihren Fragen abgelenkt werden. Sie sind dann blockiert und Sie können endlos Fragen stellen, ohne daß eine Wirkung eintritt.

Deshalb ist es wichtig, daß die Leute Ihnen ohne Zwang sagen können, wenn etwas kommt, und daß sie ruhig dabei verweilen können, bis sie alles, was daraus entstehen kann, voll empfunden haben. Die Leute brauchen auch Zeit, um zu sehen, ob der Traum nun einen Sinn ergibt. Wenn Ihr Partner also sagt, daß etwas gekommen ist, dann sagen Sie ihm, er solle ruhig damit verweilen und es voll empfinden. Auch wenn Sie Ihren eigenen Traum mit einer anderen Person zusammen interpretieren und sonst gewohnt sind, dieser Person alles über sich zu erzählen, nehmen Sie sich vor, nur das zu erzählen, was Sie wirklich wollen.

Können Sie die Bedeutung Ihrer Privatsphäre fühlen? Was auch immer geschieht, es geht nur Sie selbst etwas an. Stellen Sie sich vor, wie Sie sich fühlen würden, wenn Sie sofort alles weitererzählten. Spüren Sie, daß Sie dann innerlich nicht mehr so offen wären? Es würde weniger aufsteigen.

Ich nehme an, daß Sie mit jemandem zusammenarbeiten wollen, wenn Sie Ihre Träume analysieren; entweder sofort oder nach einer gewissen Zeit. Auch wenn wir den größten Teil der Zeit allein arbeiten, ist es eine große Hilfe, wenn wir jemandem unsere Träume erzählen können. Sie würden Ihrem Partner die Fragen zeigen, sodaß er sie Ihnen stellen kann. Die Zeit, die Ihnen zur Verfügung steht, können Sie in zwei Hälften teilen, sodaß jeder von beiden gleichviel Zeit hat. Wenn Sie den Traum Ihres Partners analysieren, tun Sie, was er sagt, bei Ihrem eigenen Traum bitten Sie Ihren Partner, das zu tun, was Ihnen am sinnvollsten erscheint. Normalerweise müssen Sie ihn nur Fragen stellen lassen und ihm sagen, wann er das tun soll und wann er ruhig bleiben soll.

Erklären Sie ihm zu Beginn, wie die Privatsphäre gewahrt werden soll. Sagen Sie etwa:

»Die Antworten, die in dir auf diese Fragen kommen, sind deine Privatsache. Sag es mir, wenn etwas gekommen ist, aber du brauchst mir nicht unbedingt zu sagen, was es ist. Verweile einen Augenblick ruhig bei allem Neuen, das kommt. Nachher kannst du dich entscheiden, was du sagen willst und was nicht.«

Meistens kann man sehen, wenn etwas kommt. Die betreffende Person errötet vielleicht oder tut einen tiefen Atemzug. In so einer Situation können Sie sagen: »Jetzt ist etwas gekommen, nehme ich an. Behalte es eine Weile für dich. Sieh, wie es zum Rest des Traumes paßt. Dann kannst du sagen, was du sagen willst.«

Auf diese Weise kann der Prozeß der Interpretation sehr tief gehen, selbst wenn Ihr Partner Sie nicht besonders gut kennt.

Aber auch wenn Sie einander sehr nahe stehen, kann die Interpretation empfindliche Bereiche berühren, die man lieber für sich behalten will.

Viele Leute werden ohnehin alles erzählen wollen, aber es ist dennoch wichtig, daß sie sich bewußt sind, nicht alles erzählen zu müssen. Später, wenn etwas kommt, das sie in Verlegenheit versetzt, werden sie sich dann frei fühlen, zu sagen: »Es ist etwas gekommen, aber ich will nicht sagen, was.« Nur wenn sie das tun, können Sie sicher sein, daß die Grundidee der Privatsphäre verstanden worden ist.

Wenn diese Grundidee einmal klar geworden ist, dann ist es umso besser, je mehr erzählt wird.

6. Nur der Träumer kann den Traum interpretieren

Die Interpretation geschieht entweder im Inneren des Träumers, oder sie geschieht überhaupt nicht.

Es gibt Leute, die glauben, sie könnten beurteilen, was Ihr Traum bedeutet. Solchen Leuten sollten Sie Ihre Träume besser nicht erzählen. Sie werden dann überzeugt sein, daß sie eine Menge über Sie wissen.

Es gibt aber viele verschiedene, widersprüchliche Theorien über Träume. Keine davon ist jederzeit und in jedem Fall richtig. Wir benützen alle davon, um zu bewirken, daß etwas in uns selbst geschieht. Nur so können wir den Traum interpretieren. Deshalb kann keine andere Person Ihren Traum beurteilen. Ebensowenig können Sie die Träume anderer Leute beurteilen. Nehmen wir an, Sie erzählen Ihren Traum einigen anderen Leuten. Die Assoziationen, die diese Leute dabei haben, würden sehr viel bedeuten, wenn es sich um ihre eigenen Träume handelte. Da es sich aber um Ihren Traum handelt, sind Ihre Assoziationen von Bedeutung, nicht die der anderen. Wichtig ist, was in Ihrem Körper geschieht, was aus Tausenden von Ihren eigenen Erfahrungen heraus entsteht. Das ist die einzig richtige Interpretation Ihres Traumes.

Die Assoziationen, die Ihnen beim Traum von jemand anderem kommen, sind dagegen nicht von Belang. Versuchen Sie deshalb nicht, Ihre eigenen Erkenntnisse und Gefühle auf die Träume anderer Leute anzuwenden, und lassen Sie es nicht zu, daß andere Leute dies bei Ihnen tun. Es steht nur im Weg.

Der innere »Felt Sense« ist ein zartes Gefühl. Wenn ihm jemand fremde Ideen aufzwingt, kann er verschwinden, sich in sein Schneckenhaus zurückziehen. Dann ist es schwierig, den Kontakt mit ihm wieder herzustellen.

Wenn jemand in meiner Klasse einen Traum erzählt, lasse ich es nicht zu, daß andere ihre Ideen dazu äußern. Wenn sie darauf bestehen, werde ich grob und unterbreche sie, bis sie aufhören zu reden. Ich beschütze damit den inneren »Felt Sense« des Träumers.

Dasselbe tue ich für mich selbst, wenn ich einen Traum erzählt habe. Wenn mir jemand einreden will, was mein Traum bedeutet, sage ich: »Bitte behalten Sie diese Ideen eine Weile für sich, äußern Sie sie nicht jetzt.« Ich sage dies laut, währenddem die andere Person noch spricht. Wenn ich eine Pause abwarte, ist der »Felt Sense« meines Traums bis dahin verschwunden, und das will ich vermeiden.

Vergewissern Sie sich deshalb, daß der Träumer weiß, daß Sie diese Fragen rein hypothetisch betrachten. Wenn Sie zum Beispiel sagen: »Unter Wasser« könnte etwas Verstecktes, dir nicht Bewußtes bedeuten«, so fügen Sie bei: »Aber es ist dein Traum. In deinem Traum kann es etwas anderes bedeuten«.

Wenn Sie eine plötzliche Erleuchtung haben, drücken Sie diese in Form einer Frage aus. Achten Sie darauf, daß Sie es auch wirklich in fragendem Ton sagen. Sie geben nicht nur vor, zu fragen, Sie müssen wirklich fragen, denn Sie können unmöglich wissen, ob Ihre Idee richtig ist. Wenn der Träumer auf Ihre Frage nicht anspricht, lassen Sie sie beiseite. Sie können, wie bei anderen Fragen, verschiedene Formulierungen ausprobieren. Wenn das aber keine Wirkung zeigt, geben Sie es auf.

Nur der Körper des Träumers kann den Traum interpretieren.

7. Was tun, wenn etwas kommt?

Wenn sich in Ihrem Körper etwas öffnet, so findet ein Veränderungsprozeß statt. Sie verändern sich! Der Prozeß muß nicht im nächsten Augenblick schon zu Ende sein. Er kann einige Minuten oder länger weitergehen, wenn Sie es zulassen. Unterbrechen Sie ihn nicht, wenn er versucht, sich zu verändern, sich auszugleichen, aus eigenem Antrieb, aus Ihrem Innern heraus. Wenn etwas Gutes begonnen hat sich zu entwickeln, lassen Sie es sich entwickeln.

Manchmal entwickelt es sich, wenn Sie einfach Ihre Aufmerksamkeit darauf richten und es fühlen.

Oft ist es aber nach einem Augenblick wieder verschwunden. Vielleicht war da ein Schub neuer Energie, etwas Befreiendes, Erlösendes, ein Stück neues Leben – und dann, nach wenigen Sekunden, ist es nur noch Erinnerung.

Versuchen Sie sich zu erinnern, wie Sie dazu kamen. Was hatten Sie unmittelbar vorher gedacht?

Wenn Sie diese Schritte erneut gehen, ist es auf einmal wieder da. Achten Sie darauf, wann der kleine »Felt Shift« eintritt. Er kommt genau in dem Moment, da Sie zuerst das denken, dann sich das vorstellen, und dann, ah . . . Wenn Sie den Weg nochmals durchgehen, wie es gekommen ist, und es ganz frisch wieder aufsteigt, dehnt es sich vielleicht aus. Es kann mehr dazukommen.

Sehen Sie dann, ob Sie es behalten können. Wenn Sie unterbrochen werden und an etwas anderes denken, verschwindet es für immer oder können Sie es wieder hervorholen? Eine merkwürdige Frage. Aber man kann das fühlen. Es gibt Dinge, die Ihnen entfallen, sobald Sie ihnen den Rücken zukehren. Andere geben Ihnen das Vertrauen, daß Sie sie gefunden haben, daß sie da sind, und daß Sie zu ihnen zurückkehren können. Konzentrieren Sie sich darauf, bis Sie es so gut erfaßt haben, daß es immer da sein wird, wenn Sie darauf zurückkommen wollen.

Wenden Sie diese Zeit jedesmal auf, wenn Sie etwas gefunden haben, das Ihnen ein gutes Gefühl vermittelt. Erst dann fahren Sie fort.

8. Ein neuer Bestandteil des Ganzen

Wenn etwas Neues gekommen ist, das einen bestimmten Teil des Traums erhellt, spüren Sie, wie sich der Traum nun als Ganzes anfühlt, nachdem dieser neue Bestandteil hinzugefügt worden ist. Das kann eine weitere Entwicklung bewirken. Ein Traum ist wie ein Puzzle. Jeder einzelne Bestandteil hilft Ihnen, das ganze Bild zu verstehen, sodaß plötzlich auch die Bedeutung anderer Bestandteile klar wird. Nehmen Sie zum Beispiel an, Sie müßten die Bedeutung eines Satzes in einer fremden Sprache herausfinden, von der Sie nur wenige Wörter verstehen. Sie wissen nicht, was es heißt. Dann lernen Sie die Bedeutung eines weiteren Wortes kennen, setzen dieses Wort im Satz ein und sehen, ob der Satz nun einen Sinn ergibt. Vielleicht ist das noch nicht der Fall, aber eines der anderen Wörter kann auf einmal auch einen Sinn bekommen. Wenn Sie nun auch dieses Wort einsetzen, ist Ihnen vielleicht plötzlich die Bedeutung des ganzen Satzes klar.

Sie träumen zum Beispiel von einem Fluß, über den keine Brücke führt, dann sehen Sie eine Brücke, die zu einer Insel weiter unten im Fluß führt. Nehmen wir an, Sie wissen schon, was das in Ihrem Leben bedeutet und was es ist, das Sie zu erreichen versuchen. Was sagt aber der Traum darüber? Etwas später stellen Sie fest, »weiter unten am Fluß« bedeutet »weiter unten in Ihrem Körper, mehr physisch, mehr auf dem Boden«. Tatsächlich haben Sie gerade am Tag zuvor den selben Ausdruck benützt. Sie sagten: »Debbie ist so unruhig und zerstreut. Sie sollte auf den Boden zurückkommen.« Ihr Traum sagt, daß die Brücke »weiter unten« liegt, aber zu einer Insel führt. Wenn Sie nun Ihre Aufmerksamkeit auf Ihren Körper richten, verspüren Sie dort ein Gefühl von Ruhe und Frieden. Auf einmal wissen Sie, was die »Insel«

bedeutet! Es ist diese friedliche Stelle in Ihrem Innern, allein, weg von allem Druck.

Wenn Sie diese Erkenntnis nun in Ihrem Traum einsetzen, ist Ihnen dessen Bedeutung auf einmal klar. Der Weg, der zu Ihrem Ziel führt, liegt weiter unten und geht zuerst zu dieser friedlichen Insel.

Sie können die Erleichterung fühlen, wenn der Druck, der auf Ihnen gelastet hat, verschwunden ist. Ja, das ist richtig, der Weg, den Sie zuerst einzuschlagen versuchten, kann nicht zum Ziel führen.

Das Einsetzen eines neuen Bestandteils in den Traum kann den ganzen Rest davon klären.

9. Wie man sich an die Träume erinnert

Viele Leute sagen, daß sie sich kaum je an Träume erinnern. Wie sollen sie Träume interpretieren, wenn sie sie vergessen haben? In meinen Klassen trifft das zu Beginn auf ungefähr ein Drittel der Leute zu. Einige Wochen später können sie sich aber alle an ihre Träume erinnern.

Es ist schon lange bekannt, daß das Niederschreiben der Träume hilft, sie besser im Gedächtnis zu behalten.

Legen Sie Papier und Bleistift neben Ihrem Bett bereit. Schreiben Sie jede Einzelheit Ihres Traumes auf.

Wie können Sie aber damit beginnen, wenn Sie keine Träume haben? Was können Sie schreiben? Wenn Sie nur eine schwache Ahnung davon haben, daß Sie etwas geträumt haben, so schreiben Sie »Etwas geträumt«. Halten Sie einen Moment inne und prüfen Sie den »Felt Sense«, der von Ihrem Traum geblieben ist. Schreiben Sie dies dann nieder, zum Beispiel »Ich glaube, etwas Lustiges«, oder was es auch immer ist. Schreiben Sie auf jeden Fall etwas.

Wenn Sie das tun, nehmen Sie eine offene, empfängliche Haltung ein gegenüber Ihren Träumen, den Botschaften, die der Rest Ihres Selbst aussendet. Bald werden Sie mehr als nur noch so vage Erinnerungen haben.

Wenn da ein vages Gefühl, ein »Felt Sense« ist, verweilen Sie dabei. Wenden Sie eine Minute dafür auf, das beste Wort für dieses Gefühl zu finden, und schreiben Sie dieses nieder. Auf diese Weise geben Sie dem

Traum eine Chance, zurückzukommen, wenn er will. Sie können es nicht erzwingen, aber Sie können ihm die Minute geben, in der er zurückkommen kann.

Wenn Sie sich nach einer oder zwei Wochen immer noch an keine Träume erinnern können, stellen Sie Ihren Wecker auf verschiedene Zeiten während der Nacht. Oder verbringen Sie die Nacht in einem Lehnstuhl. Oder trinken Sie eine Menge Wasser, bevor Sie zu Bett gehen, sodaß Sie während der Nacht aufwachen und zur Toilette gehen müssen. Oder schlafen Sie in den Kleidern und auf der Bettdecke. *Jede Art, weniger tief zu schlafen, läßt Sie sich an Ihre Träume erinnern.*

Damit lösen Sie gleichzeitig ein anderes Problem. Der Druck, dem Sie am Morgen ausgesetzt sind, weil Sie zur Arbeit eilen oder die Kinder betreuen müssen, fällt weg. Sie wachen früher auf und haben Zeit, Ihren Traum aufzuschreiben.

Vielleicht benutzen Sie eine Taschenlampe, um nicht andere aufzuwecken.

Einige Leute glauben, daß das Schreiben sie davon abhält, wieder einzuschlafen, wenn sie mitten in der Nacht aufwachen oder an einem Sonntagmorgen, an dem sie gerne ausschlafen möchten. In diesem Fall macht man am besten nur kurze Notizen, sodaß man sich später besser erinnern kann. Interpretieren Sie den Traum jetzt noch nicht. Auf diese Weise können Sie wieder einschlafen.

Wenn Sie nicht wollen, daß Ihre Notizen von jemand anderem gelesen werden, schreiben Sie sie in einem persönlichen Code, sodaß sie für andere unverständlich sind.

Diese Methoden wirken. Nach einigen Wochen kann man sich an mehr Träume erinnern, als nötig sind, manchmal fast an zu viele. Wenn Ihnen das Niederschreiben zur Last wird, hören Sie damit für eine Weile auf.

In der Tat träumt man jede Nacht, und zwar eine ganze Menge! Rund zwei Stunden lang! Niemand kann sich an all das erinnern, aber wir glauben (wir wissen es nicht), daß das, woran wir uns erinnern können, der wichtigste Teil davon ist. Auf jeden Fall entscheidet Ihr Organismus, an was er sich erinnern will. Da Sie auf jeden Fall Träume haben, können Sie sich auch daran erinnern. Sie sind da.

10. Freuen Sie sich über den Traum, ob Sie ihn interpretieren oder nicht

Es ist immer gut, sich mit einem Traum zu beschäftigen, ob eine Interpretation stattfindet oder nicht! Wir müssen nicht gerade diesen Traum interpretieren; andere werden kommen. Wichtig ist es, daß wir den Traum willkommen heißen, daß wir ihn lieben, daß wir uns darüber freuen, wie phantasievoll er ist.

Sehen Sie den Traum von verschiedenen Seiten an, freuen Sie sich über seine Kreativität. Zum Beispiel: »So eine Idee – Leintücher unter der Bettdecke wegzustehlen. Sind Träume nicht wundervoll? Wer weiß, was das bedeuten soll, aber ist es nicht interessant? Ich wäre niemals auf den Gedanken gekommen.«

Wenn wir den Traum unsere Bewunderung und unsere Aufmerksamkeit zuwenden, wird uns der nächste Traum vielleicht schon klarer erscheinen. Lassen Sie mich einen Vergleich benutzen. Nehmen wir an, Ihr Freund sendet Ihnen einen Brief. Sie öffnen ihn, tragen ihn den ganzen Tag mit sich herum, denken darüber nach, können aber seinen Sinn nicht herausfinden. Wenn Sie Ihrem Freund das sagen, ermutigen Sie ihn, Ihnen wieder zu schreiben. Sagen Sie aber: »Ich habe deinen Brief nie geöffnet, ich vergaß ihn einfach«, dann wird Ihr Freund Ihnen kaum wieder schreiben, und schon gar nicht einen offeneren, vertraulicheren Brief.

Wenn Sie mit dem Traum einer andern Person arbeiten, müssen Sie ihr dies sagen: »Wir müssen nicht unbedingt herausfinden, was er bedeutet – es hilft schon, wenn wir uns über den Traum freuen und ihm unsere Aufmerksamkeit schenken.«

Sich über den Traum zu freuen ist wichtiger als ihn zu interpretieren. Arbeiten Sie deshalb nicht so hart, daß es nicht mehr angenehm und spannend ist.

Erzwingen Sie nichts, sondern halten Sie inne, sobald das Interpretieren nicht mehr Spaß macht.

Bringen Sie dem Traum einfach Ihre Sympathie entgegen und warten Sie auf den nächsten.

Wenn Sie den Traum von jemand anderem interpretieren, müssen Sie natürlich sofort aufhören, wenn Ihr Partner es wünscht. Sie sind nur ein Gast in seinem Innenleben. Tun Sie deshalb nichts, was nicht willkommen ist.

Bauen Sie eine Beziehung zu Ihren Träumen auf, und lassen Sie sie zu einer guten, liebenden Beziehung werden.

4. KAPITEL

Die auf Träume angewandten Fragen

Ich gebe hier einige Beispiele für die erste Stufe der Interpretation von Träumen, wobei ich bis zum Durchbruch gehe. Später werde ich darauf zurückkommen und schildern, wie einige dieser Leute mit ihren Träumen weitergearbeitet haben.

Sie werden sehen, wie die Fragen angewandt werden. Beachten Sie, daß man in der Regel mehrere Fragen stellen muß, bis eine von ihnen den Durchbruch bringt.

Traum vom Plastikring

Ich nahm meinen Platz im Flugzeug ein. Auf dem Sitz lag ein Kinderspielzeug, ein Ring mit Steinen in verschiedenen Farben, den jemand dort vergessen haben mußte. Ich wußte, daß der Ring keinen Wert hatte; er bestand aus Plastik und Glasperlen. Er mußte offensichtlich einem Kind gehört haben. Er glitt dann zwischen dem Sitz und der Wand hinunter, und ich ließ ihn dort.

Frage 1 (Was steigt auf?): »Mir fällt ein, daß ich bald mit dem Flugzeug an meine neue Arbeitsstelle gehen werde. Es handelt sich nur um eine vorübergehende Arbeit, ist aber genau das, was ich immer schon tun wollte, und ich werde es bedauern, wenn es vorüber ist. Ich hoffe zwar immer noch, daß eine dauernde Anstellung daraus wird, aber ich weiß, daß das nicht der Fall sein wird. Ja, das ist wie dieser Ring. Er sieht aus, als ob er aus Gold und Diamanten wäre, aber er ist nur ein Kinderspielzeug.«

Frage 2 (Gefühle?): »Im Traum hatte ich das Gefühl, daß ich diesen Ring haben wollte. Ich war wie ein Kind. Mir gefiel der Ring, so wie er aussah, ganz golden und glitzernd. Aber ich wußte, daß er nur aus Plastik war.«

Frage 5 (Handlung?): »Ich fasse zusammen: Erst sah ich den Ring, dann war er verschwunden. Erst sah ich das glitzernde Ding, dann war es plötzlich weg. Die Zusammenfassung bewirkt nichts. Wie könnte ich noch mehr Ereignisse aus der Geschichte herausholen? Oh ja, ich weiß. Erst war der Ring da, ich nahm ihn aber nicht, dann rutschte er hinunter. Hmm! Er ist dann verschwunden, nachdem ich ihn nicht genommen habe.«

Frage 7 (Welcher Teil von Ihnen?): »Welchen Teil von mir stellt dieser Ring dar? Ich weiß, es ist das Kind in mir! Ich ließ es aber nicht gewähren, deshalb verschwand es. Ich schließe es ein in mir selbst, außerhalb der Sichtweite. Wenn ich daran denke, sage ich, es ist aus Plastik. Ich weiß es aber nicht wirklich, ich sage es nur deshalb, weil es ein Kinderspielzeug ist. Hmm . . .«
(Der Träumer fühlt und betrachtet die Möglichkeit, daß das »Kind in ihm« mehr wert ist, als er bisher geglaubt hat, und daß er es mehr zum Vorschein kommen lassen dürfte, es davor bewahren müßte, aus seinem Blickfeld zu verschwinden.)

Traum vom frühen Tod
Bob Park ist gestorben. Ich sagte, es sei sehr gut, daß er gestorben sei, solange er noch bei guter Gesundheit war, sodaß ihm Krankheit und Schmerzen erspart blieben.

Frage 1 (Was steigt auf?): »Ich sah Bob letzte Woche auf der Straße. Es schien ihm gut zu gehen. Ich würde nie so etwas sagen, wenn jemand stirbt.«

Frage 2 (Gefühle?): »Ich empfand nicht viel. Ich war nicht traurig. Mehr kann ich nicht sagen.«

Frage 3 (Gestern?): »Gestern ging ich zur Arbeit. Ich dachte darüber nach, wann ich jemals dazu kommen würde, das zu tun, was ich gerne tue. Ich bin jetzt im mittleren Alter, und ich habe keine Zeit, das zu tun, was ich wirklich möchte. Aber das hat mit dem Traum nichts zu tun.«

Frage 6 (Personen?): »Was ist Bob Park für ein Mensch? Nun, er ist wie ich, sehr gewissenhaft, immer gut organisiert, und er tut das, was man von ihm erwartet. Ich frage mich, ob er das tut, was er wirklich will, und ob er es jemals tun wird.«

Frage 7 (Welcher Teil von Ihnen?): »Oh ja, jetzt verstehe ich . . . ja! Es wäre nicht allzu schlimm, wenn dieser Teil von mir, so wie er jetzt ist, sterben würde. Wenn er sterben würde, solange ich noch bei guter Gesundheit bin und nicht unter Krankheit und Schmerzen leiden muß!«

Traum vom verkrüppelten Kind

Ich muß ein Klassenzimmer mit kleinen Kindern beaufsichtigen. Die Kinder sind etwa fünf bis sieben Jahre alt. Ein kleines Mädchen, besonders hübsch, aber mutwillig, bewegt sich auf die Tür zu – vielleicht in der Absicht, zu entwischen? Ich beobachte es, es lächelt unschuldig, während es sich immer noch der Tür nähert. Auf einmal flitzt es durch die Tür und ist verschwunden. Ich bin wie ein Blitz hinter ihm her, durch die Korridore; es ist aber schneller als ich. Ich rufe laut: »Haltet dieses Kind fest!« Andere Leute stellen sich ihm in den Weg, sodaß ich es fassen kann. Ich ergreife seinen linken Arm und bemerke, daß keine Hand da ist, sondern nur ein Stumpf, schon seit langem verheilt, aber nur ein Stumpf. So packe ich seine andere Hand mit meiner linken Hand und beginne es zu schlagen, stärker und stärker, bis ich sehen kann, daß meine Fingernägel blutige Spuren hinterlassen haben.

»Auf den ersten Blick schien dieser Traum überhaupt keinen Sinn zu ergeben.«

Frage 1: Was steigt Ihnen auf, wenn Sie an den vorangegangenen Tag denken? »Ich las eine Geschichte über unschuldiges Leiden. Wir hatten einen freien Tag, und ich nahm die Arbeit, die ich mitgenommen hatte, überhaupt nicht in Angriff. Wir ruhten uns aus, liebten uns und gingen spazieren. Zwei Tage lang bin ich am Strand in der Sonne gelegen.«

Frage 2 (Gefühl?): »Der Traum gibt mir ein Gefühl, das ich als Kind kannte: »Ich bin zu weit gegangen.« Aus dem Schulzimmer flüchten! Ich kenne dieses Gefühl.
Dieser Traum muß also eine Selbstbestrafung sein. Aber warum ein kleines Mädchen statt eines Knaben?«

Frage 7 (Welcher Teil von Ihnen?): »Diese Frage scheint in die Geschichte zu passen, deshalb stelle ich sie jetzt. Welchen Teil von mir stellt dieses Mädchen dar?

Ich erinnere mich an einen alten, heftigen Wunsch, den ich in der Schule hatte – und den ich auch jetzt wieder fühle – nicht als weibisch zu gelten. Ja, einiges von meinen Aggressionen gegen dieses Mädchen wird mir jetzt klar. Ich hätte jeden umbringen können, der mich ein Mädchen nannte. Ich kann fühlen, welch eine heftige Abneigung ich gegen alles habe, was weibisch ist.

Was hier zum Vorschein gekommen ist, ist nicht der weibliche Teil von mir, sondern meine Wut darauf.

Also ist der Traum eine Aussage darüber, wie ich diesen Teil von mir behandle? Ich bin tatsächlich sehr häßlich zu ihm.

Ich glaube, ich halte es für weibisch, sich selbst gegenüber nachsichtig zu sein und herumzuliegen, statt seine männlichen Pflichten zu erfüllen. Ich habe Schwierigkeiten, diesen Teil von mir leben zu lassen. Ich kann es nicht in Ordnung finden, nichts zu tun und zu spielen.«

Wir kommen zurück zum Felt Sense:

Frage 8 (Diese Person sein?): »Es ist schwierig« (das kleine Mädchen zu spielen)!

»Aha! Ich fühle mich bösartig, feindselig. Ich könnte jedermann kaputtmachen, wenn ich diesen Teil von mir ausleben würde. Zwar würde ich unschuldig lächeln (wie das kleine Mädchen im Traum), aber mit meinen bösen Streichen würde ich jedermann dahin bringen, wo ich ihn haben will!

Jetzt habe ich wieder dieses Gefühl, zu weit gegangen zu sein, und dieses alte Gefühl hat die Boshaftigkeit weggewischt.

Ich dachte gerade: »Dieses Ding in mir kann mit den merkwürdigsten, feindseligsten Gefühlen auftauchen, wenn ich nicht damit aufhöre. Ich habe es seit langem abgeschnitten.« Dann bemerkte ich, wie gut der Ausdruck »abgeschnitten« auf den Traum paßt.«

Nina's Traum

Eine Gruppe von Kindern spielt und stiehlt meine Möbel, Stück für Stück, aber ein kleiner Junge von drei Jahren weint. Ich bin böse auf ihn. Er gibt mir drei Dollars. Ich gehe ins Badezimmer und klettere aus dem Fenster. Dann fahre ich schnell weg. Draußen tobt ein Schneesturm, und es ist sehr kalt. An einer Kreuzung führen sechs Straßen in verschiedene Richtungen, und sechs Frauen versuchen, den Heimweg für mich zu finden. Ich lege mich aber frierend in meinem Wagen nieder. Dann wache ich auf.

Der Traum ergab überhaupt keinen Sinn, bis ich Frage 8 stellte (die andere Person sein).

»Ich versuchte, den weinenden kleinen Jungen zu spielen. Eine Weile tat ich, als ob ich weinte, und ich wurde traurig. Auf einmal war es mir, als ob ich etwas riefe. Dann mußte ich lachen. Ich hatte gerufen: »Ich scheiße auf euch alle, ich bin ein Mädchen.«

Als ich das rief, wurde ich plötzlich zu einem kleinen Mädchen.

Ich hatte nicht gewußt, daß ich der kleine Junge war. Jetzt aber konnte ich mir das meiste erklären. Als ich klein war, mußte ich versuchen, wie ein Junge zu sein, denn Mädchen waren nichts wert, wurden nicht ernst genommen. Aber ich wurde auch so nicht ernst genommen ... Und das war der Grund, weshalb der kleine Junge traurig war. Dann aber (und auch jetzt wieder, wie ich es niederschreibe) verschwindet die Traurigkeit, wenn ich ausrufe: »Ich scheiße auf euch alle, ich bin ein Mädchen.«

Mona's Traum von der zerbrochenen Vase

Ich kaufte meiner Mutter eine schöne gläserne Vase mit einer Flüssigkeit darin. Meine Mutter setzte einen Deckel darauf, der nicht paßte; sie drückte ihn aber mit Gewalt hinein, sodaß eine Seite der Vase zerbrach. Die Flüssigkeit floß aber nicht heraus. Ein Teil dieser Seite brach ab.

Frage 1 (Was steigt auf?): »Das ist ein Teil von mir, der zerbrochen ist, weil meine Mutter mich nicht liebte. Dieser Traum sagt genau, wie ich mich fühle. Etwas in mir ist zerbrochen, und ich habe immer gefühlt, daß es nie wieder ganz werden kann.«

Frage 5 (Handlung?): »Die Vase war schön geschliffen, und meine Mutter setzte einen Deckel darauf und zerbrach sie. Die Vase bin ich, aber ich finde mich selbst nicht schön; ich sehe in mir eher Schmutz und Unordnung.

Es fällt mir schwer, mir vorzustellen, daß irgend etwas Schönes an mir ist. Ein wenig kann ich es aber fühlen.

Meine Mutter hätte das, was in mir ist, lieben können; oder jemand anderer hätte es lieben können. Vielleicht war es schön, bevor es zerbrach, aber jetzt ist es nicht mehr schön.«

Frage 12 (Gegensätze?): »Es ist merkwürdig, daß die Flüssigkeit nicht ausgelaufen ist, obwohl die Vase zerbrochen war.

Ich dachte: »Wenn eine Vase zerbricht, läuft das Wasser normalerweise heraus. Das ist eigenartig. Die Vase zerbrach, trotzdem blieb die Flüssigkeit drinnen.«

Ich mußte lange damit arbeiten, fühlte aber, wie sich etwas in mir bewegte. Dann empfand ich ein starkes Gefühl, das mir sagte:

»Vielleicht ist es immer noch da. Ich bin sicher, daß es noch da ist. Es ist nicht verschüttet, was in mir war. Es ist nicht verloren.«

Ich begann zu weinen.«

5. KAPITEL

Die Interpretation der Träume anderer Leute

Was ich bisher gesagt habe, läßt sich sowohl auf die Träume anderer Leute als auch auf Ihre eigenen anwenden. Es gibt aber einen großen Unterschied:

Mit einer anderen Person können Sie viel weniger tun, als in diesem Buch beschrieben ist, vor allem am Anfang, wenn die Arbeit mit Träumen für die betreffende Person noch neu ist.

Sie müssen sich bemühen, auf die andere Person einzugehen, zu spüren, ob sie bei einer Frage verweilen oder zu einer anderen Frage übergehen will.

Am Anfang werden die Leute es vielleicht nicht zulassen, daß Sie ihnen zu viele Instruktionen geben, wie man die Fragen anwendet. Später können Sie ihnen dann mehr darüber erzählen. Versuchen Sie aber nie, den Traum selbst zu interpretieren, unabhängig davon, wie lange Sie schon mit der betreffenden Person arbeiten.

Beschränken Sie sich darauf, zu fragen, was der Traum bedeutet. Sagen Sie nur, wie man mit dem Traum arbeitet. Soll ich Ihnen den Unterschied zwischen dem »wie« und dem »was« erklären?

Zeigen Sie der andern Person, wie man mit einem Traum arbeitet, wie man einen »Felt Sense« entstehen läßt, wie man damit umgeht, wie man die Fragen anwendet. Erklären Sie ihr bei jedem neuen Schritt, wie es gemacht wird. Was der Traum bedeutet, geht aber nur die betreffende Person allein etwas an. Niemand anderer sollte sich hier einmischen.

Sie können zwar ein Experte für Träume werden, aber Sie können niemals ein Experte für das Leben eines anderen Menschen sein. Ich bin seit dreißig Jahren Psychotherapeut; ich bin also ein Fachmann für das »wie« der therapeutischen Arbeit, aber bestimmt nicht für das »was«, das dabei herauskommen soll. Wenn Sie Geschick im Umgang mit Träumen entwickeln, so lassen Sie sich dadurch nicht verleiten, zu glauben, Sie könnten wissen, was der Traum einer anderen Person bedeutet. Seine Bedeutung liegt im Leben dieser Person begründet. Jeder Mensch führt sein eigenes Leben, und niemand kann in diesem Leben durch jemand anderen ersetzt werden.

Wenn Sie diesen Unterschied zwischen dem »wie« und dem »was« erfaßt haben, können Sie darauf vertrauen, daß Sie einer andern Person helfen können, ihre Träume zu interpretieren. Unterstützung ohne Einmischung ist hilfreich. Den Rest lernen Sie durch Erfahrung.

Leute, die stets ihr eigenes Urteil über die Probleme anderer Leute abgeben, sind entweder Besserwisser, oder aber sie sind zu schüchtern, um nein zu sagen, wenn man sie um ihre Meinung fragt. Scheuen Sie sich nicht, zu sagen: »Nur du allein kannst diese Frage beantworten. Die Antwort muß aus deinem Körper kommen.«

Dies mag wie ein freiwilliger Verzicht auf Macht und Einfluß über andere Leute aussehen. Was Sie aufgeben, ist aber nur eine Schein-Macht, denn die Menschen werden dadurch gehemmt. Wirkliche Kraft ermöglicht es anderen Menschen, ihren eigenen Prozeß und ihre eigenen Antworten zu finden. Scheinmacht ist zum Scheitern verurteilt, und Sie werden sich damit selbst bloßstellen.

Mischen Sie sich nicht ein. Wenn Sie eine gute Idee haben, so formulieren Sie sie als Frage. Helfen Sie den Leuten, sich selbst und ihr eigenes Leben kennenzulernen.

Wenn Sie kein Arzt sind, denken Sie vielleicht, das sei der Grund, warum Sie sich nicht einmischen dürfen. Wenn Sie aber ein Arzt oder ein Psychotherapeut sind, gilt das noch in viel größerem Maße, weil Fachleute viel eher Gefahr laufen, eine falsche Autorität auf die Leute auszuüben. Ihre Autorität darf sich lediglich auf das »wie«, nicht auf das »was« beziehen.

Zusätzlich zu unseren sechzehn Fragen können Sie eine Reihe von Fragen stellen zu dem, was der Träumer erzählt hat. So kann fast alles, was Sie gerne dazu sagen möchten, als Frage formuliert werden. Stellen Sie besser eine ganze Reihe von Fragen statt eine einzige. Lassen Sie sich von den Antworten des Träumers führen und benützen Sie dessen eigene Worte, Schritt für Schritt. Das ist viel besser, als wenn Sie Ihre eigene Sicht der Dinge darstellen und damit jede weitere Entwicklung verhindern.

Jemand träumt zum Beispiel vom Deckel einer Kanne. Sie sagen, der

Deckel könne bedeuten, daß etwas zugedeckt oder eingeschlossen werde. Der Träumer stimmt Ihnen zu. Weiter geschieht nichts. Sie sind bereits einen Schritt in die Privatsphäre des Träumers eingedrungen. In einem weiteren Schritt müssen Sie nun versuchen, den Träumer dazu zu bringen, daß er sich selbst mit dieser Möglichkeit auseinandersetzt: »Was gibt es in deinem Leben, das du unterdrückst, worauf du einen Deckel hälst?«

Wenn Sie sich aber von Anfang an darauf beschränkt hätten, Fragen zu stellen, hätten Sie etwa folgendes sagen können: »Was ist ein Deckel? Was ist seine Funktion?« Die andere Person hätte dann in ihrem eigenen Sinn und mit ihren eigenen Worten darauf antworten können. Vielleicht hätte sie eine Drehbewegung mit der Hand gemacht und gesagt: »Ein Deckel ist etwas, was man aufschraubt.« Das ist viel genauer und anschaulicher, und es ist die eigene Sicht der Dinge, die der Träumer hat. Jetzt dringen Sie nicht in seine Privatsphäre ein, wenn Sie seine Worte in einer Frage wiederholen: »Woran erinnert dich das, ein Ding, das man aufschraubt?«

Sie können das, was der Träumer gesagt hat, mehrmals wiederholen, nachdenklich, sodaß Sie ihm helfen, mehr daraus herauszuholen.

Traum vom typisch amerikanischen Perfektionisten
Viele Leute kamen und brachten mir Geschenke, Dinge, die mir nützlich sein könnten. Das half mir aber nichts, denn dieser junge Mann trug alles wieder aus dem Haus.

Was war das für ein Mann? Welches Gefühl löste er in dir aus?

»Es war so ein typischer Amerikaner, ein Perfektionist.« Dieser typisch amerikanische Perfektionist trägt also alles wieder hinaus, was hereinkommt. Welcher Teil von dir ist wie dieser typisch amerikanische Perfektionist? Das ist nun eine sehr persönliche Frage, aber sie ist willkommen, weil sie in den eigenen Worten des Träumers gestellt ist. Keine andere Formulierung könnte besser sein. Wenn Sie der Therapeut dieser Person sind, könnte es erwünscht sein, daß Sie mehr als das tun. Sie können zum Beispiel dieselbe Frage auf fünf verschiedene Arten stellen, sodaß vielleicht eine davon im Träumer etwas auslöst. Es kann auch willkommen sein, wenn Sie Ihr allgemeines Wissen weitergeben oder wenn Sie öfters eigene Interpretationsmöglichkeiten mitteilen. Das Grundprinzip ist aber immer dasselbe. Der Traum und das Leben ist das Ureigene der Person. Ein Therapeut, der dieser Person etwas aufzuzwingen versucht, das – in diesem Augenblick – in ihr nichts bewirkt, erreicht nur, daß sie blockiert und verkrampft wird und sich selbst Vorwürfe macht.

Die Grundlage für diese Haltung besteht darin, daß wir den Leuten sagen, sie könnten das, was in ihnen aufkommt, für sich behalten. Wenn sie sagen können »Etwas ist gekommen . . . aber ich möchte lieber nicht sagen, was«, fühlen sie sich sicher. Sie müssen aber wissen, daß Sie wirklich nichts dagegen haben, wenn sie Ihnen nicht alles erzählen. Dann fühlen sie sich frei. Andernfalls denken sie, es sei unhöflich, nicht zu erzählen, was geschehen ist, und sie werden sich deshalb nichts anmerken lassen, wenn etwas geschehen ist.

Verlieren Sie etwas, wenn Sie es zulassen, daß die Leute bestimmte Dinge für sich behalten? Diese Frage habe ich schon beantwortet. Wenn die Leute einmal wissen, daß sie nicht verpflichtet sind, alles zu sagen, dann fühlen sie sich freier, und es wird mehr kommen. Dann werden sie Ihnen auch mehr erzählen können. Wenn sie innerlich blockiert sind, wird überhaupt nichts Interessantes dabei herauskommen, weder für Sie noch für den Träumer selbst.

Professionelle Therapeuten haben ihr Berufsgeheimnis, das es ihnen verbietet, Dinge, die ihnen anvertraut worden sind, weiterzuerzählen. Ihr natürliches Empfinden wird es Ihnen ebenfalls verbieten, die Privatsphäre einer anderen Person zu verletzen. Es versteht sich von selbst, daß Sie nicht weitererzählen werden, was diese Person ihnen anvertraut hat, noch werden Sie so unvorsichtig sein, in Gegenwart von Dritten davon zu reden. Sie können Träume nicht wirklich verstehen, ohne den Wert von dem, was andere Leute Ihnen anvertrauen, zu schätzen. Wenn Sie das noch nicht fühlen, halten Sie sich an das »Berufsgeheimnis«, aber Sie werden es sicher bald selbst fühlen.

In Kapitel 3 sagte ich: »Wenn Ihr Partner einhalten will, halten wir natürlich ein.« Verstehen Sie, warum ich sagte »natürlich«? Es handelt sich um den Traum und um das Leben eines anderen Menschen. Sie bekommen nur mit dessen Zustimmung Einblick in diesen Traum und in dieses Leben. Deshalb versteht es sich von selbst, daß Sie aufhören, wenn die andere Person es wünscht. Sie halten deshalb auch bei jeder

Frage ein, wenn sie es wünscht. Sie halten immer dann ein, wenn es von Ihnen verlangt wird.

Bei sehr höflichen Leuten müssen Sie auf den Gesichtsausdruck achten, um jedes Unbehagen feststellen zu können. Dann können Sie fragen: »Ist etwas nicht in Ordnung? Sollen wir zu etwas anderem übergehen?« Vielen Leuten fällt es leichter, auf eine solche Frage mit »ja« zu antworten, als Ihnen ungefragt zu sagen, sie möchten aufhören.

Wenn Sie nicht erwünscht sind, werden Sie sich nicht länger mit dem Traum dieser Person beschäftigen, genauso, wie Sie auch nicht in ihrem Haus bleiben würden, nachdem Sie gebeten worden sind, zu gehen. Die innere Sphäre eines Menschen muß noch mehr respektiert werden als sein Haus.

Sie werden aber dadurch belohnt, daß die andere Person Ihnen den Traum gerne erzählen wird, und daß sie es gern wieder tun wird. Man wird Ihnen auch weiterhin vertrauen. Sie werden mehr erfahren, als wenn Sie versuchen, selber die Verantwortung für andere Leute zu übernehmen.

Nach einiger Zeit und einigen Fragen lassen Sie den Träumer selbst den weiteren Prozeß übernehmen. Geben Sie ihm die Liste von Fragen und sagen Sie: »Welche Frage willst du als nächste stellen?« Hören Sie auf, den Prozeß selbst zu führen, und sagen Sie: »Geh jetzt selbst weiter, sprich es aus oder verschweig es, wie immer du willst.«

6. KAPITEL

Können Träume furchterregend sein?

Viele Leute wissen nicht, daß jedermann von Zeit zu Zeit Angstträume hat, und glauben deshalb, etwas stimme nicht mit ihnen. Vielleicht sind Sie selbst dieser Meinung. Die meisten Angstträume bringen etwas Gutes, das noch nicht in eine Form gebracht ist, die der Träumer benutzen kann. Ich glaube, dies trifft auf jeden Angsttraum zu, aber unser Wissen ist zu ungesichert, um den Gebrauch der Begriffe »jeder« und »immer« zuzulassen. Ich kann sagen, daß Angstträume, mit denen ich arbeitete, etwas Gutes mit sich brachten, daß sie aber schlecht schienen, weil der Träumer sie so lange gemieden hatte.

Träume sind oft übersteigert. Mord, Tod, Feuer, Explosionen zum Beispiel darf man nicht wörtlich nehmen. Sie können ein Anzeichen sein für negative Gefühle, die nicht allzu bedrohlich wären, wenn man sie empfinden würde. Solche Bilder können eine starke, selbstschützende Energie anzeigen. Gefühle, die lange unterdrückt worden sind, können im Traum in der furchterregenden Form eines Mörders oder einer Feuersbrunst auftreten. Andererseits, wenn man sie bewußt wahrnimmt, können sie eher von der Art »Lass mich in Frieden, ich habe genug von dir« oder »Geh mir aus dem Weg« sein.

Man gewöhnt sich an die Sprache der Träume. Träume sind wie Märchen – Sie können getötet werden und sich gleich darauf wieder ganz gut fühlen. Jemandem wird der Kopf abgeschlagen, und darunter kommt ein besserer Mensch zum Vorschein.

Träume sind dramatisch. Wir können das mit einem Film vergleichen, in dem es nach langen Verwicklungen zu einem heftigen Streit zwischen den beiden Hauptfiguren kommt. Eine lange aufgestaute Wut bricht sich Bahn. Welches wäre der bessere dramatische Hintergrund für die Nacht, da dies geschieht: ein sanfter Regen oder eine gewaltige Explosion in der Ölraffinerie, die die ganze Stadt in Flammen setzt?

Träume wählen regelmäßig sehr dramatische Ausdrucksmittel für Gefühle. Das heißt nicht, daß diese Gefühle tatsächlich alles in Flammen setzen müssen, wenn man ihnen freien Lauf läßt. Auch der Film ist ja nicht wirklich grausam gegen die Bewohner der Stadt. Die Explosion geschieht in dieser Nacht, weil der Film einen sicht- und hörbaren Ausdruck für die Gefühle, die er darstellen will, braucht. Es erfordert eine gewisse Zeit, die metaphorische Sprache der Träume zu lernen, aber man kann sie bald verstehen. Auch wenn sie vorerst merkwürdig erscheint, wird sie einem rasch vertraut, vor allem in den eigenen Träumen. Im Traum mögen Sie Angst gehabt haben, doch wenn Sie am Traum arbeiten, brauchen Sie keine Angst mehr zu empfinden. Lassen wir uns von solch furchterregenden Träumen nicht erschrecken; sie bedeuten etwas Gutes, das uns weiterbringen wird. Das Beängstigende wird sich verändern und nicht die Form beibehalten, in der es zuerst auftrat. Erschrecken wir also nicht vor dramatischen Bildern.

Heißt das, daß man Träume nicht fürchten muß? Ich glaube, so ist es. Sagen aber Träume nicht die Zukunft voraus? Nein, nicht unbedingt. Ich glaube, ein Traum kann mich warnen, daß, so wie die Dinge in diesem Moment stehen, etwas Bestimmtes passieren könnte. Sie zeigen ein von der Gegenwart her gesehenes Bild der Zukunft und geben uns damit eine Chance, etwas zu verändern.

Dan träumte, er habe einen Unfall mit seinem Motorrad. Bedeutet das, daß er mit dem Motorradfahren aufhören sollte? Wahrscheinlich hat der Traum eine tiefere Bedeutung für sein Leben – mehr als nur das Motorradfahren. Wahrscheinlich bedeutet er, daß eine gewisse Lebensweise, ein gewisses Verhalten, ihm Schwierigkeiten bereiten könnte und deshalb geändert werden muß. Das kann natürlich nur Dan selbst herausfinden, über seinen Körper. Das Schlimmste, was der Traum sagen könnte, ist »Das könnte passieren, wenn du so fortfährst, ohne etwas zu verändern.« Was hat er, im Traum, gerade vor dem Unfall getan? Der Traum könnte einen Hinweis darauf geben, was geändert werden muß. Ein solcher Traum ist eine hilfreiche Botschaft. Sie werden nicht bei Ihrem Schrecken stehenbleiben wollen, sondern weitergehen und fühlen, was der Traum sagen will.

Sind uns also alle Träume freundlich gesinnt? Ich glaube, ja. Müssen wir also einen Traum niemals als eine schlechte Nachricht, als Begrenzung, als Ende, als unerwünschte Botschaft auffassen?

Wie auch ich nur ein Teil eines Ganzen bin, so ist auch der Traum nur ein Teil. Weder mein gewohntes Ich noch der Traum allein ist das Ganze. Auf keines von beiden kann man allein vertrauen, so wie es ist. Interpretieren Sie also den Traum, indem Sie ihn zu einem Wachstumsschritt führen lassen. Das bedeutet, daß Sie sein Angebot annehmen. Wenn wir den Traum als feststehende Tatsache auffassen, wird uns das nicht gelingen. Wir wollen nicht die momentane Tatsache, sondern den nächsten Wachstumsschritt. Dieser Traum ist genau das, was »die andere Seite« uns letzte Nacht mitteilte – wie kann es anders als positiv sein, wenn ich damit Kontakt aufnehme und es mir selber ermögliche, ganzheitlicher zu werden?

Die Wahrheit ist nicht statisch. Das, was irgendetwas ist, schließt auch das ein, was es sein kann und sein wird. Sie können nicht erklären, was ein Ei ist, ohne zu erklären, was daraus werden kann. Menschliche Erlebnisse und Träume sind genau so. Was sie wirklich sind, ist nicht etwas in einem bestimmten Moment genau Festgelegtes. Was ein Traum wirklich bedeutet, kann erst dann erkannt werden, wenn daraus ein Schritt entsteht.

Die negative Interpretation »schlechter« Träume muß falsch sein, weil dann kein Schritt daraus erfolgt. Nehmen wir an, Sie sitzen vor einem unvollendeten Puzzle und finden ein Stück, das auf den Boden gefallen ist. Wie kann das nicht positiv sein? Sie werden aber nicht nur den Bestandteil des Bildes ansehen, der auf diesem einzelnen Stück erscheint, noch werden Sie dieses Stück für sich allein in Ihrer Tasche aufbewahren. Sie werden es ins Puzzle einfügen und das Bild als Ganzes ansehen. Der Vergleich hinkt aber in einer gewissen Hinsicht. *Wenn Sie einen Traum in Ihr Ganzes einfügen, über Ihren Körper, ändert sich das Ganze und wird zu etwas Neuem.*

STUFE II: ETWAS NEUES
AUS DEM TRAUM

7. KAPITEL

Einführung zu Stufe II:
Etwas Neues aus dem Traum

Wenn Sie das, was wir bisher behandelt haben, anwenden, werden Sie in der Lage sein, die Bedeutung der meisten Ihrer Träume mit körperlicher Sicherheit zu erkennen. Sie werden zudem oft anderen Leuten helfen können, ihre Träume zu verstehen.

Schon diese Fähigkeit ist erstaunlich. Ich bezeichne sie als »Stufe I«. Die meisten Leute reagieren mit Verwirrung auf ihre Träume. Sie halten sie für »verrückt«, weil sie ihre metaphorische Sprache nicht kennen. Zwar können sie die Wichtigkeit der Träume fühlen, ihre Bedeutung aber bleibt ihnen verschlossen.

Andere Leute wissen besser Bescheid über Träume, aber nur von einem einzigen Standpunkt aus – dem Freudschen, Jungschen oder was auch immer. Sie können sich Interpretationen überlegen, aber sie können sich dieser Interpretationen nicht sicher sein. Sie kennen die anderen Standpunkte nicht, und sie kennen den Prüfstein nicht. Sie suchen Interpretationen, die einleuchten, eine plausible Erklärung, eine rationale Hypothese. Aber Sie können jetzt wissen, worum es in Ihrem Traum geht, und Sie können andere durch die Fragen führen und ihnen den inneren Prüfstein zeigen. Wenn sich der »Felt Sense« des Traumes in Ihrem Körper öffnet, brauchen Sie nicht mehr von der Richtigkeit der Interpretation überzeugt zu werden.

Das Wissen darüber, worum es in einem Traum geht, ist aber noch keine vollständige Interpretation. Wir können noch viel weiter gehen.

Stufe II besteht darin, etwas Neues aus dem Traum zu erhalten. Etwas ganz Neues taucht oft gleichzeitig mit der Erkenntnis darüber auf, wovon der Traum handelt. In diesem Fall tritt ein unmißverständlicher »Felt Shift« und eine starke Öffnung auf, die ein Schritt persönlicher Veränderung ist. Stufe I und II fallen also zusammen.

Manchmal aber teilt ein »Felt Shift« mit, wovon der Traum handelt (vielleicht weiß man das auch von Anfang an), ohne daß bereits etwas Neues auftaucht. Der Traum scheint interpretiert zu sein, sagt aber nur aus, was man bereits zuvor wußte oder fühlte.

Von einem solchen Traum sagen die Leute: »Er ist eine perfekte Metapher für diese bestimmte Situation. Sicher, er bedeutet das und das.« Und das tut er auch – aber er hat noch nichts Neues gebracht. Man könnte also ebensogut gar nichts geträumt haben.

Nehmen wir zum Beispiel an, Sie hätten Angst vor einer bestimmten Situation. Nun träumen Sie von einem großen Bären, der Sie verfolgt. Aus den Umständen dieses Traumes erkennen Sie plötzlich, daß er von dieser Situation handelt. Sie empfinden diese Situation wie einen Bären, der Sie verfolgt. Ja, das stimmt genau! Es ist dasselbe Gefühl! Und es ergibt nun einen Sinn, daß Joe in diesem Traum auftrat, daß er so gelassen dastand und ganz ruhig schien. Erst gestern dachten Sie, Joe hätte vor dieser Situation keine Angst. Auch andere Einzelheiten stimmen genau. Es ist erstaunlich, wie das alles zusammenpaßt!

Aber wenn Sie es sich recht überlegen, so wußten Sie all dies schon gestern. Sie fühlen sich genau so wie zuvor. Der Traum hat Sie noch nicht verändert, hat Ihnen noch nichts Neues beigebracht. Er hat Ihnen nichts mitgeteilt, das Sie nicht schon wußten. Stufe II dient dazu, etwas Neues zu finden. Dieses Neue kommt in jenem unmißverständlichen körperlichen Empfinden, das immer unser Prüfstein ist.

Wir können nicht wissenschaftlich beweisen, daß jeder Traum eine Rolle spielt und etwas wirklich Neues bringt. Wir glauben aber, daß dem so ist. Sie werden oft belohnt, wenn Sie einen Traum nicht als fertig interpretiert betrachten, bevor ein Wachstumsschritt eintritt.

Wenn Sie einmal wissen, wie man mit Träumen umgeht, gehen Sie ganz automatisch zu Stufe II über. Sobald Sie wissen, wovon der Traum handelt, und er Ihnen nichts Neues bringt, sagen Sie »Aha. Jetzt kommt Stufe II«, oder Sie können auch weitergehen, ohne daß Sie das als neue Stufe empfinden.

WIE MAN WEITERGEHT

Sie als Ganzes

Auch wenn sich der Traum eindeutig auf eine bestimmte Situation bezieht, beschränkt er sich vielleicht nicht ausschließlich auf diese Situation. Bleiben Sie offen für alles, was er sonst noch aussagen könnte. In einem einzigen Traum können sich viele Themen überkreuzen, wie Straßen an einer Straßenkreuzung.

Jede Erfahrung schließt eine ganze Menge von anderen Erfahrungen in sich ein. Das können Sie jederzeit feststellen, wenn Sie innehalten und einen »Felt Sense« über das, was gerade geschieht, entstehen lassen. In diesem »Felt Sense« sind viele verschiedene Erfahrungen enthalten.

Die Situation (jede Situation, in der Sie sich befinden) ist ein Beispiel für das, was Sie als ganzes sind. Es geht nicht nur um diesen bestimmten Vorfall mit dieser bestimmten Person. Sie werden sich auch in vielen anderen Situationen gleich verhalten. Das, was Sie sind, sind Sie in vielen Jahren geworden. Der Traum sagt etwas aus über Sie, darüber, wie Sie in dieser bestimmten Hinsicht sind, und nicht lediglich über diese bestimmte Situation.

Stellen Sie weitere Fragen

Sie müssen nicht alle Fragen stellen, nur um zu wissen, was der Traum bedeutet. Die verbleibenden Fragen können Sie weiterbringen, indem Sie sie auf bestimmte Teile des Traumes anwenden.

Suchen Sie die Teile des Traumes heraus, die noch unklar sind

Nehmen wir an, Sie wissen, was der Bär und die danebenstehende Person bedeuten. Was ist aber mit dieser merkwürdigen Wolldecke, die davonzulaufen scheint? Wenn Sie darüber noch keine physisch wahrnehmbare Öffnung erlebt haben, können Sie weiter daran arbeiten.

Normalerweise kann und muß man nicht mit jeder Einzelheit des Traums arbeiten. Wenn Sie aber noch nichts Neues herausbekommen haben, dann tun Sie es. Fahren Sie fort. Es gibt meistens einen Teil des Traums, der einen weiterbringen kann. Die Fragen können auf diesen Punkt gerichtet werden, der einen weiteren Schritt bringen könnte.

Alles, was immer noch unklar ist, kann als Ausgangspunkt für Stufe II dienen.

In Anhang B werde ich mehr sagen über die Art und Weise, wie jede Frage angewandt werden soll.

Erst aber müssen wir ein großes Problem besprechen: Stufe II soll einen »Wachstumsschritt« bringen; aber wer bestimmt, was Wachstum ist? In welcher Richtung ist Wachstum und Veränderung gut, richtig und passend für mich? Wir müssen darüber diskutieren, was eine Wachstumsrichtung ist, wie man sie bekommen kann, und wie man sie erkennt.

Nur wenn wir das getan haben, kann Stufe II tiefer dringen. Sie können nicht nach einem Wachstumsschritt streben, wenn Sie nicht wissen, wie man eine Wachstumsrichtung erkennt.

Unser weiteres Programm

Erst wollen wir klarmachen, was eine Wachstumsrichtung ist. Gleich danach, in Kapitel 10, werden wir die »Voreingenommenheits-Kontrolle« darstellen, um die typische Falle der Selbstinterpretation umgehen zu können.

8. KAPITEL

Wie man eine Wachstumsrichtung und Schritte erhält

Träume zu interpretieren ist natürlich etwas Faszinierendes. Wir tun es aus vielen Gründen. Einer davon ist, daß wir wachsen, uns als Menschen weiterentwickeln wollen. Was auch immer die übrigen Gründe sein mögen, wir möchten nicht auf die Entwicklung verzichten, die Träume bringen können. Wie kann ich aber die Richtung meines Wachstums und meiner Entwicklung kennen? Wenn ich mich entscheiden, welche Veränderung ich anstreben will, dann wächst diese Entscheidung aus meinen Gefühlen und meiner Haltung, die ich jetzt habe, also aus dem, was ich jetzt bin. Meine Freunde können sagen, wenn sie von meinem Ziel hören: »Ja, das wird er wählen. Das ist typisch für ihn.« *Mein eigener Plan für eine Veränderung wird mich grundsätzlich unverändert lassen. Es kann aber auch niemand anderer für mich entscheiden.*

Was, glauben Sie, wählen sehr vorsichtige Leute zu ihren guten Vorsätzen für das neue Jahr? Meistens nehmen sie sich vor, noch vorsichtiger zu werden. Solche Leute haben ein schlechtes Gefühl bei jedem der wenigen Versuche zur Selbstbehauptung, die sie unternehmen. So entschließen sie sich, auch diese noch zu unterdrücken. Andererseits nehmen sich sehr energische Leute vor, noch energischer und noch erfolgreicher zu werden. Die Ziele, die sich die Leute setzen, entsprechen ihren gegenwärtigen Wertvorstellungen.

Der Organismus ist nicht eine physiologische Maschine, die nur physische Nahrung braucht. Der Körper ist ein kosmisches System, reich an unterbewußten Andeutungen und Hinweisen. In einem Leben entwickeln wir nur einen Teil von dem, was wir »sind«.

Eine Wachstumsrichtung fühlen Sie in Ihrem Körper. Träume bringen oft (manche Leute meinen: immer) etwas, das Ihnen helfen kann, eine Wachstumsrichtung zu fühlen und einen Schritt in diese Richtung zu gehen.

Lassen Sie mich erklären, wie man eine Wachstumsrichtung fühlt.

Zuerst: Nähern Sie sich Ihrem Inneren auf freundliche Weise

Wenn Sie irgendein Gefühl empfinden, seien Sie freundlich zu diesem Gefühl, selbst dann, wenn Sie nicht damit einverstanden sind, oder wenn Sie es nicht mögen. Sie werden entgegnen: »Wie kann ich zu etwas freundlich sein, daß mir so viel Schmerzen bereitet?« Manchmal sagen die Leute: »Ich weiß, daß ich mich selbst akzeptieren sollte, aber ich kann es einfach nicht. Ich bin böse auf mich selbst.«

Man braucht mit einem inneren Gefühl nicht einverstanden zu sein, um freundlich mit ihm zu sein. Nehmen wir an, Sie haben Angst davor, etwas Bestimmtes zu tun, das Sie gern täten. Es besteht zwar kein Grund, Angst zu haben, trotzdem fürchten Sie sich und meiden diese Situation immer. Sie sind deswegen wütend auf sich selbst. Sie können freundlich sein zu dieser Furcht und dieser Wut auf sich selbst, indem Sie folgendermaßen vorgehen: »Also gut«, sagen Sie, »ich bin wütend auf mich selbst deswegen. Das ist sicher verständlich.« Sie sympathisieren mit Ihrer Wut, Sie brauchen sich nicht vorzumachen, Sie seien nicht wütend. Sie schaffen Platz für Ihre Wut, auf der einen Seite. Dann, getrennt davon, beschäftigen Sie sich mit Ihrer Angst auf freundliche und aufmerksame Weise. Statt auf Ihre Angst wütend zu sein, haben Sie Ihre Wut in eine eigene Ecke gestellt. Jetzt befragen Sie die Angst selbst, auf freundliche Weise: »Wovor hast du wirklich Angst?«

Wenn Sie die Wut auf sich selbst zur Seite stellen, handeln Sie wie jener Schulberater, zu dem eine verärgerte Mutter mit ihrem Kind kommt. Die Mutter klagt ihr Kind an: »Sie hat Angst, zur Schule zu gehen. Dabei gibt es überhaupt keinen Grund, Angst zu haben. Ich habe ihr das hundertmal gesagt. Sie ist einfach dumm, sie ist . . .« Sie unterbrechen die Mutter und sagen: »Natürlich, das ist sehr ärgerlich für Sie. Begreiflich, daß Sie sich aufregen. Aber warten Sie bitte eine Weile draußen. Ich möchte mit dem Kind allein sprechen.« Sie warten, bis Sie mit dem Kind allein sind. Dann fragen Sie ganz freundlich: »Was macht dir so Angst, mein Liebes?«

Sie wissen, daß das Kind etwas Zeit brauchen könnte, um zu antworten. Es ist gerade angeschrien und mit Vorwürfen überhäuft worden. Vielleicht wird es schon seit langer Zeit angeschrien. Vielleicht kann es das, was ihm Angst macht, noch nicht in Worte fassen. Deshalb werden Sie geduldig und freundlich warten.

Ihre Freundlichkeit bedeutet nicht, daß Sie dem Kind zustimmen, daß die Angst berechtigt sei. Sie sind weder dafür noch dagegen, denn Sie kennen die Gründe der Angst noch gar nicht. Äußerlich hat das Kind Angst vor der Schule. Sie glauben zu wissen, daß es keinen Grund gibt, Angst zu haben. Innerlich hat aber das Kind vielleicht Angst vor vielen Dingen, von denen Sie keine Ahnung haben.

Nähern Sie sich Ihrem inneren »Felt Sense« mit derselben freundlichen und offenen Haltung, die Sie diesem Kind gegenüber einnehmen würden.

Wenn der »Felt Sense« sich öffnet und antwortet, sind Sie vorerst vielleicht nicht einverstanden mit dem, was er sagt. Das Kind würde vielleicht sagen: »Ich habe Angst davor, meine Mutter mit dem kleinen Bruder allein zu lassen, denn dann würde sie mich vergessen.« Wenn das Kind Ihnen das sagt, widersprechen Sie nicht gleich! Sagen Sie nicht: »Nein, deine Mutter würde dich nicht vergessen, das ist Unsinn.« Freuen Sie sich, daß das Kind seine Gefühle ausdrücken konnte, daß es sich Ihnen anvertraut. Sagen Sie, »Oh, das ist es. Ich bin froh, daß du es mir sagst.«

Es gibt eine willkommenheißende Art des Verständnisses: Man kann sagen: »Oh, ja, natürlich, wenn es das ist, dann verstehe ich, daß du so empfindest. Du willst deine Mutter nicht verlassen, weil du glaubst, sie würde dich vergessen. Natürlich. Das kann ich verstehen.«

Und dann, wenn das wirklich aufgenommen, willkommen geheißen, voll akzeptiert worden ist, wenn es Ihre Zuwendung erhalten hat, erst dann ist es Zeit für den nächsten Schritt. Und der nächste Schritt ist wiederum eine freundliche Anfrage: »Kannst du fühlen, was dich glauben macht, sie würde dich vergessen?«

Dieselbe freundliche Aufmerksamkeit würde auch die Gründe Ihrer eigenen Furcht offenlegen. Empfangen Sie die kleinen Schritte, die daraus entstehen. Freuen Sie sich, daß sie gesprochen hat, was sie auch immer gesagt hat. Nach einer Minute vielleicht öffnet sich Ihre Furcht. Sie empfinden eine kleine innere Regung und finden, zum Beispiel:

»Die Angst kommt teilweise daher, daß ich fürchte, sie würden mich nicht mögen.« Fangen Sie nicht gleich an zu argumentieren: »Das ist dumm. Nicht jedermann kann dich mögen.« Nehmen Sie es an. Heißen Sie die Öffnung willkommen. Sagen Sie »Oh, das ist es also?« Fühlen Sie es, und fühlen Sie, ob es wirklich genau das ist. Wenn es das ist, werden Sie eine unmißverständliche innere Erleichterung empfinden. Sie prüfen vorsichtig nach: »Ist das genau richtig?« Irgend etwas erleichtert sich in Ihnen, als ob es sagen wollte: »Ja, das ist richtig. Das ist es.«

Wenn dieses Signal nicht kommt, bleiben Sie noch bei Ihrer Angst und fahren Sie fort, sie freundlich zu befragen, berühren und betasten Sie sie. Vielleicht öffnet sie sich nicht sogleich. Vielleicht ist sie lange Zeit beschimpft und unterdrückt worden. Endlich bewegt sie sich, öffnet sich, und teilt Ihnen einen Schritt mit von dem, was sie ist.

Wenn Ihr Inneres spricht, so haben Sie Verständnis für das, was es sagt. Sagen Sie so etwas wie: »Oh, natürlich, wenn du das brauchst, daß dich jedermann mag, dann ist es schwierig. Vielleicht mögen sie dich nicht. Ich verstehe.« (Oder was auch immer auf die Situation zutrifft). Antworten Sie im Sinne von: »Sicher. Natürlich. Ich verstehe. Natürlich. Das ist verständlich. Wenn das für dich so aussieht, dann verstehe ich, daß du so empfindest.«

Wenn Sie das empfangen haben, wenn Sie seine Öffnung willkommen geheißen haben, wenn Sie eine Weile damit verbracht haben, können Sie zum nächsten Schritt übergehen: Sie fragen freundlich: »Warum ist es so wichtig, daß sie dich mögen?« (Vielleicht ist auch eine andere Frage in dieser Situation richtig. Das werden Sie fühlen. Zum Beispiel: »Warum werden sie dich nicht mögen?«)

All das ist ausführlicher in meinem Buch »Focusing« (1981) erklärt. Dort zeige ich auch, wie man über die Worte hinausgeht, über die alten Ideen, die immer wieder kommen. Ihr Verstand unterbricht Sie oft. Es ist, als ob die Mutter, die gebeten worden ist, draußen zu warten, immer wieder hereinkäme. Vielleicht können Sie diese Einmischungen nicht verhindern, aber Sie können den Unterschied kennenlernen zwischen dem, was aus dem »Felt Sense« kommt, und den Ideen, Gedanken, Hypothesen, Erklärungen und Anschuldigungen. Wenn Sie diesen Unterschied kennen, können Sie warten, bis Sie mit dem »Felt Sense« wieder Kontakt aufgenommen haben. Nur aus ihm kommen die Schritte, die »Felt Shifts« auslösen, Veränderungen in Ihnen selbst.

Jede innere Regung und Öffnung ist Teil einer Veränderung. Selbst wenn sie scheinbar nur aussagt, wovor Sie Angst haben, stellt die körperlich empfundene Öffnung einen Teil einer Veränderung dar. In einer Minute oder vielleicht erst morgen können Sie einen nächsten Schritt erreichen. Ihr ganzes Wesen verändert sich ein wenig mit jedem körperlich empfundenen Schritt.

Der Zweck liegt nicht darin, dieses oder jenes über sich selbst herauszufinden. Der Zweck ist Wachstum, Entwicklung. Sie werden auf diesem Weg eine Menge herausfinden, aber das ist nicht die Hauptsache. Fühlen Sie die festgefahrenen Stellen in Ihrem Innern, und die Erleichterung, wenn sie sich ein wenig bewegen und lockern. Es ist, als ob ein Teil von Ihnen während Jahrzehnten in einer Kiste eingesperrt gewesen wäre. Er ist steif. Wenn er sich nur ein wenig regen kann, bedeutet das eine Erleichterung. Wenn er schließlich aufstehen, sich strecken und bewegen kann, so ist das eine große Erleichterung.

Die Veränderung vollzieht sich in kleinen Schritten. Bei jedem Schritt verändert sich das Bild. Was Sie bei diesem Schritt herausfinden, wird sich in den nächsten Schritten wieder verändern. Nehmen Sie deshalb alles an, was Sie finden. Widersprechen Sie nicht, korrigieren Sie es nicht. Wenn Sie es sein lassen und einige Minuten tief atmen, wird es sich im nächsten Schritt weiter verändern.

Nehmen wir zum Beispiel an, Sie finden ein Gefühl wie: »Es ist hoffnungslos. Ich fühle, daß ich nie in Ordnung sein werde.« Ist das nicht entmutigend? Es ist dann nicht entmutigend, wenn Sie es annehmen. Anstatt sich entmutigen zu lassen, empfangen Sie es mit Verständnis. »Ja, natürlich, das kann kein gutes Gefühl sein dort innen, wenn man überzeugt ist, daß man nie in Ordnung sein wird.« Dann, eine Minute später, fragen Sie freundlich: »Was ist es, das es so hoffnungslos erscheinen läßt?« Sie werden bald einen anderen Teil eines »Felt Shift« finden, mit einem anderen Teil der Erkenntnis. Als nächstes kommt zum Beispiel: »Ich muß weiterhin versuchen, ihr zu gefallen, aber sie wird nie zufrieden sein, das weiß ich.« Jetzt sehen Sie, daß Ihre Überzeugung nicht war, Sie könnten nie in Ordnung sein (wie es zuvor schien), sondern sie werde nie mit Ihnen zufrieden sein. Das ist schon sehr viel weniger entmutigend. Was sie betrifft, stimmte es immer; sie kann nie zufriedengestellt werden. Sie mögen einige weitere körperlich empfundene Schritte benötigen. Sie empfinden vielleicht immer noch das Bedürfnis, ihr zu gefallen (selbst wenn Sie sie schon vor Jahren verlassen haben).

Sie wissen aber, daß auch das sich in den nächsten Schritten verändern wird.

Wenn wir solche Veränderungsschritte einige Male erfahren haben, dann wissen wir, daß sie eintreten werden, selbst dann, wenn wir uns nicht vorstellen können, wie sich ein bestimmtes Gefühl jemals verändern kann. Es ist viel leichter, ein Gefühl freundlich zu empfangen, wenn wir wissen, daß das, was in solchen Schritten kommt, sich in den darauffolgenden Schritten verändern wird.

Solche Schritte kommen aus einem »Felt Sense« – wie können wir einen »Felt Sense« erhalten und erkennen?

Wie man einen »Felt Sense« erhält

Ein »Felt Sense« ist nicht nur eine Emotion. Furcht, Wut, Freude, Traurigkeit – das sind Emotionen. Ein »Felt Sense« ist anders, er ist umfassend und unbestimmt. Er enthält nicht nur die Emotion, sondern verschiedene Dinge, wovon wir die meisten zuerst nicht deutlich erkennen. Es ist eine körperliche Empfindung, wie etwa schwer, klebrig, nervös, flatternd, eng.

Um den »Felt Sense« kommen zu lassen, fühlen Sie die Mitte Ihres Körpers von innen. Denken Sie dann an das Problem oder an einen Teil des Traumes. Fühlen Sie sich gut in der Mitte Ihres Körpers? Da! Eine bestimmte Empfindung macht sich unmißverständlich bemerkbar. Nein! Es ist kein gutes Gefühl.

Für einen Traum ist es typisch, daß er einen »Felt Sense« hinterläßt. Wenn dieser bereits da ist, widmen Sie ihm Ihre Aufmerksamkeit. Er besteht nicht einfach aus Angst, Freude oder Traurigkeit, er ist ein eigenartiges Gefühl, für das es keine Worte gibt.

Lassen Sie mich den Unterschied zwischen einer Emotion und einem »Felt Sense« schildern. Wut ist eine Emotion. Wenn Sie wütend sind, erkennen Sie das. Es besteht keine Verwirrung, nichts Vages, Sie sind einfach wütend. Wenn Sie sich aber ein wenig entspannen, fühlen Sie: »Es steckt mehr in der ganzen Sache.« Sie fühlen zum Beispiel etwas wie Atemlosigkeit, Gehetztheit, den Wunsch, wütend zu bleiben – Sie wollen nicht einhalten und feststellen, daß Sie nicht ganz recht haben. Dieses unbehagliche Gefühl hat keinen eigenen Namen. Wo würden Sie es finden? Unter der Wut, darin, darum herum, am Rand der Wut. Aber Wörter wie »Rand« beschreiben es nicht genau. Der unklare »Felt Sense« befindet sich in der Mitte Ihres Körpers. Und er schließt mehr ein als nur den Willen, wütend zu bleiben. Er ist ein unklares Ganzes, eine Empfindungsqualität.

Nehmen wir die Angst in unserem Beispiel. Die Angst ist eine Emotion. Sie ist uns vertraut. Es wird nichts Neues geschehen, wenn Sie nur immer wieder Ihre Angst verspüren. Der »Felt Sense« ist anders und weniger intensiv. Sie können ihn kommen lassen, wenn Sie sich entspannen, zurücklehnen und in ihrem Körper die Ganzheit Ihres Unbehagens über diesen Teil Ihres Lebens fühlen. Denken Sie nicht an einen bestimmten Aspekt, denken Sie eher in Sätzen wie »alles, was mit dieser Situation zusammenhängt«, »das Ganze«, »alles über dieses Problem«. Die Aufmerksamkeit auf »die ganze Sache« läßt Sie das umfassende Unbehagen in Ihrem Körper fühlen. Die Furcht in unserem Beispiel wird ein Teil davon sein, aber nicht das Ganze. Es gibt mehr als nur die Furcht. Sie können den Rest des Eisbergs unter dieser Furcht spüren. Sie spüren etwas, physisch, das sein Eigenleben hat, das Sie nicht vollständig kennen. Das ist der »Felt Sense«.

Sie können spüren, daß er ein Eigenleben hat, wenn Sie versuchen, ihn sich auszureden. Er wird Widerstand leisten. Wenn Sie etwas über ihn sagen und dann wieder auf den »Felt Sense« achten, spüren Sie, daß das, was Sie sagten, falsch ist. Sie wissen aber auch nicht, was richtig wäre. Sie können nicht bestimmen, wann er sich öffnet. Sobald die Öffnung eintritt, steigt etwas aus ihm auf. Vielleicht haben Sie auch zufällig das Richtige gedacht, und als Antwort darauf öffnet er sich.

Ein »Felt Sense« hat unmißverständlich seine Bedeutung, und doch kennen wir diese nicht. Die Emotionen dagegen erkennen wir, sobald wir sie empfinden.

Eine starke Emotion kann uns auf einen bestimmten Weg führen, aber der »Felt Sense« der ganzen Situation kann uns auf einen ganz anderen Weg führen. Im Zorn verlieren wir unsere Spur, wir bedenken bei unserem Handeln nicht alles, was wir wissen. Der »Felt Sense« dagegen bringt uns mehr als wir schon wissen. Der Unterschied zwischen einer Emotion und einem »Felt Sense« ist daher sehr bedeutsam. In unserem Beispiel hindert Sie Ihre Angst daran, sich einer bestimmten Situation zu stellen. Ihr »Felt Sense« wird die Angst mit einschließen, wird Ihnen aber auch zu spüren geben, wie sich Ihr Leben weiterentwickeln kann, wenn Sie sich dieser Situation stellen.

Wenn Sie innerlich freundlich sein können, und wenn Sie einen »Felt Sense« erhalten können, dann kann ich Ihnen sagen, wie man eine Wachstumsrichtung erkennt. Eine ihrer Charakteristiken ist die folgende:

Das Leitgefühl für Schritte: Die lebensbejahende Energie bewegt sich vorwärts

Ein Schritt, der aus einem »Felt Sense« entsteht, verursacht eine innere Bewegung – etwas in Ihnen ist froh, sich bewegen und sprechen zu können. So fühlt man die Lebensenergie, wenn sie sich »vorwärts« bewegt. So fühlt man die lebensbejahende oder nach vorwärts weisende Richtung, was immer ihr Inhalt zu sein scheinen mag. Sie entwickeln sich, Sie wachsen, die Energie fließt aus Ihrem Innern nach außen.

Sie können fühlen, wie ganz anders das ist, als wenn Sie auf Ihre Lebensenergie einen Zwang ausüben. Dann fühlen Sie sich eingeengt, Sie werden kleiner, Sie atmen schwächer, Sie verkrampfen sich, Sie welken.

Dieser Unterschied sagt Ihnen noch nicht, was für Sie richtig ist, aber verpassen Sie das Signal aus Ihrem Körper nicht. Wenn Sie sich verkrampfen, fragen Sie, warum gerade jetzt diese Verkrampfung da ist. Nehmen wir an, Sie verkrampfen sich jedesmal, wenn Sie an das denken, was Sie fürchten. Das bedeutet nicht, daß Sie es meiden sollen. Wenn Sie sich aber verkrampfen, fragen Sie sofort: »Was an dieser Situation veranlaßt meinen Körper, das zu tun?« (»das« ist die Verkrampfung in der Mitte Ihres Körpers.) Sie warten und lassen dieses Unbehagen in Ihrem Körper antworten.

Nehmen Sie an, es antwortet: »Wenn ich das tue, werden sie mich nicht mögen.« Vielleicht werden Sie nun böse und hätten lieber eine andere Antwort gehabt. Wenn die Antwort aber aus Ihrem Körper kommt, kommt sie mit einer kleinen Erleichterung, mit ein wenig Lebensenergie. Wenn Sie böse werden, verpassen Sie dieses kleine Körpersignal.

Ein Stück Lebensenergie fließt merkbar, wenn »es« das sagt.

Dieser Energiefluß bedeutet nicht, daß das Ziel, von den Leuten geliebt zu werden, richtig ist. Er zeigt Ihnen nur, daß Sie auf dem richtigen Weg sind, und daß das, was kam, ein Schritt auf diesem Weg ist. Dieser Energiefluß ist ein Leitgefühl!

Wenn Sie einen »Felt Sense« kommen lassen können, das Gefühl von dem, was unklar ist, werden Sie dort das Leitgefühl finden.

Sie können fühlen, welcher Schritt expansiv und vorwärtsbewegend, lebensfördernd ist, im Gegensatz zu dem, was beengend, lebensfeindlich, aufgezwungen und einschränkend ist. Schritt für Schritt können Sie sich mit diesem Leitgefühl vorwärtsbewegen. Es wird Sie auf den rechten Weg führen.

Wenn es anhält, fragen Sie, wodurch es angehalten wurde. Wenn es sich vorwärts bewegt, vergessen Sie nicht, danach zu fragen und das zu behalten, was es bewegte.

Bequemlichkeit gegen frische Luft

Ein Wachstumsschritt ist nicht immer leicht oder bequem. Er kann Schmerzen oder Angst erzeugen. Er wird aber auch in einer ganz besonderen Weise als gut empfunden, die ich beschreiben werde. Wie kann ein Gefühl gleichzeitig schmerzhaft, angsterregend und dennoch gut sein? Der Energiefluß, den ich geschildert habe, ist ein gutes Gefühl. Wir müssen aber den Unterschied spüren zwischen dieser Art von »gutem Gefühl« und bloßer Bequemlichkeit. Bequemlichkeit ist auch ein gutes Gefühl, es ist, wie wenn man sich in einem warmen Bett umdreht. Der Aufenthalt in einem stickigen Raum ist zum Beispiel bequemer als ein Spaziergang in der Kälte, dieser kann aber als Vorwärts-Bewegung und frische Luft empfunden werden. *Die Wachstumsrichtung wird oft als frische Luft wahrgenommen.*

Sie werden bald den großen Unterschied zwischen diesen beiden Arten des Wohlbefindens spüren. Wachstum wird als Expansion, als sich vorwärts bewegende, körperliche Energie empfunden, Bequemlichkeit ist muffig, einschränkend, langweilig nach kurzer Zeit. Vielleicht ist sie leichter, aber sie hat auch einen Beigeschmack von Verlust, Aufgeben, Nachgeben.

Persönliches Wachstum bedeutet, daß Sie Ihre innere Essenz vermehrt leben, sich ausdehnen, freier werden lassen.

Spüren Sie den Unterschied? Lassen Sie mich nun fragen, wo ist Ihr Leben blockiert? Nehmen Sie sich einen Moment Zeit, um zu spüren, wo das ist. Tun Sie es jetzt.

. . . . .

Es braucht nicht viel Zeit, um Ihre blockierten Stellen zu fühlen. Normalerweise kennen Sie sie, es ist aber schwierig, etwas dagegen zu tun. Auch nur einen Moment lang zu spüren, wie blockiert sie sind, kann schwierig sein. Es ist kein gutes Gefühl. Ich brauche es aber für den folgenden Teil.

»Was käme in meinen Körper, wenn ...?«

Nehmen wir an, Sie wollen, bevor Sie die Anstrengung unternehmen, sich zu ändern, herausfinden, ob in einer gewissen Richtung wirklich eine Entwicklungsmöglichkeit für Sie liegt. In diesem Fall wollen Sie ausprobieren, was für ein Gefühl etwas, das jetzt noch nicht verwirklicht ist, auslösen würde. Sie können dieses Gefühl körperlich wahrnehmen:

Wählen Sie eine der blockierten Stellen, an die Sie gerade gedacht haben (oder denken Sie jetzt an eine davon). Kümmern Sie sich jetzt nicht darum, ob jeder Weg, den Sie sich denken können, falsch, unreif, selbstsüchtig, schlecht, unpraktisch oder sonstwie ungeeignet ist. Seine eigentliche Form wird sich später ohnehin verändern. Nehmen Sie an, Sie wissen plötzlich wie durch ein Wunder, daß Sie in dieser Richtung wachsen können. Ich weiß, daß Sie das nicht sicher wissen können. Wir wollen aber herausfinden, was es für ein Gefühl wäre, wenn es zuträfe. Lassen Sie Ihren Körper diese Frage fühlen. Wie wäre es, wenn Sie das oder jenes sein oder tun könnten? Was käme in Ihren Körper? Warten Sie, und sehen Sie, was kommt. Fragen sie jetzt.

. . . .

Vielleicht beantworten Sie die Frage schnell in Ihrem Kopf. »Ja, natürlich, das habe ich schon immer gewollt.«

In Ihrem Kopf sagen Sie vielleicht, »Ja, ich würde mich freier, stärker, größer fühlen ...«. Schön, aber das ändert nichts. Wenn das alles ist, was geschehen ist, stellen Sie die Frage immer wieder, und richten Sie sie an Ihren Körper: »Was käme in meinen Körper, wenn ich könnte . . .?« Warten Sie . . . Es braucht eine gewisse Zeit, bis die Veränderung dort aus eigenem Antrieb eintritt. Wenn sie kommt, achten Sie auf das Körpergefühl, das sie auslöst.

. . . .

Zum Beispiel ». . . Hmm, ja! (tiefes Einatmen, die Schultern bewegen sich nach hinten, der Kopf erhebt sich) . . . das Gefühl wäre . . . nun . . ., ja, es wäre . . . hm, so und so.« Oder »Huh . . .! (langes, tiefes Ausatmen, Fallenlassen der Schultern, Entspannung, Erleichterung).«

Oder haben Sie lediglich ein schon vertrautes Gefühl empfunden, ein gutes Gefühl, das Sie seit langem kennen? Dann haben Sie hier keine Wachstumsrichtung.

Niemand kann es Ihnen sagen, und Sie können es Ihrem Körper nicht sagen. Sie müssen warten, bis die Energie sich bewegt und Ihnen das Gefühl vermittelt. Jedes derartige Gefühl ist einzigartig, wie auch jeder Traum einzigartig ist. »Angenommen, ich wüßte, daß ich könnte . . . ja, das ist es, was in meinem Körper käme.«

Meine Formulierungen »Gefühl der Expansion«, »vorwärtsbewegende Energie« geben die Einzigartigkeit dieses Gefühls nur unvollkommen wieder.

Das Gefühl körperlicher Energie teilt Ihnen vieles mit. Sie sehen, daß Ihr Körper fähig ist, so zu sein und so zu leben! Vielleicht haben Sie keine Ahnung, wie Sie es anstellen sollen, Ihr Leben so zu gestalten, aber dieses Körpergefühl kann Sie nach und nach dahin führen.

Normalerweise ermöglichen wir es unserem Körper nicht, sich richtig zu fühlen, solange wir nicht auch zuerst richtig leben können. Die meisten Leute wissen nicht einmal, daß der Körper von sich aus so sein kann, wie er sein soll, bevor sie ihr Leben besser gestalten.

Vorerst gibt es keine Worte oder Taten in dieser Richtung. Es ist aber mehr darin enthalten, als man denkt.

Auch so ist es nur eine Richtung; es ist noch nicht das, was man auch ausführen wird. Wenn Sie zum Beispiel eine sehr friedfertige Person sind und von jemand anderem schon zuviel eingesteckt haben, so kann dieses befreiende Körpergefühl mit einem Bild daherkommen, wie Sie dieser Person ins Gesicht schlagen. Das ist wahrscheinlich nicht das Richtige, aber widersprechen Sie jetzt nicht. Ein andermal werden Sie diese Person wieder von einem anderen Standpunkt aus sehen. Jetzt aber müssen Sie die Energie in Ihren Körper fließen lassen. Sie werden diese Person nicht ins Gesicht schlagen. Gerade jetzt aber gibt es kein anderes Bild, das den Körper sich selbst aufrichten läßt. Nachher können Sie immer noch nach einer angemessen Reaktion suchen. Die erste Handlung, die Ihnen mit der neuen, richtigen Körperenergie in den Sinn kommt, ist meist falsch oder unmöglich. Sie erscheint wahrscheinlich in einer Form, die Sie nicht in die Tat umsetzen möchten. Sie kann, wie ein Traum, in einer negativen Form auftreten oder äußerst unrealistisch sein. Weisen Sie sie deswegen nicht zurück! Lassen Sie Ihren Körper diese Energie erleben und nehmen Sie sich Zeit, um eine realistische Reaktion zu finden, die mit dieser Energie übereinstimmt.

Selbst das Wort »Richtung« hat hier nicht ganz seine gewohnte Bedeutung. Bei jedem Schritt kann sich die Richtung wieder ändern. Sie haben zum Beispiel ein neues, befreiendes Gefühl gefunden bei dem Gedanken, Ihre wichtigste Beziehung aufzugeben. Fühlen Sie das, lassen Sie es gewähren und atmen Sie eine Weile, um einen nächsten Schritt zu ermöglichen. Bei diesem nächsten Schritt können Sie vielleicht zu der Erkenntnis kommen, daß Sie die Beziehung nicht aufzugeben brauchen, sondern daß Sie sich darin anders verhalten müssen. In der landläufigen Bedeutung des Wortes »Richtung« wären das zwei verschiedene Richtungen. Beim ersten Schritt verließen Sie Ihren Partner, beim zweiten blieben Sie bei ihm. Aber für dieses Körpergefühl ist das ein weiterer Schritt in dieselbe »Richtung«. Der Energiefluß zeigt lediglich an, daß der kleine Schritt auf dem richtigen Weg erfolgt ist. Die Form kann sich viele Male ändern, bevor ein praktisches Ergebnis da ist.

Sie dürfen sich deshalb vom ersten Ergebnis nicht erschrecken lassen. Seine Form wird sich verändern. Lassen Sie sich durch Ihre Körperenergie in die richtige Richtung weisen. Bisher habe ich geschildert, wie man eine Wachstumsrichtung erkennt. Als nächstes werde ich Ihnen Beispiele geben, wie man in einem Traum eine Wachstumsrichtung findet.

9. KAPITEL

Einführung der Voreingenommenheits-Kontrolle

Wie man eine Wachstumsrichtung aus demjenigen Teil des Traumes bekommt, der einem nicht gefällt

Lassen Sie mich erst einige Beispiele geben, in welchen die Voreingenommenheits-Kontrolle nicht benötigt wird. Es ist leicht, die Wachstumsrichtung zu fühlen, wenn sie in einem Traum mit schönen, lebendigen Symbolen angezeigt wird:

Sie hatte gestern den fast unwiderruflichen Entschluß gefaßt, ihren Mann zu verlassen. Dann träumte sie in der Nacht von Narzissen.

Traum von den Narzissen
Jemand gab mir einen Strauß Narzissen, schöne, leuchtende. Dann sah ich meinen Mann, der ebenfalls eine Narzisse in seinem Knopfloch trug.

Sie sagte: »Mindestens für den Augenblick bewegt sich etwas Merkwürdiges in mir als Reaktion auf ihn, und ich sollte mich davon nicht abwenden.«

Ein weiteres Beispiel:

Traum vom Tiger
Ich ging die Straße entlang mit meinem Vater, und ein Tiger ging rechts von mir, auf der Seite der Straße. Der Tiger war stark und voller Energie, sehr schön. Dann wandte er sich ab, überquerte die Straße und verschwand in einem alten Haus, und ich ging weiter mit meinem Vater. Der Gehsteig wurde immer schmaler und verschwand fast. Ein großer Lastwagen kam, und wir hatten keinen Platz mehr. Er streifte mich oder streifte mich beinahe, ich weiß es nicht mehr genau.

Hier stellt eindeutig der Tiger die Wachstumsrichtung dar. Mit den Fragen 7 und 8 entstand eine innere Berührung mit dem Tiger, die jedoch nur schwach war. Die Zusammenfassung (Frage 5) ermöglichte es dem Träumer, klar zu fühlen: »Diese starke, lebendige Energie geht einen anderen Weg, und ich gehe denselben Weg weiter, den ich bisher gegangen bin, mit meinem Vater. Die altvertrauten Hemmungen. Wenn ich mit meinem Vater gehe, verläßt mich diese aggressive Kraft. Bald wendet sie sich gegen mich und überrennt mich.«

Er konnte eine Wachstumsrichtung fühlen: sich von seinem Vater zu lösen und stattdessen der Tiger zu sein. Das war nicht bloß eine Idee. Er konnte das Bild des Tigers in seinem Körper fühlen, sehr unmittelbar: Die Energie des Tigers war ein ganz anderes Gefühl als »die altvertrauten Hemmungen«.

Große Schönheit oder offensichtlich gesunde, kraftvolle Tiere zeigen uns oft die Richtung des Lebensinstinktes an. Die Form, in welcher wir diese Entwicklungsmöglichkeit über einen längeren Zeitraum hinweg in die Tat umsetzen wollen, hängt natürlich von uns ab. Wir werden uns nicht in jeder Hinsicht wie Tiger benehmen. In diesen Beispielen wird lediglich die Richtung klar angezeigt – vor allem dann, wenn wir sie nicht in Worte fassen.

Beispiele einer Wachstumsrichtung aus dem »schlechten« Teil eines Traums

Der Traum vom Tiger

Im ersten Moment waren Sie vielleicht nicht mit mir einverstanden, daß ein Tiger etwas Schönes ist.

Viele mögen sich sagen: »Ein Tiger? Er könnte mich fressen.« In diesem Traum aber empfand der Träumer den Tiger als schön, und dieser ging auch ganz friedlich neben ihm her. In vielen Träumen ist aber derselbe Tiger häßlich und bedrohlich. Würden Sie ihn trotzdem als etwas Positives erkennen?

Die Wachstumsrichtung erscheint oft in Dingen, die schlecht zu sein scheinen. Sie ist ja etwas vollständig Neues. Da wir uns bereits in denjenigen Richtungen, die wir für gut halten, entwickelt haben, empfinden wir die anderen, in welchen wir uns noch nicht entwickelt haben, als schlecht. Deshalb erscheint eine neue Wachstumsrichtung zunächst in einer negativen Form.

Der Traum von den Israelis und den Arabern

Ein Israeli sagte: »Die Araber sind zwei Meilen von unserer Grenze entfernt, und das ist völlig untolerierbar.« Im Traum fand ich, daß die Israelis immer nur ihre eigene Seite sehen, nur das, was für sie untolerierbar ist. Die andere Seite sehen sie nie.

Assoziationen: »Nun, ich bin Jude, aber ich bin nicht einverstanden mit der Haltung Israels. Meistens sehen sie nur ihren eigenen Standpunkt. Sie sind so selbstgerecht.«

Sehen Sie die Seite der anderen?

»Ja, meistens sehe ich diese sogar zuerst. Oft vergesse ich meine eigene Seite. (Lachen). Es ist merkwürdig, ich kann geradezu vergessen, daß auch ich etwas will.«

Nun . . . wie würden Sie sich fühlen in Ihrem Körper, wenn Sie etwas mehr wie dieser Israeli wären, der nur an sich selbst denkt? Spüren Sie das in Ihrem Körper, ist das die richtige Richtung?

»Ich mag das nicht. Ich kritisiere das seit Jahren. Ich bin froh, daß ich nicht so bin. Ich will nicht so sein.« Nun, es handelt sich hier nicht um Israel, es geht um Ihre eigene Art, sich selbst zu vergessen. Würde sich etwas bewegen in Ihrem Körper, wenn Sie etwas weniger selbstlos wären?

»Nun, ja . . . (Focusing) Ja! Das stimmt, ich spüre es!« Verweilen Sie eine Minute mit diesem Gefühl in Ihrem Körper. »Hmm . . .«

Können Sie immer noch dazu stehen?

»Sicher. Ich denke gerade an diesen Israeli. Sie haben zuviel davon, aber für mich wäre etwas mehr davon besser.« Hier strömte die Lebensenergie in seinen Körper, und er fühlte, daß er den richtigen Weg gefunden hatte. Für ihn war dieser Weg richtig, in Anbetracht dessen, was er bisher in seinem Leben entwickelt hatte und was er unentwickelt gelassen hatte.

Sie werden später genau sehen, wie die Voreingenommenheitskontrolle es Ihnen ermöglicht, eine Wachstumsrichtung zu erkennen in etwas, das zuerst negativ erscheint. Beachten Sie, daß die Person im

65

soeben geschilderten Beispiel die Wachstumsrichtung nicht allein gefunden hat. Die Voreingenommenheitskontrolle wird es Ihnen ermöglichen, selbst das zu tun, was für diesen Träumer eine andere Person getan hat, die gesagt hat: »Es geht hier nicht um Israel, sondern um Ihre eigene Art, sich selbst zu vergessen.«

Eine Wachstumsrichtung ist nicht immer das Gegenteil von dem, was Sie erwartet haben, aber oft kann das der Fall sein. Sie erscheint nicht immer, aber oft in demjenigen Teil des Traumes, der Ihnen am wenigsten gefällt.

Die Form, die sie im Traum annimmt, kann sehr unattraktiv sein. Sie kann, objektiv gesehen, falsch, böse, bedrohlich und unerwünscht erscheinen. Wenn wir aber fragen, wie sie etwas, das Sie in Ihrem Innern benötigen, darstellen könnte, so kann die Antwort in Ihrem Körper sehr schnell und in sehr positiver Form erfolgen.

Frage 14 bezieht sich auf Ihr persönliches Wachstum.

Natürlich antworten Sie mit einer Richtung, die Sie bereits kennen. Wenn Sie sie kürzlich erst entdeckt haben, können Ihre Träume Ihnen Ihre Fortschritte zeigen und weitere kleine Schritte in dieser Richtung weisen. Dann suchen Sie natürlich nicht nach dem Gegenteil.

Eine neue Wachstumsrichtung ist aber oft das Gegenteil dessen, was wir für wichtig erachten. Das heißt nicht, daß wir unsere Wertvorstellungen ins Gegenteil verkehren müssen. Wir erweitern sie lediglich ein wenig, wie Sie in den folgenden Beispielen sehen werden.

Sie träumen zum Beispiel von einem Mörder, der hinter Ihnen her ist. Eine bösartige, widerliche Person oder ein wildes Tier verfolgt Sie. Natürlich kann es nicht Ihr Ziel sein, ein Mörder, eine bösartige Person oder ein wildes Tier zu werden. Und doch, wenn Sie in diese Richtung sehen, kann ein sehr positives neues Gefühl in Ihren Körper kommen.

Es kann zum Beispiel eine Energie sein, Dinge, die Sie brauchen, zu verfolgen. Oder es kann eine neue Erleichterung sein. Es kann ein gesunder Instinkt sein. Natürlich muß das nicht unbedingt der Fall sein, es ist aber wahrscheinlich. Warum kommt so etwas so häufig aus dem Gegenteil von dem, was wir erwartet haben?

Das liegt daran, daß, wenn wir das Schlechte bewußt ausklammern, auch noch viele andere Dinge damit weggeschoben werden. Wir schließen zum Beispiel die Gewalt aus. Damit schließen wir aber gleichzeitig noch viel mehr aus, als uns bewußt ist. Was auf die Seite geschoben wird, ist nicht nur das Schlechte, das an dessen Oberfläche liegt. Nicht jeder kämpferische Instinkt ist zum Beispiel schlecht. Wenn wir aber solche Instinkte ausschließen, geschieht das ohne jede Differenzierung. Wenn Sie die kämpferische Energie Ihres Körpers unterdrücken, fehlt es Ihnen am Willen zur Selbstbehauptung. Dann ist es wahrscheinlich, daß diese fehlende Energie im Traum als Mörder oder als gefährliches Tier, das Sie verfolgt, auftritt. Das heißt nicht, daß Ihre Kräfte gefährlich sind. Es heißt nur, daß sie in ihrer gegenwärtigen Form, abgetrennt von Ihnen selbst, negativ erscheinen.

Natürlich! Wenn Ihre kämpferische Energie sich selbständig macht, ohne von Ihrer Weisheit und Ihrer Empfindsamkeit geleitet zu werden, dann ist sie gefährlich.

Auch wenn diese abgetrennte kämpferische Energie nicht die Ihre wäre, wenn sie sich gegen Sie wenden und Sie verfolgen würde, würde das in Ihnen Angst auslösen. Wie würde diese Angst wohl aussehen, wenn man sie im Bild darstellen müßte? Daher kommt eine Wachstumsrichtung oft gerade aus dem schlimmsten oder abstoßendsten Teil des Traumes, den wir sofort zurückgewiesen haben.

Wenn Sie alle Fragen an Ihren Körper richten, so können Sie mit Ihrer neuen Energie, die dabei aufsteigen kann, Kontakt aufnehmen. Vor allem Frage 8 (wie würden Sie sich in dieser Rolle verhalten) kann bei jeder als negativ erscheinenden Figur verwendet werden. Selbst eine einfache Assoziation kann diesen Zweck erfüllen, wie wir das im letzten Beispiel gesehen haben. Die Assoziation mit den Israelis ließ den Träumer fragen, was es für ein Gefühl wäre in seinem Körper, wenn er die Eigenschaften dieser Israelis in vermehrtem Maße hätte.

Marks Traum

Mark versucht, im Showgeschäft Karriere zu machen. Er will Schauspieler werden, aber im Moment hat er einen Job als Bote in Los Angeles. Er hat keine Chance gehabt, aufzutreten, und steht deshalb unter starkem Druck. Am Tag vor dem Traum war er bei einem Produzenten, aber nur, um diesem einen Brief zu übergeben. Später träumte er:

Ich war wieder bei diesem Produzenten, aber diesmal, um bei ihm vorzusprechen. Ich stand in einer Reihe mit anderen und wartete, bis ich aufgerufen wurde. Da

streckte sich eine Hand gegen mich aus, die eine Platte hielt. Ich kann mich nicht
erinnern, was auf der Platte war. Sie wurde dem Mann, der vor mir stand,
angeboten, und er wies sie zurück. Dann wurde sie mir angeboten, ich wies sie
ebenfalls zurück und sagte: »Nein, ich will sie auch nicht.«

Mark wußte bereits, worum es in dem Traum ging – um seinen
Wunsch, Schauspieler zu werden. Er hatte gewünscht, seinen Besuch
beim Produzenten benützen zu können, um diesen um eine Unterredung zu bitten. Soweit erzählte ihm der Traum nichts Neues.

Frage 8 (die andere Person sein) brachte den Durchbruch: er stellte
sich vor, die Hand zu sein, die die Platte hielt. Er hörte sich sagen:
»Hier. Du kannst sie haben. Entspanne dich. Du bist in Ordnung, so
wie du bist.

Sei ein Versager. Mach dir keine Sorgen. Sei einfach zufrieden mit dir
selbst.«

Jetzt war es ihm ganz klar, was die Hand ihm anbot, und er erlebte
einen »Shift« in seinem Körper.

»Es wäre sicher schön, wenn ich wieder mit mir selbst zufrieden
wäre«, sagte er jetzt.

Ich wollte, daß er ein wenig länger bei dem Shift verweile. Aber sehr
bald sagte er: »Nein, es wäre zwar bequem, aber ich lehne es ab. Ich will
kein Versager sein.«

Im Traum hatte er das, was die Hand ihm angeboten hatte, abgelehnt.
Jetzt, während er es interpretierte, lehnte er es erneut ab.

Hier würde er nun die Voreingenommenheitskontrolle brauchen. In Stufe II geht
es darum, etwas zu lernen, anders zu werden, etwas Neues anzunehmen, etwas, das
man noch nicht in seinem bewußten Selbst hat. Dann natürlich ist es schwierig, es
zu erkennen! Wenn Sie das, was Ihnen fehlt, erkennen könnten, würde es Ihnen
wahrscheinlich nicht fehlen. Sobald es im Traum erscheint, wird es von Ihrem
Traum-Selbst zurückgewiesen, und wenn Sie erwacht sind und darüber
nachdenken, werden Sie es sehr wahrscheinlich wiederum zurückweisen.

Sie müssen Ihren Körper über den unsympathischen Teil Ihres
Traums befragen: Wie könnte darin etwas sein, was ich brauche? Wenn
Sie die Frage gestellt haben, antworten Sie nicht! Nur Ihr Körper kann
Ihnen etwas Neues geben, weder Ihre alte Einstellung noch dieses Ding
in seiner negativen Erscheinungsform kann dies tun.

Wenn das Neue in Ihnen aufsteigt, wird es die Form, die es im Traum gehabt hat, verändern. Dann wird es Ihnen auch Möglichkeiten geben, darüber nachzudenken. Solange Mark in meinem Beispiel das, was ihm angeboten wird, nur als »ein Versager sein« betrachten kann, wird er das Angebot natürlich zurückweisen. Was aber für einen Augenblick wirklich in seinem Körper aufstieg, war nicht, ein Versager zu sein, sondern sich selbst wieder zu mögen. Er hält es aber für ein Versagen, sich selbst unter den gegenwärtigen Umständen zu lieben. Ist das aber die einzige Möglichkeit, die Dinge zu betrachten?

»Nun . . . ich stehe unter einem fürchterlichen Druck. Ich rase den ganzen Tag umher, um meine Post zu verteilen, und bin schon so gestreßt, daß ich anfange, Sachen zu vergessen, was früher nie der Fall war. Ich frage mich immer wieder, wie lange es noch dauern wird, bis ich endlich das erreiche, wofür ich hergekommen bin. Jetzt bin ich seit einem Jahr hier und bin immer noch Bote. Ich habe noch nicht ein einziges Mal vorsprechen können.« In dieser Beschreibung seines Zustandes zeigt Mark, daß er etwas von dem, was ihm die Hand anbot, brauchen könnte. Sehen Sie seine Aussage nochmals an und fragen Sie sich, ob Sie mir zustimmen.

Für einen Augenblick hatte Mark in seinem Körper das tiefe Bedürfnis empfunden, wieder mit sich selbst im Einklang zu sein. Da gibt es aber auch die Verletzung und die Wut darüber, daß er bisher erfolglos geblieben ist, und einen (berechtigten) Druck, nicht aufzugeben, kein Versager zu sein.

»Ich kann mich nicht damit abfinden, ein Versager zu sein«, sagte er. »Das ist nicht in Ordnung.«

Dieser Teil des Traums hatte etwas gebracht. Der innere »Felt Shift« war eingetreten (»wieder mit mir selbst zufrieden sein«). Aber trotz der tief empfundenen Richtigkeit dieses Gefühls sah Mark keine Möglichkeit, es zu behalten. Für ihn hätte das bedeutet, sich mit seinem Scheitern abzufinden.

So fuhren wir fort: »Gehen Sie auf Ihrem gewohnten Weg einen Schritt weiter«, sagte ich (letzter Teil von Frage 8).

»Soll ich es übertreiben?«

»Ja. Übertreiben Sie. Wie wäre es, wenn die Situation noch extremer wäre?« . . . (Focusing) . . . »Oh, ich weiß. (mit einer eigenartigen Stimme). Vorwärts, bewegt euch, Füße, schneller, schneller. Ich muß die Straße wechseln, es fahren hier zu viele Autos, die andere Straße ist schneller. Härter arbeiten. Mehr Geld verdienen . . . Ooch. Es ist entwürdigend . . . (Schweigen).«

»Und wie wäre die andere Seite, wenn Sie dort einen Schritt weitergingen?«

»Ein Schritt weiter, das wäre wie Ron.«

»Was stellt Ron dar?«

»Ron nimmt alles sehr locker, er strengt sich überhaupt nicht an, und trotzdem macht er seinen Weg. Ich würde alles dafür hergeben, wenn ich wie Ron sein könnte! . . . (Focusing)« »Können Sie es jetzt fühlen?«

». . . (Focusing) . . . und wie!!«

»Ist es Ron?«

»Ja, oder doch nicht ganz, aber so ähnlich. Ich bin es selbst, der sich einen gewissen Raum schafft. Vielleicht mag ich mich selbst wieder!«

Die ganze Konstellation muß sich verändern

Hat die darbietende Hand recht, die Mark sagt, er solle es leicht nehmen und es sich bequem machen? Oder hat Mark recht, wenn er sagt, daß er kein Versager sein will? Natürlich haben beide recht, oder niemand von beiden. Der rechte Schritt kommt aus dem Körper. Er geht von diesem anderen Extrem aus, ist aber nicht genau dieses andere Extrem.

Das, was wir als bewußte Menschen sind, ist nur ein Ausschnitt aus einem größeren Ganzen. Wenn Sie aus einem Kuchen ein Stück herausschneiden, bleibt ein Kreis zurück mit einer Lücke, die dieselbe Form hat wie das herausgeschnittene Stück.

Wenn ein Gesicht aus einem großen Stück Papier herausgeschnitten wird, bleibt dieses Gesicht auch am Rand des Papiers zurück. Hat das Gesicht eine spitze Nase, so hat auch das Abbild am Rand des Papiers eine spitze Nase. Jedes Ding hat seine Schattenseite.

Mark schneidet etwas heraus. Er unterscheidet zwischen Erfolg und Versagen. Er ist ein Mensch, der Erfolg haben will. Indem er sich so definiert, läßt er die andere Seite, die des Versagers, hinter sich. Dieser Versager ist das Gegenteil von dem, was Mark sein will. Es handelt sich aber nur um einen einzigen Schnitt: der Erfolg wird vom Mißerfolg abgetrennt. Das, was wir nicht sind, ist aber immer viel größer als das, was wir sind. Mark will erfolgreich sein. Alles das, was er nicht ist, sieht für ihn deshalb aus wie »Mißerfolg haben, ein Versager sein«. Der Versager ist alles, was von Marks Wesen übrigbleibt, nachdem die Form des »Erfolgsmenschen« herausgeschnitten worden ist. Alles in seinem Organismus, in seinem Körper, in seinem Wesen, das nicht in dieses Bild des Erfolgsmenschen paßt, wird dem Bild des Versagers zugeschrieben. Sich selbst zu mögen, seinen eigenen Wert anzuerkennen, sich selbst spielen und atmen zu lassen, gut zu sein zu sich selbst, innere Werte höher einzuschätzen als den Erfolg – all das vermischt sich mit dem Bild des Versagers. Deshalb ist der Versager nicht einfach ein Versager! Der Versager beinhaltet einen großen Reichtum, all das, was Mark in seinem Leben fehlt.

Bedeutet das, daß Mark ein Versager sein sollte? Natürlich nicht!

Bedeutet das, daß Mark weiterhin sich selbst unter Druck setzen, mit sich selber unzufrieden sein, sich selber zu härterer Arbeit antreiben soll? Das ist es natürlich auch nicht.

Wenn in einem Drama zwei Charaktere auftreten, so wie die Hand und Mark (oder der Versager und Mark), müssen wir uns nicht für den einen oder den anderen entscheiden. Der Schritt, den wir benötigen, bringt eine Veränderung des ganzen Dramas. Dann werden auch die Charaktere anders sein.

Mark und der Versager stellen eine mögliche Konstellation dar, eine Art, wie das Ganze zerschnitten ist. *Wenn einer von beiden nicht ganz richtig ist, kann auch der andere nicht ganz richtig sein. Sie bilden zusammen ein einziges Bild, ein Muster, eine Schnittlinie.* Einer von beiden kann sich nicht ohne den anderen verändern. Beide ändern sich oder keiner. Wenn Veränderung und Wachstum eintritt, dann ändern sich beide.

Deshalb wäre es Unsinn, zwischen beiden zu wählen: Bedeutet der Traum, daß er das, was die Hand anbietet, annehmen sollte, oder daß er es zurückweisen sollte? Keines von beiden!

Wichtig ist es, die Wachstumsrichtung zu spüren. Und die Wachstumsrichtung wird keine dieser beiden Alternativen sein, so wie sie jetzt sind. Aber sie wird wahrscheinlich in dem gefunden werden, was jetzt in der Gestalt des »Versagers« zusammengefaßt ist.

Können Sie die Wachstumsrichtung in diesem Beispiel fühlen? Ich stelle diese Frage, weil ich, wie Sie bemerkt haben werden, nicht genau gesagt habe, welches Marks Wachstumsrichtung ist! Lassen Sie mich erklären, warum nicht.

Wenn eine Wachstumsrichtung benannt werden soll, sagt man am besten »etwas Ähnliches wie . . .«.

Sie können wahrscheinlich fühlen, daß Marks Zustand nicht ganz in Ordnung war. Es gab zuviel Hetze, Druck, Selbstvorwürfe, oder so etwas ähnliches.

Wahrscheinlich fühlen Sie auch, daß die Wachstumsrichtung dort liegt, wo er sagte, er möchte wieder sich selbst mögen, mit sich selbst im Einklang sein, sorglos leben, mehr Vertrauen haben, oder so etwas ähnliches.

Solange wir sagen: »etwas Ähnliches wie . . .«, können wir es ganz klar fühlen!

Welche Worte wir auch immer brauchen, wir bekommen einen starken »Felt Sense« durch sie. Wenn wir sagen »etwas Ähnliches wie . . .«, können wir diesen »Felt Sense« behalten. Begrenzen wir aber die Wachstumsrichtung ausschließlich auf das, was wir sagen, verlieren wir den starken »Felt Sense«.

Fühlen Sie zum Beispiel, was alles einhergeht mit dem Ausdruck »mit sich selbst im Einklang sein« – ein ganzes, weites Feld des Seins und des Handelns. Wenn Sie die Aussage eng fassen, könnte sie aber lediglich eine Art der Selbstzufriedenheit bedeuten, die vielleicht nicht einmal wahr ist.

Wir sind auf dem falschen Weg, wenn wir versuchen, genau auszusagen, was eine Wachstumsrichtung ist, und uns dabei wortwörtlich an die Formulierung halten.

Auch Mark ist auf dem falschen Weg, wenn er versucht, es in Worte zu fassen. Für Mark gibt es noch einen andern Grund, dies nicht zu tun. Er kann es nur sagen oder denken, indem er die alten Konzepte, die er bereits hat, anwendet. Diese sind aber ein Teil von seinem Wesen, wie es jetzt ist.

Der Träumer muß wissen, daß eine Wachstumsrichtung nicht klar definiert werden kann. Sie ist vielmehr alles das, was richtig wäre, alles, was vorwärtsstrebend, lebensbejahend, expansiv ist. Worte wie »was auch immer richtig wäre« oder »etwas Ähnliches wie . . .« lassen eine Öffnung frei, in welche die Wachstumsrichtung eintreten kann. Wenn Mark auf diese offene Art an die Wachstumsrichtung denkt, dann weiß er, daß sie nicht Aufgeben bedeuten kann. Aufgeben erzeugt ein Gefühl der Verschlossenheit, Hoffnungslosigkeit, wirkt trostlos und tot. Das ist keine Wachstumsrichtung. Hier liegt offensichtlich der Versager. Mark würde sich nicht damit zufriedengeben, ein Versager zu sein. Das wäre nicht das Richtige. Er würde aber fragen, was es ihm bringen würde, »etwas ähnliches wie« ein Versager zu sein. Könnte darin etwas liegen, was er braucht?

Wenn er in seinem Körper »etwas Ähnliches wie ein Versager« aufsteigen läßt, so ist das, was aus dem Körper kommt, etwas ganz anderes als das Sich-Abfinden mit dem Scheitern. Deshalb ist es wichtig, daß man weiß: *Bevor es im Körper aufsteigt, kann man nicht genau definieren, in welcher Form es auftreten wird. Man muß aber bereit sein, das Negative zu sein, wenigstens für eine kleine Weile. Seien Sie also ein Versager und warten Sie darauf, daß »etwas ähnliches wie das« in Ihnen aufsteigt.*

Nachdem die Energie in Ihren Körper geflossen ist und einen Schritt ausgelöst hat, muß ebenfalls auf eine genaue Definition verzichtet werden. Es handelt sich um eine körperliche Empfindung. Sie können feststellen, daß Worte unzureichend sind. Zu einer späteren Tageszeit genügen diese Worte wahrscheinlich nicht mehr, um die neue Energie zurückzubringen. Das Traumbild kann sie aber zurückbringen, als körperliche Empfindung. Oder in Marks Beispiel ist der Gedanke an Ron wahrscheinlich die beste Möglichkeit, die richtige Energie wieder in den Körper fließen zu lassen.

Aus dieser neuen Art zu sein entstehen dann auch praktische Schritte, die wir zu Beginn nicht kennen. Erst muß man die richtige Energie in den Körper zurückholen, dann kann man an praktische Schritte denken, die dazu passen. Anfangs mögen diese Schritte unbedeutend sein und sich nur in der Art und der Qualität von unserem früheren Verhalten unterscheiden. Aber bald werden größere Veränderungen daraus entstehen.

Was wird Mark mit seiner Wachstumsrichtung anfangen? Er nannte sie »im Einklang mit mir selber sein«. Welche Handlungen erwachsen daraus? Vielleicht mehr Entspannung, andere Werte als nur Erfolg, weniger Angst, die Leute zu verärgern, weniger Druck, mehr Risiken, mehr Offenheit, mehr Spontaneität – oder so etwas ähnliches.

Das erste, was er tun muß, ist, das Bild des Traumes (oder Rons) mit sich herumtragen und sich ab und zu ein wenig Zeit nehmen, um das körperliche Gefühl wieder auftauchen zu lassen.

Erleben Sie den »Shift« immer wieder, indem Sie sich das Bild des Traumes zurückrufen

In den nächsten paar Tagen wird sich Mark oft das Traumbild, das ihm die Wachstumsrichtung vermittelt hat, in Erinnerung rufen. Vor Rotlichtern oder im Stoßverkehr kann er sich das Bild der darbietenden Hand vorstellen. Er kann Ron fühlen. Er kann mit dem körperlichen »Shift« wieder Kontakt aufnehmen. Sein Körper bekommt eine Chance, sich zu verändern, an sich zu arbeiten, er selbst zu sein. Er wartet einige Sekunden, bis dieses neue Daseinsgefühl wieder in seinen Körper einströmt. Er erlebt die Veränderung, den »Felt Shift«, immer wieder.

Er läßt seinen Körper so sein (etwas wie »mit sich selbst im Einklang sein«), ohne auf Erfolg oder Mißerfolg zu achten. Natürlich ist die Wahrscheinlichkeit, daß ein Erfolg eintritt, größer. Er stellt sich allen Situationen mit mehr Gelassenheit, und andere Leute empfinden ihn als lebhafter. Einige Leute werden ihn mögen. Vielleicht mochten ihn zuvor alle, aber nur weil er sich bemühte, niemanden zu stören.

Vor allem entwickelt er sich zu einer reiferen, vollkommeneren Persönlichkeit, als es der Erfolgsjäger war, der er zuvor gewesen war. Er unterdrückt nicht mehr so energisch alles Menschliche in sich. Oder etwas ähnliches! Ich gebe Ihnen hier nur einen von möglichen Wegen an.

Natürlich ist er von diesem erstrebenswerten Zustand noch weit entfernt. Er ist sogar so weit davon entfernt, daß er wahrscheinlich sagen würde: »So möchte ich sein, aber ich bin es nicht.« Aber der Schritt, der aus dem Traum entstanden ist, ließ diese Möglichkeit aufkommen, hier und jetzt – sein Körper kann sie jetzt schon leben. Viele Leute sehen diese Tatsache nicht. Der Traum gehört aber ihnen. Wenn ein Traumbild (wie die Hand in Marks Traum) ein neues körperliches Gefühl auslöst, gehört auch das ihnen. Wenn es in Marks Körper kommt, dann gehört es Mark, oder nicht? Dennoch könnte er immer noch sagen: »Ich bin nicht so, ich wollte, ich wäre wie Ron.« Dann werden wir Mark daran erinnern, daß der Traum aus seinem Körper entstanden ist, und daß sein Körper gerade in diesem neuen Zustand war und es deshalb wieder sein kann. Dieser Zustand gehört ihm bereits. Er kann ihn wieder eintreten lassen, jederzeit, wenn er an das Bild der Hand oder an Ron denkt und einige Sekunden wartet und die Aufmerksamkeit auf seinen Körper richtet ... Ah ... da ist es wieder.

Wahre Veränderung ist körperlich. Das Denken allein verändert uns nicht, auch wenn es eine lebensnotwendige menschliche Fähigkeit ist. Ohne Denken kommen wir auch nicht weit. Es gibt aber ein Denken, das eine Öffnung frei läßt für den Körper, so daß dieser auch sprechen kann.

Wahre Veränderung braucht Zeit und vollzieht sich in vielen kleinen Schritten. Das Traumbild bringt den »Felt Shift« wieder und wieder. Sie können sehen, daß der Körper ihn noch nicht fertig verarbeitet hat.

Es wird weitere Träume geben und weitere kleine Schritte. Mit diesem einen »Felt Shift« aus einem einzigen Teil des Traumes ist noch nicht alles gelöst. Das ist nur ein Schritt, und die Entwicklung besteht aus vielen Schritten.

Lange bevor Mark diesen Schritt völlig absorbiert hat, werden ihm andere Träume andere, ähnliche Schritte vermitteln, die er fühlen und erleben kann. In diesen vielen Schritten wird er schließlich einen Fortschritt sehen.

Beispiele für Wachstumsrichtungen

Da eine Wachstumsrichtung ein körperliches Gefühl ist und nicht aus Worten oder Ideen besteht, sind meine Aussagen nur Vorschläge. Können Sie sich vorstellen, wie »etwas Ähnliches wie« in allen folgenden Beispielen eine Wachstumsrichtung sein könnte?

Die Entwicklung findet immer in einer menschlichen Dimension statt, die die betroffene Person noch nicht entfaltet hat. Was für die eine Person Wachstum bedeutet, ist für eine andere Person ein alter Hut oder muß sogar gedämpft werden. Vielleicht finden Sie, daß Sie von einigen der hier aufgezählten Eigenschaften mehr als genug haben. Aber können Sie sehen, wie jede dieser Eigenschaften für jemand anderen Wachstum und Entwicklung bedeuten könnte?

Stellen Sie sich bei allen diesen Eigenschaften eine Person vor, die verschiedene andere Eigenschaften, aber nicht diese entwickelt hat. Spüren Sie die vorwärtsstrebende Lebensenergie, wenn »so etwas« in jemanden, der lange Zeit ohne das gelebt hat, einströmt?

- Frei sprechen
- Auf sein eigenes Urteil vertrauen
- Mit jemandem Kontakt aufnehmen
- Etwas zu tun versuchen, das man lange nicht tun konnte
- Neues erforschen
- Neue Leute kennenlernen
- Sexuell empfinden
- Auf den Erdboden zurückkommen
- Sich selbst erlauben, etwas wirklich gut zu machen, mit all dem Aufwand, den das benötigt
- Etwas gründlich lernen
- Etwas Neues ausprobieren
- In einer Situation die Verantwortung übernehmen
- Den Leuten sagen, wie man sie gerne haben möchte
- Hoffen
- Nicht aufgeben wollen
- Das ergreifen, was man gerne möchte, und sich daran erfreuen
- Sich nicht mehr schlecht fühlen
- Nicht mehr hilflos sein
- Fühlen, daß man geliebt werden kann
- Fühlen, daß man etwas, das man haben will, nicht erst verdienen muß
- Eine eigenständige Persönlichkeit sein
- Sich nicht für alles schuldig fühlen
- Sich von den Eltern lösen
- Wütend sein
- Nicht mehr resigniert sein
- Das »männliche« Stereotyp verkörpern, aktiv sein
- Das »weibliche« Stereotyp verkörpern, empfänglich sein (beides kann für Männer und Frauen gelten)
- Eine Niederlage eingestehen und neu beginnen
- Friedlich werden
- Sich umsehen statt zu rennen
- Offen sein für eine andere Person
- Seine Gefühle akzeptieren
- Etwas aus ethischen Gründen tun oder lassen
- Fühlen, daß man sich selbst unter Kontrolle hat

- Klar sehen, weil man nicht mehr wütend ist
- Sich selbst anhalten, eine Minute zu warten
- Einen Sinn für kosmische Größe und für Mysterien haben
- Sich eine ruhige Zeit gönnen
- Sich jemandem so zeigen, wie man ist
- Ehrlich sein
- Andere um Hilfe bitten können
- Akzeptieren, daß man jemanden liebt

10. KAPITEL

Die Voreingenommenheits-Kontrolle

Das vorangehende Kapitel hat die Voreingenommenheits-Kontrolle bereits erklärt; jetzt müssen wir sie nur noch Schritt für Schritt durchführen.

Selbst wenn Sie im Traum etwas Neues gefunden haben, verzichten Sie nicht auf die Kontrolle. Das, was sie Ihnen bringt, kann Ihnen eine ganz andere und überzeugendere Interpretation des Traumes geben.

Ihre erste Interpretation ist vielleicht nicht ganz falsch. Sagen wir, sie ist richtig, aber nur in einem gewissen Sinn. Wahrscheinlich haben Sie den Traum nach Ihren gewohnten Ansichten und Vorstellungen gedeutet. Diese müssen nicht unbedingt falsch sein. Wenn Sie aus dem Traum etwas gelernt haben, das Ihr Körper als richtig empfindet, so behalten Sie das. Wenn es sich aber allzusehr mit Ihren hergebrachten Vorstellungen deckt, so bleiben Sie nicht dabei stehen. Sehen Sie auch in die entgegengesetzte Richtung.

Die Voreingenommenheits-Kontrolle besteht aus zwei Teilen: Der erste ist lediglich eine Vorbereitung, eine Veränderung des Denkens.

VOREINGENOMMENHEITS–KONTROLLE, 1. TEIL: SUCHEN SIE DIE GEGENTEILIGE INTERPRETATION, MACHEN SIE SICH DIESE ABER AUCH NICHT ZU EIGEN

So können Sie das Gegenteil finden:

a) In Ihrer Interpretation: Ist das, was Sie über den Traum sagen, ähnlich wie das, was Sie immer sagen? Haben Sie es schon gehört? Drücken Sie Ihre gewohnten Werte und Gefühle aus, indem Sie das sagen? Wenn ja, welches wären die gegenteiligen Werte und Gefühle? Denken Sie sie einfach, versuchsweise.

b) Sie im Traum: Wenn Sie im Traum so reagiert haben, wie Sie immer reagieren, welches wäre die gegenteilige Reaktion? Stellen Sie es sich vor, versuchsweise.

c) Die anderen im Traum: Suchen Sie diejenigen Charaktere und diejenigen Teile des Traumes, die Ihnen am wenigsten sympathisch sind, oder die sich am stärksten von Ihnen unterscheiden. Was an ihnen unterscheidet sich am deutlichsten von Ihnen? Nehmen Sie an, Sie hätten zuwenig von einer gewissen Eigenschaft, von der die anderen zuviel haben – entscheiden Sie nicht, was es sein könnte. Lassen Sie es offen.

Diese Wege weisen gewöhnlich auf eine einzige gegenteilige Interpretation hin. Die meisten Leute interpretieren den Traum genau so, wie sie im Traum auf die anderen Charaktere reagiert haben.

Sie haben zum Beispiel geträumt, jemand versuche in Ihre Wohnung einzudringen. Vielleicht wissen Sie, welchen Aspekt Ihres Lebens das darstellt. Sie halten es für etwas Schlechtes, das verhindert werden muß. Im Traum hatten Sie dieselbe Reaktion, und Sie schlossen die Tür zweimal ab. Ihre Reaktion ist also dieselbe im Leben wie im Traum. Nun ist es wahrscheinlich, daß Sie den Traum aus derselben Haltung heraus interpretieren.

Die gegenteilige Interpretation wäre, daß Sie diese Sache oder einen Teil davon brauchen.

Die gegenteilige Reaktion im Traum wäre gewesen, wenn Sie in irgendeiner Weise darauf zugegangen wären.

Der Charakter, der den größten Gegensatz zu Ihnen bildet, ist derjenige, der hinter Ihnen her ist. Könnte es etwa nötig sein, daß Sie etwas mehr von ihm haben? Entscheiden Sie sich aber nicht, lassen Sie es offen.

Machen Sie sich die gegenteilige Interpretation nicht zu eigen. Lassen Sie es offen.

Im letzten Kapitel sahen wir, daß ein Wachstumsschritt nicht einfach Ihr übliches Verhalten, noch einfach das genaue Gegenteil davon ist. Der Druck, unter dem Mark steht, ist nicht gut, es ist aber auch nicht gut, sich einfach gehen zu lassen. Versuchen Sie nicht, das Gegenteil anzunehmen. Was Sie brauchen, ist folgendes: Da das Gegenteil die Spitze bildet von »allem anderen« (allem, was Sie nicht sind), schaffen

Sie Platz für etwas noch Unbekanntes, das aus diesem Gegenteil in Ihren Körper kommen kann.

Teil 1 der Voreingenommenheits-Kontrolle läßt in Ihnen ein allgemeines Gefühl über eine gegenteilige Richtung zurück, und Sie lassen offen, was an Gutem darin enthalten sein könnte.

Bevor ich Teil 2 der Voreingenommenheits-Kontrolle erkläre, lassen Sie mich diesen ersten Teil näher illustrieren: Erinnern Sie sich an einen Traum, den Sie interpretiert haben. Sie werden feststellen, daß Sie ihn (wahrscheinlich) in Ihrer eigenen gewohnten Sicht gedeutet haben. Auch wenn Sie etwas Neues gelernt haben, ist es nicht doch genau die gleiche Richtung, in die Sie ohnehin gehen? *Versuchen Sie es mit der Gegenrichtung, nicht als Lösung Ihres Problems, natürlich, sondern nur, um sich zu öffnen für etwas Positives, das später aus dieser Richtung kommen könnte.*

Die meisten Fachleute sagen, daß wir unsere eigenen Träume nicht interpretieren können. Schließlich wenden wir unsere eigenen Vorstellungen auf alles an, was uns begegnet – Ereignisse, andere Menschen, neue Erfahrungen, und natürlich ebenso auf unsere Träume.

Mit schöner Regelmäßigkeit interpretieren die Leute ihre Träume, um das zu sagen, was sie ohnehin schon immer dachten. Die Beispiele in diesem Kapitel werden das zeigen. Aber vergessen Sie nicht:

Der Traum ist ein Drama über einen Teil Ihres Lebens. Das Drama spielte sich in Ihrem Körper ab. Der Traum erzählte diese Geschichte, während Sie ohne Bewußtsein waren. Wären Sie bei Bewußtsein gewesen, hätten Sie sich den Traum anders ausgedacht. Er ist interessant, ja faszinierend. Er ist auch sehr rätselhaft. Sie könnten ihn nicht selbst erfunden haben. Glauben Sie, daß das Rätsel gelöst ist, wenn Sie den Traum nur das sagen lassen, was Sie ohnehin schon immer dachten?

Etwas oder jemand in der Geschichte steht Ihren gewöhnlichen Gedanken und Gefühlen entgegen. Was dem entgegensteht, ist ebenfalls ein Teil von Ihnen. Woher kommen diese rätselhaften Charaktere, die so verschieden sind von Ihnen? Sie entstanden – aus Ihnen! Sie kommen aus Ihrem Körper und sind auch jetzt noch dort.

Deshalb ist es wahrscheinlich, daß die Voreingenommenheits-Kontrolle etwas bringt. Mit der Voreingenommenheitskontrolle suchen Sie im Traum das, was dem Gegenteil Ihrer gewohnten Haltung entspricht.

Sie finden das Gegenteil Ihrer ersten Interpretation. Sie finden auch das Gegenteil Ihrer Reaktion im Traum. Sie bekommen Ihre Tendenz, die anderen Charaktere abzulehnen, unter Kontrolle. Sie bereiten sich selbst vor für etwas Positives, vorerst noch Unbekanntes, das von der Gegenseite her in Sie einströmt.

Was gibt es im Traum, das Sie gewöhnlich unterdrücken, zurückweisen, oder das Ihnen fehlt? Was in Ihrem Traum lehnen Sie ab? Wovor möchten Sie am liebsten zurückweichen? Was bedroht Sie?

Werden Sie offen für die Möglichkeit, daß etwas, was Sie benötigen, von dieser Seite auf Sie zukommt, ohne jedoch schon zu entscheiden, was es sein könnte.

Ein typisches Beispiel: Etwas Furchterregendes verfolgt den Träumer von hinten. Er nimmt an, daß es schlecht und gefährlich ist. Dann, wenn er weiß, welchen Aspekt seines Lebens es darstellt, findet er diese Meinung bestätigt. Ja, dieser Aspekt meines Lebens ist zu vermeiden. Seine erste Interpretation des folgenden Traumes veranlaßt ihn, noch vermehrt vor ihm zu flüchten:

Traum von der Berghütte

Ich war mit Sandy in den Bergen. Sie befand sich in einer Hütte, die einsam stand, etwas weiter unten am Berghang. Ich ging auf sie zu. Von hinten kam ein Mann mit einem Messer. Ich wußte, daß er gefährlich war. Ich hoffte, das Haus zu erreichen, bevor er dort war, aber er begann zu rennen. Er überholte mich und rannte auf die Hütte zu. Da erwachte ich.

»Ich fühle, daß das meine Wut auf Sandy ist. Wahrscheinlich fürchte ich, daß sie außer Kontrolle gerät. Ich fürchte, sie wird auf Sandy losgehen, und ich werde sie nicht aufhalten können. Sie wird uns auseinanderbringen. Ich kann fühlen, daß der Traum eine Warnung für mich ist, daß ich nicht die Beherrschung verlieren soll.«

Dieses Beispiel ist typisch für die Art, wie die Leute ihre eigenen Träume interpretieren. Es ist ganz natürlich, daß sie es auf diese Weise tun. Und die Interpretation paßt genau. Wahrscheinlich hat der Träumer recht, wenn er sagt, daß der Traum, zumindest teilweise, seine Wut auf Sandy betrifft, die zu explodieren droht. Er interpretiert aber den Traum genau so, wie er die Situation auch sonst beurteilt. Er hält seine Wut unter Kontrolle. Lediglich gereizte Bemerkungen entschlüpfen ihm, und er möchte auch diese zurückhalten können. Er glaubt, der Traum sei eine Warnung, nicht zu explodieren und die Beziehung nicht abzubrechen. Nach dem Traum fühlt er sich nicht anders als zuvor.

Seine Interpretation war: »Der Traum warnt mich, nicht zu explodieren.«

Seine Reaktion im Traum ist gleich wie seine Reaktion auf den Traum. Er läuft weg vor dem Mann mit dem Messer und will ihn von Sandy fernhalten.

Nun wendet er Teil 1 der Voreingenommenheitskontrolle an, indem er Raum schafft für eine gegenteilige Interpretation.

a) »Das Gegenteil meiner Interpretation? Das hieße, daß ich meiner Wut freien Lauf lassen und vielleicht die Beziehung beenden sollte.«

b) »Das Gegenteil meiner Reaktion im Traum? Ich würde mich umdrehen und ihn bekämpfen, oder ich würde ihn wegschicken.«

c) »Welcher Charakter oder was sonst bildet den größten Gegensatz zu mir? Natürlich dieser Mann. Welche Eigenschaft entspricht mir am wenigsten? Gewalt. Ich habe noch nie ein Messer getragen. Das liegt mir nicht. Ich habe noch nie jemanden geschlagen.«

»a, b und c ergeben also alle dasselbe: Wut, Gewalt. Ich soll also offen bleiben für etwas, das ich von dieser Seite her brauchen könnte. Dieser Mann in meinem Traum hat zuviel davon. Könnte ich versuchen zu sagen, daß ich etwas davon in anderer Form brauche?«

Beachten Sie: Es ist nicht allzu schwer, so weit zu denken, aber man muß kämpfen, um dafür offen zu bleiben!

Er dachte: »Sicher könnte es eine reifere Form von Wut oder Aggressivität geben, von der ich etwas mehr brauchen könnte. Aber so wie meine Wut jetzt ist, ist es nicht gut. Der Traum kann mir nicht sagen wollen, ich solle dieser Wut freien Lauf lassen. Sie ist unreif, rachsüchtig und destruktiv. Ich habe schon zuviel davon, ich brauche nicht noch mehr. Ich sage Dinge zu Sandy, die ich nicht sagen sollte, weil ich rachsüchtig bin. Das vergiftet unsere Beziehung, und dann fühle ich mich schlecht. Und der Traum warnt mich, daß alles zerstört werden könnte.«

Hier ist er schon wieder bei seiner ersten Interpretation angelangt. Das geschah, weil er versuchte, einfach das Gegenteil anzunehmen (seiner Wut freien Lauf zu lassen). Er vergaß, daß es bei der Voreingenommenheits-Kontrolle nicht darauf ankommt, das Gegenteil anzunehmen, sondern in dieser Richtung offen zu bleiben.

Der Wachstumsschritt besteht nicht darin, daß er Gewalt anwendet oder mit Sandy bricht. Noch ist er einfach das Gegenteil von der Kontrolle über seine Wut.

Wir wollen nicht den Fehler begehen, zu fragen, wer recht habe, er selbst oder der Mann mit dem Messer. Wahrscheinlich hat keiner von beiden ganz recht.

Wir erwarten einen neuen Schritt von der Wut her, einen besseren Weg als den, den er jetzt kennt. Oder so etwas Ähnliches. Er könnte zum Beispiel vermehrt zu seinen Bedürfnissen stehen, vertrauensvoller sein, seine guten und schlechten Gefühle öfters zum Ausdruck bringen. Wer weiß? Er muß es offen lassen.

Was, wenn Sie dieselbe Wachstumsrichtung wieder erkennen, die Sie bereits vor kurzem erhalten haben?

Nehmen wir an, Mark habe einen weiteren Traum, in dem wieder ein Bild auftaucht, das sein Körper als »mit mir selbst im Einklang sein« empfindet. Wenn er das erkennt, braucht er natürlich Teil 1 der Voreingenommenheits-Kontrolle nicht mehr, denn das ist bereits das Gegenteil seiner üblichen Lebensweise. Er wird dann gleich zu Teil 2 übergehen und aus seinem Körpergefühl den neuen Schritt aus dem neuen Traum entstehen lassen.

Gewöhnlich gibt es eine ganze Reihe von Träumen, die ungefähr dieselbe Wachstumsrichtung vermitteln, wobei jeder Traum ein neues Bild bringt, mit dem man arbeiten kann. Manchmal werden Sie diese Bilder gleich sehen, manchmal nicht. Es wird Sie überraschen, wie oft Sie immer noch die Voreingenommenheits-Kontrolle, Teil 1, anwenden müssen, um sie zu erkennen.

VOREINGENOMMENHEITS–KONTROLLE, 2. TEIL: LASSEN SIE IHR KÖRPERGEFÜHL IHNEN DEN SCHRITT AUS DEM GEGENTEIL GEBEN

Wie?
Ich werde Ihnen verschiedene Wege schildern.
Als ersten zeige ich Ihnen den schnellsten.

Lassen Sie Ihren Körper auf eine neue Art leben

Diese neue Art kann unmittelbar in Ihrem Körper aufsteigen. Der Schritt kann rasch eintreten, wie zum Beispiel bei Frage 8 (diese Person sein). Sie fühlen, wie Ihr Körper dieser Charakter aus dem Traum »sein« kann, was aber eintritt, ist Ihre eigene neue Art. Sie veranlassen Ihren Körper, die Rolle des betreffenden Charakters zu spielen. Was Sie aber bekommen, gehört Ihnen und ist etwas Neues. Es ist nicht einfach das Gegenteil des Alten. Das ist der schnellste Weg. Unser Beispiel geht auf diesem Weg weiter, aber nachher werde ich Ihnen viele andere Wege aufzeigen.

Traum von der Berghütte, Fortsetzung

»Gut, ich werde dieser Mann mit dem Messer sein. Wie würde ich ihn auf der Bühne spielen? . . . Was würde in meinem Körper aufsteigen?« Warten Sie, bis es kommt . . .
»Hmm . . . Das ist nicht Wut, nicht genau, und es ist ein gutes Gefühl! Ich – hm – ich verfolge jemanden! Ich schiebe meine Schulter nach vorne, und es ist, als ob ich sagen würde: »He, Sie da! Hören Sie mir zu.« Und, wer immer es ist, er bleibt stehen, gerade hier.«
Hier konnte er gleich erkennen, daß sein Körper dieses Gefühl benötigt. Aber manchmal lehnt ein Mensch seine andere Seite so intensiv ab, daß sie ihm zunächst als negativ erscheint. Ich kann Ihnen aber versichern, daß Sie, wenn Sie diese andere Seite in Ihnen befreien, sie in Ihrem Körper für einen Augenblick leben lassen, ein Gefühl empfinden werden, das Ihnen angenehm erscheint. Es wird nicht einfach das sein, was Sie vermeiden wollten.

Sehen Sie, was aufsteigt in Ihnen, wenn Sie versuchen, diesen unterdrückten Teil von Ihnen selbst zu fühlen, wenn Sie ihn für einen Augenblick leben lassen.

Beachten Sie: Er spielte einen Charakter, der das Gegenteil von ihm selbst darstellte, eine Wesensart, die ihm fremd ist. Er spielte die Rolle des Mannes mit dem Messer. Das Traumbild zeigte seinem Körper, wie die Rolle zu spielen war. Sehen Sie, wie anders das ist, als wenn er bloß seiner altbekannten Wut freien Lauf gelassen hätte.

Wäre er selbst eine physisch gewalttätige Person, würde er diesen Mann nicht als sein Gegenteil definiert haben. Schieben Sie Ihr Urteil für eine Weile zur Seite, wenn Sie sich in Ihr Gegenteil versetzen. Sie werden sich deshalb nicht wie dieses verhalten. Das körperliche Energie-Gefühl ist etwas ganz anderes als eine aktive Handlung. Sie sollen es nur für eine Minute fühlen. Vielleicht erscheint es auf eine gute, befreiende, lebensfördernde Weise. Sicher wird es der »Kritiker« in Ihnen schlecht finden, aber achten Sie darauf: Ist es ein Gefühl, als ob mehr Leben in Ihren Körper einströmte? Ist nicht etwas in Ihnen dankbar dafür, daß Sie es zum Leben erweckt haben? Wenn ja, bewahren Sie das Gefühl für eine Weile. Aktive Handlungen sind etwas anderes. Versichern Sie Ihrem Kritiker, daß Sie später gute, rationale, ethisch verantwortbare, realistische Lösungsmöglichkeiten finden werden. Rufen Sie sich das Gefühl wieder und wieder zurück.

Manchmal funktioniert dieser direkte Weg nicht, und Sie werden längere Wege benötigen. Jedenfalls gibt es andere Möglichkeiten. Jedermann kann sie von Zeit zu Zeit gebrauchen.

Horchen auf das leichte, aber tiefe Signal

Wenn Sie nur eine leise Ahnung haben von etwas, was Sie aus dem Gegenteil brauchen könnten, so können Sie diese Ahnung an Ihrem Körper nachprüfen. Warten Sie zumindest auf eine leise Antwort, die Ihr Körper Ihnen geben könnte.

Manchmal empfinden Sie eine kleine körperliche Erleichterung, wenn Sie nur die Möglichkeit betrachten:

Könnte es sein, daß Sie dies in Ihrem Innern berühren können – nur um zu sehen, ob etwas da ist?

Wenn Sie eine solche leichte körperliche Öffnung empfinden, prüfen Sie sie in den nächsten Tagen öfters nach.

Auch wenn sie nur von geringer Intensität zu sein scheint, kann sie sehr tief sein. Stellen Sie sich dabei jemanden vor, der in den Schacht einer Mine gefallen ist. Auch wenn Sie dort unten nur ein leichtes Klopfen hören, werden Sie sich nicht davon abwenden und weggehen.

Solche »Stellen« öffnen sich langsam, erst nach einer Weile, aber auf eine gute und tiefgehende Weise.

Horchen auf den Widerstand

Nehmen wir an, daß schon der Gedanke, die Rolle dieser Person oder diese Sache zu spielen, in Ihrem Körper große Angst oder tiefen Widerwillen auslöst. Schon bevor Sie es versuchen, empfinden Sie eine starke physische Abneigung dagegen.

In diesem Fall heißen Sie diese körperliche Antwort willkommen. Seien Sie freundlich und verständnisvoll zu ihr und versuchen Sie herauszufinden, woher sie kommt.

Sie müssen wissen, daß der Schritt Ihres Körpers aus dem Gegenteil nicht in der Form auftreten wird, auf die Sie empfindlich reagieren. Das Problem ist, daß Sie nicht wissen, wie sehr sich der körperliche Schritt von dem unterscheidet, was Sie fürchten. So laufen Sie Gefahr, sich weiterhin zu fürchten und das Gegenteil in seiner jetzigen Form zu meiden. Wenn Sie es direkt angehen würden, würden Sie es aber gleich in seiner neuen Form erleben.

Dennoch, walzen Sie Ihre empfindlichen Gefühle nicht nieder – laufen Sie aber auch nicht weg. Bleiben Sie einfach stehen und versuchen Sie herauszufinden, was so empfindlich ist. Bringen Sie viel Geduld und Verständnis auf. Lassen Sie die empfindliche Stelle zu Ihnen sprechen und Ihnen sagen, weshalb sie empfindlich ist. Das Weitere kann warten.

Widmen Sie ihr geduldig Ihre Aufmerksamkeit während der nächsten paar Minuten (oder Tage). Jedesmal, wenn Sie das Traumbild zurückrufen und daran denken, diese Rolle zu spielen, können Sie dieses Gefühl wieder empfinden. Glauben Sie nicht, daß Sie genau wissen, warum Sie diese Rolle nicht spielen wollen. Es gibt immer viele kleine

Schritte, die einer nach dem anderen kommen und jedesmal das ganze Ding verändern.

Die nächsten Schritte können aus solch einem Gefühl des Widerstandes kommen. Wenn Sie dieses körperlich wahrnehmen, dann ist das die Antwort Ihres Körpers. Das ist unser Prüfstein. Das ist es, was die Arbeit mit dem Traum gebracht hat! Lassen Sie diese Antwort nicht unbeachtet, indem Sie weglaufen und die Beschäftigung mit dem Traum aufgeben. Hören Sie auf sie und lassen Sie sie Ihnen sagen, was sie ist.

Sie müssen nur wissen, daß Sie nicht auf die erste Interpretation hereinfallen dürfen.

Manchmal hält Sie die Voreingenommenheitskontrolle lediglich von dem ab, was auf den ersten Blick eine sichere Schlußfolgerung zu sein schien. Das allein ist entscheidend.

Selbst wenn Sie aus dem Gegenteil keine körperliche Reaktion bekommen, müssen Sie zumindest nicht auf die typische falsche Schlußfolgerung hereinfallen.

Einige der Fragen können speziell für die Voreingenommenheitskontrolle, 2. Teil gestellt werden

Frage 5 (Handlung des Traumes) kann so benutzt werden:

Fassen Sie die Geschichte zusammen, sodaß Ihre Reaktion im Traum eines der Ereignisse ist. Berücksichtigen Sie die Ereignisse, die unmittelbar vor und nach Ihrer Reaktion eingetreten sind:

»Erst kam er gerannt, dann rannte ich weg von ihm, dann holte er mich ein.«

»Erst war der Ring da, dann sagte ich, er sei wertlos, und ich nahm ihn nicht. Dann rutschte er weg und verschwand aus meinen Augen« (Traum vom Plastikring, Kapitel 4).

Sehen Sie, ob es einen Sinn ergibt zu sagen, daß wegen Ihrer Reaktion das nächstfolgende Ereignis eintrat.

Das ergibt auch, auf eine andere Art, eine »gegensätzliche« Interpretation. Jetzt interpretieren Sie nicht den ganzen Traum, indem

Sie den Ring (und das, wofür er steht) als wertlos bezeichnen. Sie sehen, daß auch diese Reaktion ein Teil der Handlung des Traumes ist, und Sie lassen den Traum erzählen, *was als Ergebnis dieser Reaktion geschehen ist.*

Da die typische Reaktion auf einen Traum genau gleich ist wie die Reaktion im Traum, können Sie plötzlich sehen, daß ihre erste Interpretation bereits im Traum enthalten ist! Was geschieht als Folge davon? Auf diese Weise kann die Handlung des Traums Sie über Ihre gewohnte Reaktion hinausführen.

Traum vom Indianerhäuptling

Ein Zug hielt an und eine Frau stieg aus und kam auf mich zu. Sie sagte: »Mein Baby ist krank, können Sie mir helfen?« Wir gingen meilenweit durch einen dunklen Tunnel. Endlich hörte ich ein Kind schreien. Wir gingen darauf zu, es war ein kleines Mädchen von ungefähr 2 oder 3 Jahren, sehr blaß ... Dann war da ein Indianer mit Federschmuck. Ich verstand kein Wort von dem, was er zu mir sagte. Ich sah, daß es keinen Sinn hatte, mit ihm zu sprechen, da er mich nicht verstehen würde.

Dann kam eine weißgekleidete Frau, die sehr eigenartig und bedrohlich aussah, auf mich zu, und ich wachte auf.

Erste Interpretation:

»Diese Frau in Weiß? Spital, Krankenschwestern, Tod, so etwas.

Der Indianer sah gut und weise aus, aber nicht einmal er konnte mich verstehen. Ich bin einfach einsam. Niemand versteht mich.

Der Traum sagt, daß etwas Schlechtes eintreten wird. So endet er.«

Frage 5, Zusammenfassung der Geschichte für die Voreingenommenheits-Kontrolle, Teil 2, ergibt eine ganz andere Interpretation: »Erst sprach der Indianer zu mir. Dann verstand ich ihn nicht, und ich sagte, er würde mich nicht verstehen. Erst dann kam die Frau in Weiß.«

»Ja, das ergibt einen Sinn. Wenn ich sage, »niemand würde mich verstehen«, dann bin ich wütend, aber meine Wut richtet sich gegen mich und macht mich hoffnungslos. Dann empfinde ich sie wie das, was diese Frau in Weiß bringt.«

In einem Traum benehmen Sie sich oft merkwürdig, aber Ihr Verhalten ist nichts anderes als eine Metapher für Ihre übliche Reaktionsweise. Es kann Ihre Beziehung zu anderen betreffen oder Ihre

Beziehung zu einem Teil von Ihnen selbst. Beziehen Sie Ihre Reaktion in die Zusammenfassung ein und sehen Sie, was daraus erfolgt.

Frage 7 (Welcher Teil von Ihnen?) bringt oft einen ganz neuen Gesichtspunkt:

Welcher Teil von Ihnen ist das? (Wir haben Beispiele gebracht von dem starken »Shift«, den diese Frage auslösen kann, siehe den Traum vom Geburtstagsgeschenk, Kapitel 2.)

Prüfen Sie nach: Wenn das Schlechte im Traum in einer Situation oder in einer bestimmten Person verkörpert ist, haben Sie daran gedacht, daß es sich auch um einen unterdrückten Teil Ihrer selbst handeln könnte?

Das heißt nicht, daß es nicht auch in der Situation sein könnte.

Sie träumen zum Beispiel von Ihrem Ehepartner, der sich benimmt wie gewöhnlich. Versuchen Sie auch herauszufinden, welchen Teil von Ihnen er damit verkörpern könnte. Wir leben oft mit Leuten zusammen, die gerade jene Eigenschaften besitzen, die wir in uns selbst unterdrücken. So wäre es nicht verwunderlich, wenn dieses »Schlechte« sowohl in dieser Person als auch in Ihnen (wenn auch unterdrückt) vorhanden wäre. Dann ist es sinnvoll, beides zu sehen.

Beispiel: Ellen denkt daran, ihren Mann zu verlassen, ist aber noch unsicher. Jetzt träumt sie folgendes:

Traum von der Kellertür
Ich bin mit ihm im Keller, und die Hintertür ist offen. Draußen steht Marge. Ich laufe von ihm weg nach draußen, aber dann wache ich auf.

Sie sagt: »Der Traum zeigt, daß ich ihn verlassen sollte. Ich stehe in diesem dunklen Loch mit ihm, und das Licht ist dort draußen. Marge ist geschieden. Ich sollte es ihr gleichtun. Das ist es, was der Traum mir sagen will.« Haben Sie etwas Neues aus dem Traum gelernt?

»Sicher habe ich das. Er scheint mir sagen zu wollen, daß ich von hier weg, aus dem Dunkel heraus, gehen soll.«

Nun die Voreingenommenheits-Kontrolle. Das Gegenteil wäre, bei ihm zu bleiben. Gut, aber übernehmen Sie auch das nicht. Was nun?

Frage 7 (Welcher Teil von Ihnen?)

»Nun, das bin nicht ich, das ist ganz er, sehr emotionell, sehr intensiv, er bedrängt mich. Er läßt mir keinen Raum. Aber wenn das auch ein unterdrückter Teil von mir wäre, was könnte es sein? Im Keller, wo es dunkel ist. Ich sehe diesen Teil nicht allzu gut. Weit unten? Ich emotional, intensiv, ist das etwas, wovor ich fliehen möchte?

»Ich weiß es nicht, es steigt nichts auf.«

Es hätte hier aber etwas aufsteigen können. In unserem Beispiel war dies nicht der Fall. Aber die Voreingenommenheitskontrolle kann Sie zumindest daran hindern, sich ganz auf ihre erste Interpretation zu verlassen; sie kann diese erste Interpretation in Frage stellen.

Prüfen Sie: Haben Sie den Traum in einem bereits bekannten Konflikt für die eine Seite Stellung nehmen lassen?

Im allgemeinen nimmt der Traum nicht für die eine oder andere Seite in einem bereits bestehenden Konflikt Stellung; so wird er zum Beispiel Ellen nicht sagen, ob sie ihren Mann verlassen oder bei ihm bleiben soll. Ein Traum bringt neue Aspekte, die es Ihnen ermöglichen können, sich von einer festgefahrenen Position zu lösen. Daraus kann eine richtige Entscheidung entstehen.

Der Wachstumsschritt besteht nicht in der Entscheidung, zu gehen oder zu bleiben. Diese beiden Alternativen kennt Ellen bereits. *Der Wachstumsschritt ist eine neue Art des körperlichen Seins,* die auch zu neuen Taten führen kann.

Es ist nicht Aufgabe des Traumes, Ihnen Entscheidungen abzunehmen. Man könnte aber folgendermaßen argumentieren: Da das bewußte Selbst unvollständig ist ohne die »andere Seite«, ist es nicht richtig, der »anderen Seite«, die im Traum zum Ausdruck kommt, zu gehorchen? Wenn Ellen ihren Mann verlassen möchte, »beweist« das nicht, daß der Traum ihr sagt, sie solle bleiben? Ganz und gar nicht! Das bewußte Selbst ist unvollständig, das ist sicher. Aber auch die »andere Seite« ist unvollständig ohne Ihre bewußte Haltung und Ihre bewußten Entscheidungen. Auch das, was Sie gewöhnlich ablehnen, sollte nicht allein Ihre Entscheidungen für Sie treffen.

Der Wachstumsschritt wird etwas Neues sein. Wahrscheinlich findet er sich nicht im Traum selbst – der Traum zeigt die Konstellation, wie sie jetzt ist. Der neue Schritt kommt auch nicht aus dem, was gegenwärtig das Gegenteil Ihrer bewußten Haltung ist.

Frage 8 (diese Person sein) wurde bereits besprochen. Es war das erste Beispiel unter Voreingenommenheits-Kontrolle, Teil 2.

Frage 10 (Symbole?)

Prüfen Sie: Haben Sie die Handlung des Traumes unbeachtet gelassen, als Sie die Bedeutung eines Objektes bestimmten? Im Traum von der zerbrochenen Vase in Kapitel 4 zum Beispiel fühlte die Träumerin, daß die Vase, die sie ihrer Mutter gab, sie selbst darstellte. Die Vase war schön geschliffen. Sie interpretierte das aber folgendermaßen: »Vielleicht war sie schön, bevor sie zerbrach, aber seither nicht mehr.« In einem anderen Beispiel träumte eine Frau von einem schönen, sehr großen Delphin, der in trübem Wasser versteckt war. Als sie erwachte, erschrak sie wegen dieses Bildes! So zog sie den Schluß, daß es schlecht sein müsse. Aber ein Delphin ist ein sehr hochstehendes Lebewesen! Dies muß man bei der Interpretation des Traumes berücksichtigen: eine große, positive Lebenskraft liegt noch verborgen in ihr und erschreckt sie deshalb.

Frage 12 (Gegensätze?)

Im Traum von der zerbrochenen Vase in Kapitel 4 war ein Teil der Vase herausgebrochen; und dennoch floß der Inhalt nicht heraus. Die Träumerin interpretierte aber den Traum aus dem negativen Gefühl heraus, das sie sich selbst gegenüber hatte (sowohl im Traum selbst wie auch in ihrer Interpretation des Traumes), sodaß sie dies zunächst gar nicht bemerkte.

Frage 13 (Kindheit?)

Manchmal erinnern wir uns an ein Ereignis aus unserer Kindheit, interpretieren den Traum aber auf eine Weise, die nur unsere damalige Reaktion wiederholt. Dann brauchen wir die Voreingenommenheits-Kontrolle.

Nehmen wir an, Sie seien als Kind auf irgendeine Art mißhandelt worden. Damals reagierten Sie so darauf, wie es ein Kind eben konnte. Heute sind Sie vielleicht in der Lage, mehr zu tun.

Damals mögen diese Ereignisse für Sie sehr entmutigend gewesen sein. Begnügen Sie sich nicht mit einer Interpretation, die Sie heute wieder auf dieselbe Weise entmutigt!

Der Traum weckt zum Beispiel in Ihnen eine Erinnerung, daß Sie als Kind geschlagen worden sind. Der Träumer kann dann das Gefühl haben: »Ich werde das nie überwinden. Ich werde nie mehr recht sein.«

Die Voreingenommenheits-Kontrolle fragt: Ist die Interpretation selbst eine Wiederholung der alten Reaktion? Ist das nicht so, wie das Kind auf die Schläge reagiert hat? Es wäre sehr verständlich, wenn das Kind das Gefühl gehabt hätte: »Ich werde nie darüber hinweg kommen. Ich werde nie recht sein.« Natürlich ist diese tiefe Empfindung immer noch da und mit der Erinnerung verbunden.

Wenn das Gefühl bei der Interpretation dasselbe ist wie das, das Sie damals empfunden hatten (niedergeschlagen, hilflos, usw.), so erkennen Sie dieses Gefühl als zu jener Zeit gehörig. Dann geben Sie ihm einen gewissen Raum. Respektieren und trösten Sie das Kind, das so gut reagiert hatte, wie es konnte. Jeder Erwachsene hat ein Kind in sich. Seien Sie ein freundlicher und verständnisvoller Erwachsener gegenüber dem Kind, das in Ihrem Innern lebt.

Dann wird Ihre Interpretation nicht einfach diese Entmutigung wiederholen. Sie lassen das Gefühl, »nie recht zu sein«, zu, aber das ist nicht Ihre Interpretation des Traumes. Ihre Interpretation ist jetzt vielmehr: »Oh, diese Verletzung in mir braucht meine Aufmerksamkeit und mein Verständnis. Damals mußte ich alles verdrängen. Anders konnte ich nicht überleben. Jetzt kann ich ihm zumindest einen gewissen Raum geben.«

Mit diesem Gefühl können auch andere Schritte eintreten; so können Sie es zum Beispiel besser verstehen lernen, fähig werden, es zu ertragen, genau verstehen, was geschah, und so weiter.

Hören Sie noch nicht auf, wenn die Interpretation Ihnen das Gefühl vermittelt, das Sie schon damals, zur Zeit jener Ereignisse, empfunden haben. Welcher Schritt entsteht aus diesem Gefühl?

Haben Sie den phantastischsten Teil des Traums auch berücksichtigt?

Träume sind äußerst phantasievoll, wenn es darum geht, Handlungen und Situationen zu erfinden, an die Sie selbst nie gedacht hätten. In fast jedem Traum gibt es einen Teil, über den Sie sagen können: »Wie merkwürdig. So etwas habe ich noch nie gehört.«

Oft lassen Sie bei Ihrer Interpretation gerade diesen Teil unbeachtet. Suchen Sie diesen Teil Ihres Traumes und, wenn Sie ihn in Ihre Interpretation noch nicht einbezogen haben, so tun Sie es jetzt.

Die Voreingenommenheits-Kontrolle sagt Ihnen vielleicht nur, wie Sie fortfahren müssen.

Wenn Ihre Interpretation nicht neu ist, dann sehen Sie, daß Sie mit Ihrer Arbeit noch nicht fertig sind, auch wenn Sie dies zunächst geglaubt haben.

Es gibt immer Teile des Traumes, die noch uninterpretiert geblieben sind, und Sie können auf einen dieser Teile alle Fragen anwenden.

Vor allem, wenn Ihre Interpretation negativ ist und wenn diese Sicht der Dinge Ihnen nicht neu ist, dürfen Sie nicht dabei stehenbleiben.

Bevor Sie die Interpretation beenden, prüfen Sie sie mit der Voreingenommenheits-Kontrolle. Wie könnte aus der scheinbar negativen Seite ein Wachstumsschritt entstehen? Dann lassen Sie Ihren Körper die Antwort geben.

Voreingenommenheits-Kontrolle, 1. Teil
- Suchen Sie die gegenteilige Interpretation, übernehmen Sie diese aber auch nicht.

Voreingenommenheits-Kontrolle, 2. Teil
- Suchen Sie den phantastischsten Teil des Traumes
- Wenden Sie die in diesem Kapitel erwähnten Fragen und Kontrollen an.
- Dann lassen Sie Ihren Körper mit der gegenteiligen Interpretation einen Schritt machen.

---

11. KAPITEL

Traumsymbole und metaphorische Sprache: mehr über Frage 10

Jeder Mensch ist einmalig. Deshalb können »universelle« Symbole nicht in jedermanns Traum dieselbe Bedeutung haben. Und dennoch bedeutet ein Gartenschlauch einen Penis und der Geldbeutel einer Frau eine Vagina.

Wie können wir diesen Widerspruch auflösen?

Wir benutzen viele Objekte, die für uns alle denselben Zweck erfüllen. Wir gehen mit den Füßen, fahren schnell mit dem Auto, halten an mit den Bremsen, benützen einen Kamm, um unser Haar zu entwirren und zu glätten. Ein Geldbeutel ist etwas, in das man hineingreift. Wir alle halten einen Gartenschlauch so, daß das Wasser auf unserer Vorderseite von uns wegspritzt.

Universelle Symbole sind nicht ein feindlicher Code, der Sie hereinlegen will. Das alltägliche Leben gibt den meisten Gegenständen gewisse allgemeingültige Funktionen und Bedeutungen.

Auch ohne Freud zu kennen, können Sie deshalb fragen: »Was ist ein Gartenschlauch, und wozu benützt man ihn? Man hält ihn vor seinem Körper, sodaß er nach außen ragt, und eine Flüssigkeit strömt daraus hervor, die das Gras wachsen läßt.« Vor allem wenn Sie nicht nur Ihren Verstand, sondern auch das Körpergefühl beachten, das Sie empfinden, wenn Sie so dastehen und den Gartenschlauch benützen, werden Sie bald die allgemeingültige Bedeutung dieses Gegenstands erfassen.

Nun kommen wir zur andern Seite der Frage: Jedes Individuum ist einmalig und lebt ein einmaliges Leben. *Die Assoziationen einer bestimmten Person können die allgemeingültige Bedeutung eines Gegenstandes verändern.* »Unser Gartenschlauch ist ordentlich aufgerollt, seit wir ihn gekauft haben. Er kam so vom Laden, und wir haben ihn nie angerührt.«

Hier steht der Gartenschlauch sicher für etwas, das ungenutzt und unbeachtet liegen geblieben ist. Ob es bedeutet, daß die Sexualität nicht

94

zur Entfaltung gekommen ist, bleibt zu untersuchen. Sicher ist es nicht. Vielleicht arbeitet die betreffende Person in einem Laden für Gartenartikel, oder sie hat den Gartenschlauch von einem schwierigen Nachbarn ausgeliehen. Dann muß er nicht unbedingt ein Phallussymbol sein. Kein Gegenstand im Traum hat ausschließlich seine universelle Bedeutung; er ist vielmehr auch immer geprägt von dieser ganz bestimmten Person und ihrem individuellen Leben.

Wir alle gehen auf den Füßen, aber Ihre Art, durchs Leben zu gehen, unterscheidet sich von der meinen. Interessant ist gerade das, was sich von der universellen Bedeutung unterscheidet. Kein Traum kann durch universelle Symbole entschlüsselt werden, genau so wenig wie die Tatsache, daß Sie Füße besitzen, viel über Sie aussagt.

Jeder gewöhnliche Gegenstand ist ein Symbol insofern, als er eine Vielfalt gewöhnlicher Anwendungen, Bedeutungen und Funktionen beinhaltet. Daraus läßt sich eine Art Plan herstellen, der uns hilft, die Interpretation unseres ganz einzigartigen Traumes zu finden.

Ich gebe Ihnen verschiedene Beispiele. Sehen Sie sich jedes davon an und fragen Sie sich selber, was dieses Ding ist. Dann werden Sie sehen, welche universelle Bedeutung jedes Objekt hat.

Man kann auch, wie bei Frage 7, überlegen: Wenn dieses Objekt ein Teil der menschlichen Persönlichkeit wäre, welcher Teil wäre es? Jedermann weiß natürlich, daß Kleider den Körper bedecken. Wir sehen aber einen anderen Aspekt, wenn wir uns die Kleider als Teil einer Person vorstellen. Kleider verkörpern die »Fassade«, die »öffentliche Erscheinung« einer Person, die Art, wie sie sich der Umwelt präsentiert.

Ein Tier lebt nach seinem Instinkt, den ihm die Natur mitgegeben hat. Stellen Sie sich das nun als Teil eines Menschen vor: der Teil in uns, der instinktiv, nach den Gesetzen der Natur, leben will.

Gegenstand	Symbolische Bedeutung
Auto	Bringt Sie irgendwohin, Bewegung, Veränderung, Vorwärtskommen, vielleicht Sexualität (wer fährt? Inwiefern stehen Sie gegenwärtig in einem Veränderungsprozeß?)
Dunkelheit	Das Unbewußte, Unbemerkte

Eis	Gefühllosigkeit, Sterilität, Kälte
Essen	Sich etwas einverleiben, zu eigen machen
Explosion	Wut
Film, Fernsehen	Erzählt eine Geschichte, die Sie ansehen können, als ob Sie außerhalb davon stehen würden
Flugzeug, Fliegen, Vögel	Nicht auf dem Boden stehen, Hindernisse überspringen; nicht geerdet sein; muß vielleicht behandelt werden; in seinem Kopf sein; vielleicht auch höhere Dimensionen der Person
Indianer	Primitiv, naturnahe, wahrscheinlich gesund
Kind	Verletzlicher Teil, neues Selbst, Wachstumsprozeß (wenn das Kind im Traum vier Jahre alt ist, fragen Sie sich, was für Sie vor vier Jahren begonnen hat, oder was geschah, als Sie vier Jahre alt waren).
Kind, zurückgeblieben	Unentwickelter Teil von Ihnen; in welcher Hinsicht wagen Sie nicht, so zu leben, wie Sie leben möchten?
Kleider	Äußere Erscheinung, Fassade, Identität einer Person nach außen
Kleider, spezifisch	Der betreffende Teil des Körpers (fühlen Sie eine Spannung darin?); was tut man mit diesem Teil des Körpers? Krawatte – Kehle, Weinen, Bindungen an gewisse Leute
Kleider, passend oder nicht	Die Art, wie Sie sich selbst anderen gegenüber darstellen, Ihre Rollen, Körpergefühl, Körper-

	bild, wenn Sie zunehmen oder sich sonst verändern, passen die alten Kleider nicht mehr; Besitz Ihres Körpers
Korsett	Schließt Dinge ein, steif, weiblich
Küche	Ort, wo Sie essen, ernährt und betreut werden
Licht	Läßt Sie sehen, was vorher vielleicht im Dunkel gewesen ist; geistiges Licht
Manager	Person, die Verantwortung trägt; etwas ernst nehmen; er kennt und beherrscht das, was in dieser inneren Stelle vor sich geht; ebenso: Fahrer, Arzt, Lehrer, Hausbesitzer, Führer, Pförtner
männliches Stereotyp	Führend, packt die Realität an, sorgt für Sie, aggressiv
Maschine, komplizierte Vorrichtung	Das Funktionieren einer Person, vielleicht körperlich, sexuell
Ozean	Weite; was unter Wasser liegt, ist unsichtbar; das Unbewußte
Pflanzen, grün	Leben, das an dieser Stelle durchbricht
Polizist	Verteidigt das Gesetz
Schlaf	Das Unbewußte, Ungesehene
Schuhe	Das, womit Sie den Boden berühren, Kontakt mit der Realität; Sie ziehen Sie an, wenn Sie in die Welt hinausgehen

Strand	Grenze zwischen dem Bewußten und dem Unbewußten, wo die Erde unter Wasser taucht, wo Dinge aus dem Ozean auftauchen
Telefon, Radio	Meldung aus einem unbekannten Ort, aus dem Unbewußten
Tier	Instinktiver Teil der Persönlichkeit, natürliche Lebensenergie
Tiere, höhere	Weiser, gesunder Teil eines Organismus; akzeptieren Sie seine Führung
Tiere, andere	Welche Eigenschaften schreibt man diesem Tier zu? Löwen zum Beispiel sind stolz, stark, königlich.
Tiger, Hai	Aggressive Instinkte; integrieren Sie sie; wir brauchen sie; lassen Sie sie nicht abgetrennt von Ihnen sein
Toilette	Vielleicht erscheinen hier Probleme, die aus der Reinlichkeitserziehung in Ihrer Kindheit stammen; Loswerden von Abfall
Trifft Sie von hinten oder im Schlaf	etwas, das Sie überrascht
Türen, Wände, Fenster	Etwas kann oder kann nicht herein oder herauskommen; Abschirmung; Sie können durch das Fenster sehen, aber Sie sind nicht dort
Unbekannter Mann, unbekannte Frau	Stereotype »männliche« oder »weibliche« Seite von Ihnen; jeder Mensch hat und benötigt beides; wenn die Figur, die das entgegengesetzte Geschlecht verkörpert, negativ oder bedrohlich

	erscheint, prüfen Sie Ihre innere Beziehung zu der gegengeschlechtlichen Dimension in Ihnen
Unbekannter alter Mann	Weise Führung – hören Sie auf ihn; wie behandeln Sie ihn im Traum?
Unbekannte alte Frau	Weibliche Weisheit; wie eine Frau sein soll; was Männer nicht erfassen können
Wächter, Türhüter	Hindert Sie oder etwas anderes am Eintreten (oder Hinausgehen); Sie werden vielleicht fragen müssen, was und warum
Wanzen	Völlig harmlose Lebewesen, die uns ekeln; die abgelehnte instinktive oder körperliche Seite der Persönlichkeit
weibliches Stereotyp	Empfänglich, emotional, launisch, kreativ
Zug	Prozeß, der mit Ihnen und in Ihnen vorgeht, den Sie nicht kontrollieren können. (Können Sie sehen, wohin der Zug fährt? Können Sie nicht mehr aussteigen, nachdem er abgefahren ist? Stehen Sie unter Zwang? Es könnte sich um einen Wachstumsprozeß handeln, den wir nicht völlig unter Kontrolle haben).

Doch wie zuverlässig sind diese Deutungen?

Sie sind unzuverlässig! Das ersehen Sie aus den widersprüchlichen Interpretationen, die ich manchmal zu ein und demselben Symbol gegeben habe. Ein Gegenstand kann verschiedene Zwecke erfüllen. Ich habe eine Menge von all dem nicht erwähnt, was jedes Ding sein kann.

Wir würden uns gerne auf solche Bedeutungen verlassen, um einen Traum entschlüsseln zu können, aber Sie haben Ihren Traum nicht verstanden, solange kein Wachstumsschritt eingetreten ist.

Die Bedeutungen, die ich hier gegeben habe, sollen ausprobiert, aber nicht einfach übernommen werden. Sie gründen einfach auf dem, was ein Ding ist, in der Natur, in unserer Gesellschaft (und im Leben der betreffenden Person).

Weshalb sind Tiere »gute Führer«? Natürlich deswegen, weil Tiere nach ihrem Instinkt leben und sich vollkommen ihrer Natur gemäß verhalten. Sie »symbolisieren« nicht nur den gesunden Organismus, sie sind gesunde Organismen.

Warum ist ein weißhaariger alter Mann ein guter Führer? Weil man weiser wird, wenn man älter wird; und die ganz alten Leute haben lange gelebt und viel gesehen. Sehen Sie sich nur das Bild irgendeines unbekannten alten Mannes an. Wer möchte nicht gerne, daß in einer Krise solch ein alter Mann auftaucht und uns ruhig sagt, was zu tun ist? Das ist die allgemeine Bedeutung. Die Bedeutung kann aber auch eine ganz andere sein. Der alte Mann kann aussehen wie einer, mit dem der Träumer am Tag zuvor zu tun hatte, und ist vielleicht ein ganz anderer Typ.

Warum symbolisiert ein Kind einen Wachstumsprozeß oder ein neues Selbst? Weil Kinder neu und frisch sind, zart, die Hoffnung der Menschheit. Sie sind neue Wesen.

Diese Methode paßt auf alles. Fragen Sie sich, was ein Ding gewöhnlich ist. Es kann eine Anzahl verschiedener Aspekte haben. Statt sich auf einen davon festzulegen, befragen Sie einen nach dem anderen und sehen Sie, welcher von ihnen mit dem Traum harmoniert. Wenn nichts direkt auftaucht, lassen Sie die vermutete symbolische Bedeutung fallen. Wenn Sie anderen Leuten helfen, ihre Träume zu interpretieren, so vergewissern Sie sich, daß diese fragende Haltung verstanden wird. Fragen Sie zum Beispiel: »Nun, was ist ein Kamm? Was würdest du sagen?« Sie können auch Ihre eigene Ansicht äußern, was ein Kamm ist, aber dann sagen Sie: »Es könnte sein. Versuch es einfach. Steigt irgend etwas auf?«

Oder sagen Sie: »Viele Leute sagen, ein ... könne folgendes bedeuten: ...« Lassen Sie durchblicken, daß nichts davon sicher ist.

Sie fragen behutsam nach etwas, das in den Traum paßt. Wenn nichts paßt, lassen Sie es, wie bei den andern Fragen, wieder fallen.

Was ist zum Beispiel ein Kamm? Man benutzt ihn zur Körperpflege. Dasselbe ist der Fall bei einer Zahnbürste. (Das kann aber der springende Punkt sein. Wer nie neue Kämme kauft, benutzt wahrscheinlich auch eine unappetitliche Zahnbürste.) Was ist das besondere an einem Kamm? Er kann feine Zähne haben ... ein fein gezahnter Kamm – durch die Dinge gehen mit einem fein gezahnten Kamm.

Traum vom schmutzigen Kamm

Sie sagten, irgend ein kleiner Knabe sei krank. Er war im Haus und ich war draußen mit Janet. Sie baten mich, zu kommen und zu helfen. Ich gab ihnen meinen Kamm und sagte ihnen, sie sollten ihn dem Knaben bringen. Später starb dieser; aber sie sagten, es sei nicht meine Schuld gewesen.

Assoziationen: »Die Kämme, die ich besitze, sind schmutzig, aber ich habe keine neuen gekauft. Wenn ich meine Haare wasche, komme ich mir dumm vor, schmutzige Kämme zu benutzen.«

Hier ist die Sache klar. Der Kamm bedeutet Körperpflege und die Sorgfalt, die man sich selber angedeihen läßt, auch wenn eine abgenutzte Zahnbürste dasselbe hätte bedeuten können. Wir können aber auch weitergehen.

Was ist ein Kamm? Etwas mit feinen Zähnen, das die Haare voneinander trennt. Eine sorgfältige Unterscheidung, vielleicht. Fügen wir das dem bei, was der Träumer über Kämme sagte.

Wo in Ihrem Leben behandeln Sie neue Dinge auf dieselbe alte, nachlässige Weise? Wo sehen Sie die Dinge undifferenziert, vielleicht in einer Frage von Leben und Tod?

Was ist ein Knabe? Eine Person, die noch nicht erwachsen ist, neues Wachstum, ein neuer Beginn, vielleicht etwas, das vor ebensoviel Jahren begann, wie der Knabe zählt.

Wie alt war der Knabe? »Vielleicht vier oder fünf.« Was hat vor vier oder fünf Jahren begonnen? »Oh, natürlich, mein neues Leben. Ich weiß, was es ist!« Bauen Sie das in Ihren Traum ein: Behandle ich etwas Neues in mir auf die alte Weise? Gebe ich ihm nicht genug Energie und Aufmerksamkeit? Lasse ich es irgendwie sterben?

Benützen Sie die Symbole behutsam und fragend, wobei es Ihnen bewußt sein muß, daß ein Symbol sehr viele verschiedenartige Bedeutungen haben kann. Sie sind wie ein Blinder oder wie jemand, der im Dunkeln tappt.

Ein gewöhnliches Wörterbuch kann Ihnen die Kennzeichen von Gegenständen, die Sie nicht gut kennen, vermitteln. Es gibt auch

Wörterbücher für Symbole, die sehr nützlich sein können. Seien Sie aber auf der Hut:

Wir bilden uns nicht ein, daß wir die Bedeutung unserer Träume in einem Wörterbuch nachschlagen können. Ein Symbol ist eine komplexe Kombination von Bedeutungen, die in einem Bild ausgedrückt wird, wie in einem Gedicht. Es hat nicht eine genau umschriebene, eindeutig definierte Bedeutung. Ein guter Dichter würde nie Symbole in einem Wörterbuch suchen (zum Beispiel unter »Entmutigung« nachschauen dort das Symbol »grauer Himmel« finden). Gute Gedichte zeigen neue, originelle Bilder.

Der Traum in Ihnen konsultiert auch nicht das Wörterbuch unter dem Stichwort »alte Art, mit den Dingen umzugehen«, um dort den Vorschlag »schmutziger Kamm« zu finden. Er findet das Symbol im einmaligen Leben dieser Person, in der Art, wie diese Person mit bestimmten Gegenständen umgeht.

Es ist aber auch nützlich, sich zu überlegen, was die ursprüngliche Funktion eines Kammes ist. Er steht für Sauberkeit, Ordentlichkeit, und er kann feine Zähne haben. Lassen Sie die allgemeingültige Bedeutung des Gegenstandes und das Gefühl, das diese in Ihnen erzeugt, mit dem Traum und den davon ausgelösten Assoziationen harmonieren.

Hier sind einige kurze Beispiele, kleine Ausschnitte aus Träumen, die Sie mit der metaphorischen Sprache der Träume vertraut machen sollen. Sie kennen weder den ganzen Traum noch die Assoziationen. Deshalb können Sie keine Schlüsse daraus ziehen. Die Gegenstände und der Ausschnitt aus der Geschichte geben Ihnen nur eine allgemeine Vorstellung davon, welches die Bedeutung sein könnte. Solch eine allgemeine Idee kann Ihnen helfen, mit dem Traum zu arbeiten. Ihre Assoziationen und das, was in Ihnen aufsteigt, kann dann diese allgemeine Bedeutung korrigieren und ändern. Um Ihnen etwas Übung zu geben, werde ich meine Version erst nachher angeben. Fragen Sie sich zuerst selbst: Was könnte diese Geschichte im allgemeinen bedeuten?

1. Ich lag in einem Raum weit weg von der Küche, der keine Türen hatte.
2. Unser Haus wurde gereinigt, kein Stäubchen lag mehr herum. Alle Stühle waren zugedeckt, wie in einem Ferienhaus, das der Besitzer zu verlassen im Begriffe war.

3. Ich stelle einige der Blumen in ein billiges kleines Glas, das ich behalten habe, um es als Vase zu benutzen. Der Hals ist aber zu eng, sodaß ich die Blumen in ein ähnliches Glas mit weiterem Hals stelle, in das sie perfekt passen.

4. Gerade als ich in den Bus gestiegen war und bezahlt hatte, sah ich meine Großmutter auf einen andern Bus zugehen. Ich stieg gleich aus und nahm ihren Bus.

5. Ich wurde hypnotisiert durch die wundervollen, gewaltigen, schneebedeckten Berge, die aus den Wolken auftauchten.

6. Da war ein altes Gebäude aus Granit. Die Mauern sahen sehr stark aus. Das Gebäude schien lange Zeit dem stürmischen Wetter standgehalten zu haben, ohne irgendein sichtbares Anzeichen eines Schadens aufzuweisen. Ich empfinde ein starkes Bedürfnis, das Innere dieses Gebäudes zu erforschen.

7. Zwei Mädchen brachten einen Gipsverband an meinem Bein an. Dann sagten sie, ich brauche einen Gipsverband um den ganzen Körper. Ich sprang auf und begann zu schreien. Da kam der Arzt und schickte die beiden Mädchen weg.

8. Eine ganze Reihe von Schafen wartete, um durch mehrere Tore zu gelangen. Ich half ihnen hindurch, und ich umfaßte das eine schwarze Schaf mit meinem ganzen Körper.

9. Meine Brüder wurden sehr gemein und nahmen alle Knöpfe aus dem Telefon und alle Türschnallen von den Türen.

10. Mein Vater baute etwas und belehrte mich darüber, und meine Füße waren nackt, und sie wurden ganz schmutzig und schmierig, und es war sumpfig.

11. Dick und ich hatten unsere Autos aneinandergehängt. Wir befanden uns im hinteren davon. Die Autos fuhren so schnell rückwärts, daß ich stark bremsen mußte, um sie zu stoppen.

12. Meine Eltern gingen zu jenem Krater in Hawaii. Ich legte ihnen nahe, bis hinunter zum Grund und durch diesen hindurch zu gehen.

13. Sharon ließ einen Stier in den Stall, in dem ich mich befand, und der Stier griff mich an. Ich war sehr böse und kletterte die Wand hinauf, um mich in Sicherheit zu bringen. Ich wurde nicht verletzt. Stattdessen geriet ich in einen anderen Raum, wo ein Bankett stattfand.

14. Ich zog ein sehr unterentwickeltes Kind aus meinem Körper. Das Kind war unversehrt, aber ich hatte es zu früh aus meinem Unterleib gezogen.
15. Ich kochte zwei Babys in einem Eintopf. Meine Mutter sagte, sie habe einen psychologischen Test gemacht, der ihr gezeigt habe, daß sie stark genug sei, die Situation zu beherrschen. Dann kümmerte ich mich um ein starkes Baby.
16. Meine Großmutter sagte »Jetzt kann ich dir all mein Geld geben«. Ihr Geld war in ihrem Kopfkissen unter ihrem Kopf, und sie zog es heraus.
17. Ich stehe auf einer Brücke, die aber plötzlich im Leeren endet. Ich muß hinuntersteigen und durch viel Dreck waten. Ich folge einer Spur und gelange hinüber.
18. Jenny (ihr Baby) hat geschissen. Als ich es aufputze, mischt sich ihre Scheiße mit meiner, und es gibt immer mehr davon. Ich kann nicht mehr alles wegputzen. Da kommt ein Mädchen mit dunklem, lockigem Haar und einer Wunde am Bein. Sie sagt, die Scheiße mache ihr nichts aus; sie könne sogar ihre Wunde heilen.

Mögliche metaphorische Bedeutungen

Ihre Bedeutungen mögen sich von meinen unterscheiden und dennoch genau so richtig sein. Fügen Sie meine hinzu und lassen Sie Ihre »allgemeine Bedeutung«, die Sie ausprobieren werden, sich dadurch erweitern.
1. Küche: Kochen, Essen, Nahrung, sich etwas einverleiben; was ist eine Küche? Was geschieht dort?
   Keine Tür: offen für wen auch immer, wehrlos, ohne Kontrolle? Was ist eine Tür?
   Liegen: wehrlos, passiv? Kindheitserfahrung mit Küche, mit Essen, mit Hinlegen? Vielleicht Offenheit für das, was Kochen bedeutet, für das Ernährtwerden?
2. *Einen Ort verlassen:* zu sauber, nicht benutzbar, wird nicht wirklich darin gelebt? Wird etwas so sehr vor Schmutz geschützt, daß Leben darin unmöglich ist? Wird etwas weggestellt, in Sicherheit gebracht?

3. *Billiges kleines Glas:* nicht genügend Energie oder Sorgfalt dafür? Oder: es sieht billig aus, aber es ist perfekt.
   Blumen: etwas Schönes und Lebendiges.
   Vase: das weibliche Geschlechtsorgan? Etwas mehr Raum, um etwas Lebendiges hineinzutun? Etwas, das man lange behalten und nie genutzt hat?
4. *Bus:* bringt Sie an einen bestimmten Ort. Sie gehen jetzt nicht Ihren eigenen Weg, haben nicht Ihr eigenes Ziel?
   Großmutter: Sie leben jetzt auf eine traditionelle, alte Weise? Oder ist es weise und besser, zuerst den Weg dieser alten Frau zu gehen?
5. *Gewaltige, hohe Berge:* das Geistige, Kosmische, eine starke Öffnung, tiefe Vision? Was geschah gerade vorher? Wie gelangten Sie dorthin? Was ist assoziiert damit? Was immer es bedeuten mag, ist von hohem Wert. Vielleicht in den Wolken, nicht ganz auf dem Boden?
6. *Gebäude:* stellt vielleicht Sie dar. Haben Sie viel durchgemacht, vielem widerstanden?
   Kein sichtbarer Schaden: etwas zeigt sich nicht?
   Wunsch, es zu erforschen: das Innere davon zu erforschen – Ihr eigenes Innenleben?
7. *Gipsverband:* ein Teil Ihres Körpers oder der ganze Körper könnte unbeweglich gemacht werden. Gibt es dort, wo der Gipsverband ist, keine Gefühle?
   Arzt: Ein weiserer Teil von Ihnen wirft das, was Sie unbeweglich machen will, hinaus. (Können Sie etwas in sich fühlen, das die Mädchen hinauswerfen würde? Seien Sie das eine Weile).
   Mädchen: Machen Sie »steif«? Erektion? Spannung? Ein weiblicher Teil von Ihnen? Ein junger Teil von Ihnen?
8. *Schafe:* warmer, guter, animalischer Teil von Ihnen
   Schwarzes Schaf: wurde in der Vergangenheit abgelehnt
   Tor: Gelangt es durch das, was früher eine Barriere war?
9. *Telefon:* Sie hören etwas aus einer unsichtbaren Quelle, aus dem Unbewußten?
   Keine Tasten, keine Türschnallen: Isolation, Unmöglichkeit, zu kommunizieren, hinauszugehen
   Brüder: Mißhandlung in der Kindheit? Gute Brüder? Halten sie Sie zu Ihrem eigenen Besten an dieser Stelle fest? Ein Teil von Ihnen, der Sie isoliert?

10. *Vater:* der etwas baut, mich belehrt – gute Vaterrollen
    Schmutzige Füße bekommen: in der Erde, in konkreter Materie
    Sumpfig: sexuell, schleimig, Gefühl von Körper und Erde
11. *Autos:* gelangen irgendwohin. Kann die physische, sexuelle Seite bedeuten.
    Rückwärts: wieder dorthin zurückrollen, wo man gewesen ist? Zurückgehen? Hat es vielleicht mit Ihrer Rückseite zu tun?
12. *Krater:* tief in der Erde, unbewußt, tief unten
    Vulkanischer Krater: Wut, Explosivität
    Eltern: stehen in Beziehung zum Ursprung eines Teiles Ihrer Persönlichkeit; Ihre Kindheit. Ihr Problem ist irgendwie in Ihnen.
    Auf den Grund: auf den Grund kommen (der Träumer fügte hinzu: »Vor allem, was die Probleme zwischen ihnen betrifft«). Probleme auf dem Grund: etwas steht dem Geerdetwerden im Wege.
13. *Stier:* gesunder animalischer Instinkt, kann stark sein
    Der Stier griff an ... ich war wütend: etwas davon greift Sie an? Ist etwas in Ihrem Leben nicht unter Kontrolle?
    Die Wand hinaufklettern: Sie passen auf sich selbst auf, schützen sich selbst? Hatten Sie mehr Gefühle, als Sie ertragen konnten? (»die Wände hinaufgehen«?) Schien es zuerst zuviel für Sie? Versuchten Sie, die Wand hochzuklettern, um davon wegzukommen?
    Bankett: essen, einverleiben, verdauen, ernähren, ausdehnen. So schien es zuviel für Sie, aber dann machten Sie es zu einem Teil von Ihnen und fühlten sich besser. Paßt das?
14. *Baby:* neues Leben, verletzbare, neue Entwicklung
    Ich zog es heraus: möchten Sie etwas schneller vollenden als Sie können?
    Unterleib: Vagina, Sexualität, kreative Stelle, wo sich etwas Neues entwickelt
    zu früh: es entwickelt sich perfekt, aber es ist noch zu früh, es herauszuziehen.
15. *Eintopf:* etwas, das gegessen, einverleibt, integriert wird; ein Gemisch von verschiedenen Dingen, die zusammen gekocht (verarbeitet) werden, sodaß sie zusammengehören.
    Zwei Babys: zwei noch verwundbare, sehr neue Entwicklungen
    Starkes Baby: starke neue Art zu sein

Psychologischer Test: etwas Weises und Wissendes sagt ... (nur in Träumen sollen psychologische Tests so aufgefaßt werden!)
Mutter: Ihre wirkliche Mutter ist stark genug, es zu ertragen. (Mußten Sie sich um sie kümmern, als Sie klein waren?) Der Teil von Ihnen, der Ihre Mutter ist, ist stark genug.

16. *Geld:* Wert, Energie, Macht. Was hatte Ihre Großmutter Wertvolles? Wie war sie?
Ihr Kopf: Denken? Einsicht? Konzentration? Willenskraft?
Unter ihrem Kopf: Sie bewahrte es sicher und unsichtbar mit ihrem Kopf, aber nicht in ihrem Kopf, auf.
Jetzt kann ich dir geben: Was hatte sie, für das Sie erst jetzt bereit sind?

17. *Brücke:* Weg auf die andere Seite
Im Leeren: hoch oben, im Denken, nicht am Boden, überspringend
Dreck: Erde, konkrete Realität, schmutzig, unklar, langsames Vorwärtskommen. Sie möchten gerne vieles überspringen, aber vielleicht ist es notwendig, daß Sie hindurchgehen. Gefühle? Gegenwärtige Erfahrung? Es ist schmutzig, erdig, der Boden, die Füße am Boden. Es scheint eine Spur da zu sein, der Sie folgen können, und Sie gelangen unversehrt hinüber. Wo zögern Sie jetzt noch, Ihre eigene Entwicklung durchzumachen? Vielleicht sagt Ihnen der Traum, daß Sie tatsächlich hindurchgehen können.

18. *Baby:* neues Leben, neue Entwicklung, ihr wirkliches Baby und ihr Wachstum
Scheiße: natürliche Materie, organischer körperlicher Stoff, von der Verdauung übriggelassen
Aufputzen: stinkende, erdige Materie entfernen. Sie denken, es sei Scheiße und müsse weggeputzt werden, aber es kann in Wirklichkeit etwas heilen?
Mädchen: der sensible, empfängliche, emotionale Teil. Kann es diesen Teil von Ihnen heilen? Die Heilung hat mit Ihrer neuen Entwicklung, vielleicht auch mit Jenny, zu tun.

Natürlich brauchen wir für die Interpretation den ganzen Traum, die Assoziationen, die Antworten auf die Fragen. Ohne diese können wir nicht wissen, ob die symbolischen Bedeutungen auch wirklich stimmen. Manchmal können wir auch andere Möglichkeiten in Betracht ziehen. Aber die Symbole und Metaphern bieten etwas, was wir befragen können.

STUFE III: DER FORTWÄHRENDE PROZESS

12. KAPITEL

Wie der Wachstumsprozeß weitergeht

Lernen Sie Ihren Wachstumsprozeß kennen und bringen Sie ihn zurück, wenn er verlorengegangen ist.

Vielleicht verändern und entwickeln Sie sich als Person. Dann kennen Sie die positive Energie dieses Gefühls von Bewegung, das mehr ist, als Sie konzeptualisieren können. Es ist viel Kampf dabei. Manchmal geht es Ihnen nicht gut, oder Sie kommen nicht weiter. Es gibt Zeiten, da Sie entmutigt sind und sich schlecht fühlen. Dann aber erinnern Sie sich: »Ich habe die Spur meines positiven Wachstumsprozesses verloren! Wo ist sie?

Schon die Erinnerung daran kann sie irgendwie zurückbringen. Die Tatsache, daß wir sie oft verlieren, ist keine Überraschung. »Ich bin davon abgekommen und ich will wieder darauf zurückkommen.«

Es gibt verschiedene Möglichkeiten, sie zurückzubringen. Eine davon ist der Gebrauch von Traumbildern. Ein solches Bild physisch zu fühlen oder zu sein, kann die gute Energie wieder auferstehen lassen, lebendig, körperlich. »Ah . . . es ist so viel besser, lebendig zu sein und zu wachsen, als dieses Gefühl, das ich vorher hatte.«

Man kann zwar das Gefühl der vorwärtsstrebenden Bewegung nicht immer einfach so erneuern. Selbst wenn das nicht der Fall ist, hilft es jedoch zu wissen, wie sich ein kontinuierlicher Wachstumsprozeß anfühlt, und wie man ihn suchen kann.

Wissen Sie, was es ist, sodaß Sie danach suchen können? Ihre Trauminterpretationen sollen nicht nur vereinzelte Lichtblicke sein, sondern einen kontinuierlichen Prozeß bilden.

Fassen Sie die Botschaft eines Traumes als einen Schritt in einem langfristigen Wachstumsprozeß auf. Wenn der Traum Ihnen ein Stück neuen körperlichen Daseins brachte, können Sie dieses heute in einer bestimmten Situation leben? Wählen Sie vielleicht übungshalber eine nicht besonders wichtige Situation. Können Sie diese neue innere Haltung anwenden? Können Sie auch neugierig sein, wie sie sich entwickelt? Machen Sie den Versuch und sehen Sie, welche neuen Schritte in Ihrem Körper entstehen.

All das entwickelt sich weiter von Tag zu Tag.

Wenn ein kontinuierlicher Wachstumsprozeß einmal eingesetzt hat, ist er größer als alles, was wir verstehen oder bewußt tun können. Er ist viel mehr als Focusing, aber Focusing hilft, ihn auszulösen und in Gang zu halten.

Focusing

Wenn der Prozeß scheinbar verloren und verschwunden ist, rufen Sie sich das Gefühl, das er auslöst, in Erinnerung, und das hilft Ihnen, ihn zurückzuholen. Bei der Erinnerung an die positive Energie fühlen Sie die schwere Weigerung Ihres Körpers, sich so gut zu fühlen. Nein. Er leistet Widerstand. Diesen schweren Widerstand, der sich in den Weg stellt, müssen Sie zum Gegenstand des Focusing-Prozesses machen.

Das, was im Weg steht, ist oft interessant. Es wird noch interessanter, wenn wir darauf horchen, denn es verändert sich. Was auch immer im Wege steht – machen Sie es zum Gegenstand des Focusing. *Fühlen Sie es als physisch empfundenes »Ich kann nicht«* (oder »ich will nicht«, »ich wage es nicht« etc.).

Worte tauchen auf: »Ich könnte es nicht tun; Jim hätte es nicht gern; und ich kann ihn nicht verlassen, denn ich bin zu schwach und zu abhängig; und ich hasse mich selbst und. . .« Halten Sie ein und machen Sie dieses körperliche Gefühl des »nicht können« zum Gegenstand des Focusing. Nehmen wir an, das, was im Wege steht, heiße: keine Lust haben zum Focusing – also machen Sie dieses Gefühl des

Nichtwollens zum Gegenstand des Focusing. Fragen Sie sich, was dahinter stecken könnte.

Einige gängige Methoden arbeiten mit wunderbaren Erfahrungen von Bewußtseinsveränderungen, großem Schrecken oder tiefem Erstaunen, das die Person überwältigt. Ich weiß, daß diese wertvoll sein können. Aber alle, die mit dieser Art von Erfahrungen arbeiten, wissen, daß man danach Zeiten der »Integration« benötigt. Die Erfahrungen selbst bringen diese »Integration« nicht. »Integration« bedeutet, daß Sie selbst wachsen, statt ein passiver Zuschauer großartiger Erlebnisse zu sein. Der kleine Mensch, der diese überwältigenden Erfahrungen überlebt, kann noch verletzlicher sein als zuvor. Ich sage nichts gegen solche Erfahrungen, aber ich setze mich für die Notwendigkeit des Focusing ein.

Andere Methoden konzentrieren sich auf intensive Emotionen, als ob man sie alle aus sich herauspressen könnte, indem man sie zum Ausdruck bringt. Sie verschwinden aber nicht, man durchlebt sie immer wieder.

Man muß aber fühlen, was darunter liegt, wo sie entstehen. Ich sage nichts gegen Emotionen. Wenn sie auftreten, lassen Sie sie gewähren, unterdrücken Sie sie nicht, heißen Sie sie willkommen. Heißen Sie Weinen und Wut willkommen, seien Sie freundlich zu Ihrer Traurigkeit. Intensive Emotionen wiederholen sich aber oft. Wenn Sie sie nicht unterdrücken, werden Sie die tiefere, weitere Ebene des »Felt Sense« finden. (Oder, wenn in Ihnen ein Widerstand gegen diese Emotionen vorhanden ist, machen Sie diesen Widerstand zum Gegenstand des Focusing.) So werden Sie an einen neuen Punkt gelangen.

Neue Punkte sind selten intensive Emotionen, die von uns Besitz ergreifen und uns nicht mehr loslassen. Es ist oft schwierig, eine Wachstumsrichtung beizubehalten. Unsere alte Verhaltensweise ist intensiver und kann eine neue Öffnung schnell wieder verschließen. Der »Felt Sense«, der diese neue Öffnung mit sich bringt, ist nicht so intensiv. Er ist uns nicht so vertraut wie Wut, Angst, Haß, Traurigkeit oder Freude. Zu Beginn gibt es nicht einmal Worte dafür.

Sie brauchen einen Partner

Es ist viel eher möglich, tief in sich selbst einzudringen, wenn man die ruhige Aufmerksamkeit einer anderen Person hat. Natürlich spielt sich der Focusing-Prozeß meist in Ihnen allein ab. Es ist aber eine große Hilfe, wenn Sie sich wöchentlich oder häufiger mit jemandem treffen können. Teilen Sie die Zeit hälftig zwischen sich auf und tun Sie in Ihrer Zeit das, was Sie benötigen, und lassen Sie in der übrigen Zeit die andere Person tun, was sie benötigt. Versuchen Sie es eine oder zwei Stunden lang mit einer bestimmten Person, dann mit einer anderen, bis Sie jemanden gefunden haben, mit dem Sie fortfahren möchten.

Sie müssen dabei diese Zeit nicht immer mit Focusing und mit der Arbeit an Träumen verbringen. Die Zeit gehört Ihnen. Fangen Sie damit an, was Sie wollen.

Ihr Wachstumsprozeß hängt nicht von irgendeinem Experten ab

Viele gängige Methoden hängen von irgendeinem Wundertäter ab, der in Ihnen etwas bewirkt. Sie machen dabei große Erfahrungen durch, aber nicht *Ihren* kontinuierlichen Wachstumsprozeß. Die andere Person löst die Erfahrungen von außen aus und läßt sie von außen in Sie eindringen. Es sind einzelne Ereignisse, aber sie bilden keinen Prozeß. Sie brauchen nicht darauf zu verzichten, wenn Sie eine solche Person kennen, aber benutzen Sie in diesem Fall diese Erfahrungen so, wie Sie einen Durchbruch im Traum benutzen würden – finden Sie Ihren Weg zu *Ihrem eigenen, kontinuierlichen Prozeß.*

Die Schritte, die aus dem Focusing-Prozeß und aus den Träumen entstehen, sind dieselben wie in tiefer Psychotherapie. Die Therapie erfordert aber eine dauernde besondere Beziehung und viele Stunden, in denen Sie tief in Ihr Inneres eindringen.

Die nächsten paar Kapitel zeigen Ihnen mehrere Wege, wie Träume Ihnen bei der Fortführung Ihres Prozesses helfen können.

13. KAPITEL

Tun Sie es wirklich? Sechs Möglichkeiten, sich selbst zu kontrollieren

Wie können wir körperlich genau so arbeiten, wie ich es geschildert habe? Wie können wir diese körperliche Veränderung erreichen, dieses konkrete Gefühl, diese neue, vorwärtsstrebende Energie?

Ich fürchte, daß Sie alles in Ihrem Geist aufnehmen und dabei das Wesentliche verfehlen könnten. Das Körpergefühl kann hier nicht beschrieben werden, Sie müssen es selbst in Ihrem Inneren fühlen. Es dauert nur wenige Minuten an, und es ist ein gutes, lebensförderndes Gefühl. Es ist etwas, das aus Ihnen selbst kommt, und nicht das, was ich hier tue oder schreibe.

Hier gebe ich Ihnen einige Möglichkeiten an, zu prüfen, ob Sie wirklich körperlich fühlen.

1. Erste Kontrolle: Fühlen Sie die Mitte Ihres Körpers?

Richten Sie Ihre Aufmerksamkeit auf das Innere Ihres Magens. Gelingt Ihnen das sofort? Gibt es dort ein unbestimmtes Gefühl oder vielleicht eine gewisse Enge?

Ungefähr zwei Drittel aller Menschen können das sofort tun. Etwa ein Drittel kann es nicht. Diese Leute fühlen die Peripherie ihres Körpers, Arme, Beine, Kopf, Rücken, aber nicht die Mitte.

Wir können dies aber fast allen beibringen, die es nicht auf Anhieb können.

Versuchen Sie, eine Ihrer großen Zehen zu finden, ohne sie zu bewegen. Wenn Sie sie nicht finden können, bewegen Sie sie ein wenig – da ist sie.

Hören Sie nun auf, sie zu bewegen, und stellen Sie fest, daß Sie nun in Ihrer großen Zehe sind. So muß es sein. Denken Sie dann an etwas anderes, und sehen Sie dann, ob Sie Ihre große Zehe wieder von innen finden können, ohne sie zu bewegen. Ob Sie es können oder nicht, fahren Sie fort:

Tun Sie dasselbe mit Ihrem Knie. Können Sie es finden? Wenn nicht, bewegen Sie es leicht – da ist es. Gehen Sie dann zu Ihrer Leiste und dann in Ihren Magen. Sind Sie da? Fühlt es sich hier leicht und weich oder eng und schwer an? Oder wie sonst?

Wenn Sie es schwierig finden, üben Sie während des Tages, zwischen Ihren anderen Beschäftigungen, und bald wird es Ihnen leicht fallen. Es muß leicht gehen, wenn Sie es beim Focusing anwenden wollen.

2. Zweite Kontrolle: Fühlen Sie das Unklare?

Wenn Sie das fühlen, was Sie nicht kennen, dann ist das Focusing. Sie wissen nicht, was es ist, und doch ist es da. Es hat sein eigenes Leben. Wenn Sie versuchen, es zu definieren, wehrt es sich und verneint das, was Sie dachten. Wenn Sie Ihre Aufmerksamkeit für eine Weile auf den »Felt Sense« richten, wird er etwas tun. Lassen Sie ihn gewähren. Bleiben Sie einfach bei ihm. Wenn Sie ihn verlieren, kommen Sie zu ihm zurück. Leisten Sie ihm Gesellschaft. Stellen Sie ihm Fragen.

Hat Ihr »Felt Sense« solch ein Eigenleben?

Die meisten Leute kennen den »Felt Sense« noch nicht. Vielleicht haben Sie bei seltenen Gelegenheiten einmal einen gehabt.

Manchmal hat man zum Beispiel das Gefühl, daß etwas nicht stimmt, obwohl, objektiv gesehen, alles in Ordnung ist. Die Situation scheint vollkommen problemlos zu sein, und doch ist da dieses merkwürdige und unbestimmte Gefühl. Man versucht, es sich auszureden, aber es hat sein Eigenleben und läßt sich nicht vertreiben. Wenn es sich geöffnet und erklärt hat, kann plötzlich etwas Wichtiges herauskommen. Eine solche Vorahnung ist eine Art von »Felt Sense«. Vorahnungen sind aber selten.

Focusing ist eine Möglichkeit, Ihren Körper dazu zu bringen, daß er Ihnen solch eine Vorahnung gibt, wann immer Sie es wünschen. Nur würden wir es jetzt nicht mehr »Vorahnung« nennen, denn dieses Wort hat eine beschränktere Bedeutung. Wir nennen es einen »Felt Sense«.

Auf den ersten Blick erscheint der »Felt Sense« nicht sehr

vielversprechend, fast ohne Bedeutung. Vielleicht sagen Sie: »Was? Dieses schwache, unbefriedigend vage, unklare Gefühl? Soll daraus etwas werden?« Ja, genau das ist es. Sie befinden sich am rechten Ort.

3. Dritte Kontrolle: Wenn Erinnerungen oder neue Bilder auftauchen, können diese Sie zu dem Körpergefühl führen, das mit ihnen eintritt?

In Frage 8 zum Beispiel (diese Person sein) können in Ihnen spontan Worte und Bewegungen auftauchen, die Sie auf der Bühne anwenden könnten. Gelangen Sie zu der Quelle dieser Worte und Bewegungen, die in Ihrem Körper liegt, zu diesem Körpergefühl, aus dem sie entstanden sind? Sie brauchen nicht nur die Worte und Bewegungen, sondern ebensosehr das damit verbundene körperliche Gefühl. Worte oder Bilder können plötzlich auftreten. Sie sind interessant, aber können Sie auch ihre Quelle im Körper finden? Wenn Tränen kommen, können Sie das Weinen in sich fühlen?

Focusing richtet sich direkt an diese »Grenze«, diese »Zone« zwischen dem Bewußten und dem Unbewußten. Direkt, das bedeutet physisch, fühlbar, *das und dort*. Sie werden erfahren, wie neue Energie und eine Veränderung entsteht, *dort*.

4. Vierte Kontrolle: Können Sie dort verweilen, oder können Sie immer wieder dorthin zurückkehren?

Jetzt fürchte ich, daß Sie eine Minute zu früh aufhören. Vielleicht haben Sie alles gefunden, was ich beschrieben habe, aber Sie haben nicht die kurze Zeit, die nötig ist, dafür aufgewendet. Ein »Felt Shift« oder neue Energie beansprucht eine ganze Minute oder zwei. Ich habe das schon zuvor gesagt, aber jetzt, da Sie so weit gelesen haben, muß ich es wieder sagen. Davon kann es entscheidend abhängen, ob Sie wirklich eine persönliche Entwicklung durchmachen oder nicht.

Wenn Sie wissen, was ich meine, werden Sie mir zustimmen, daß es schwierig ist, dabei zu bleiben. Bevor der »Shift« eintritt, ist es schwierig, den »Felt Sense« zu behalten, weil dieser so unklar ist. Wenn er sich aber geöffnet und bewegt hat, ist es wunderbar; aber selbst dann sagen wir oft: »Gut, ich habe es bekommen, es ist großartig, ja, das ist die neue Lebensweise, die ich benötige. Ich brauche sie wie das Leben selbst. Ich habe es drei Sekunden lang gehabt: hören wir auf.«

Wie kann man bei einem »Felt Shift« bleiben oder zu ihm zurückkehren?

Sie haben den Wunsch aufzuhören und geben ihm nach. Sie machen eine kurze Atempause. Sehen Sie dann, ob Sie die neue Energie wieder finden können. Was war es? Oh ja, Sie erinnern sich. Ist sie jetzt da? Nein. Können Sie sie zurückholen, wenn Sie den festen Willen dazu haben? Nein. Aber kurz zuvor war sie noch da. Jetzt ist sie verschwunden.

Sie ist eben erst gekommen und fast ebenso schnell wieder gegangen? Dieser Augenblick allein hat Sie nicht sehr verändert. Deshalb kann das, was in diesem Kapitel gesagt wird, den entscheidenden Unterschied ausmachen. Wie können Sie den »Felt Shift« zurückholen, sodaß Sie bei ihm bleiben können?

Wiederholen Sie alles, was Sie taten, bevor er kam. Was taten Sie? Sie achteten auf Ihren Körper. Nun gehen Sie dorthin zurück. Was fragten Sie? Fragen Sie dies erneut. Und dann hatten Sie dieses Bild, und dann . . . ah, da ist er wieder, dieser »Felt Shift«.

Das gilt auch dann, wenn Sie mit den Träumen anderer Leute arbeiten. Was ich bis jetzt gesagt habe, mag elegant erscheinen. Sie stellen einige Fragen, stellen Sie wieder auf verschiedene Arten, und alles öffnet sich. Sie können erfolgreich, sicher und kompetent erscheinen. Andere sind erstaunt über Ihre Fähigkeiten. Aber wenn Sie jemandem *wirklich* helfen wollen, einen Traum zu verarbeiten, verzichten Sie besser auf diese Eleganz.

Wenn die Interpretation vollendet scheint, der Traum die neue Stelle gezeigt hat, dann sehen Sie, welch große Veränderung es bedeuten würde, wenn die Person wirklich in der Lage wäre, diese Veränderung durchzumachen! Das geschieht aber aller Wahrscheinlichkeit nach nicht in diesem ersten, kurzen Augenblick. Es ist nun eine schwierige und mühevolle Aufgabe, die Person dazu zu bringen, wieder mit der neuen Energie in Beziehung zu treten und sie für einige weitere Momente festzuhalten. Nicht jedermann ist bereit, das, was eben geschah, nochmals durchzumachen, nochmals zum »Shift« zu gelangen.

116

Wenn es kein gutes Gefühl war, soll man es natürlich bleiben lassen. Wenn es aber so ist, wie ich es beschrieben habe, müssen wir die Person vielleicht dazu überreden, eine weitere Minute dafür aufzuwenden, das Gefühl wieder zu vergegenwärtigen.

Kann die Person nun den »Shift« behalten, sodaß sie zu verschiedenen Tageszeiten wieder mit ihm Kontakt aufnehmen kann? »Fühlst du, daß du ihn jederzeit wieder finden kannst, wann immer du willst?« Aus dem Klang der Stimme in der Antwort können Sie erkennen, ob das schon möglich ist. Falls es nicht der Fall ist, ist es nützlich, zu fragen: »Warum scheint es dir so schwierig? Kannst du fühlen, was ihm im Wege steht?«

Eine andere Person dazu zu bringen, das zu tun, ist oft unmöglich, vor allem, weil sich die Person in erster Linie über den Traum freuen soll (3. Kapitel, letzter Abschnitt). Und natürlich braucht nicht alles schon beim ersten Mal zu klappen, wenn Sie mit jemandem arbeiten. Es werden viele Versuche nötig sein.

Aber wenn es sich um Ihre eigenen Träume handelt, kommen Sie dann auch darauf zurück und lassen Sie die neue Energie wieder und wieder einströmen, mehrere Minuten lang?

5. Fünfte Kontrolle: Weiß Ihr Körper, daß er sich selbst ausdrücken kann?

Um einen »Felt Shift« zu behalten und damit zu leben, hat es Ihr Körper vielleicht nötig, sich auf eine bestimmte ausdrucksvolle Art zu bewegen. Wie würde Ihr Körper da sein und sich bewegen, wenn Sie wirklich auf diese neue Art lebten? Lassen Sie diese neue Person aus sich heraustreten. Vielleicht haben Sie das Bedürfnis, Ihre Ellbogen nach außen zu strecken, um Raum für sich zu schaffen. Ihre Brust möchte vielleicht tief einatmen, oder sich entspannen, oder was auch immer aus diesem neuen Gefühl herauskommt. Oder vielleicht ertappen Sie sich dabei, wie Sie herumstolzieren und sich stark fühlen: »Kommt nur alle und versucht, es mit mir aufzunehmen, ich bin bereit.«

Die meisten Leute leben selten wirklich in ihrem Körper. Sie müssen es Ihrem Körper vielleicht zuerst beibringen, daß er solch aussagekräftige Gesten machen darf.

Um Ihrem Körper diese Erlaubnis zu geben, üben Sie zuerst ein wenig ohne Focusing oder irgend etwas anderes. Atmen Sie aus und lassen Sie Ihre Schultern hängen, lockern Sie Ihren ganzen Körper. Nehmen Sie nun an, daß etwas Sie sehr stark werden läßt: Straffen Sie Ihre Schultern, bereit für alles, was auf Sie zukommen mag. Nehmen Sie an, Sie stehen in einer großartigen Landschaft, zum Beispiel in den Bergen: Atmen Sie tief ein und stellen Sie sich vor, Ihre Brust sei so weit wie die Landschaft. Wenn Sie das getan haben, weiß Ihr Körper, daß er sich ausdrücken kann, und er wird in Zukunft wirkliche Gefühle auf seine eigene Weise ausdrücken können.

Wenn Sie einen »Felt Shift« haben, wird Ihr Körper diesen ausdrücken, ohne daß Sie ihn zuerst dazu auffordern müssen.

6. Sechste Kontrolle: »Üben« Sie mit kleinen Handlungsschritten?

Eine echte Veränderung bewirkt nicht nur, daß Sie sich in bestimmten Situationen anders verhalten. Es ist eine Veränderung in Ihrer Lebensweise, in der Art, wie Sie Ihre Erfahrungen machen. Auf die Dauer ändern sich dadurch alle Situationen in einer Weise, die Sie nicht im voraus planen können.

Das Erwerben der Fähigkeit, auf eine neue Art zu leben, ist wie die Entwicklung eines Muskels. Sie dehnen ihn ein wenig, dehnen ihn wieder, und stärken ihn damit mehr und mehr. Normalerweise können Sie nicht von einem Augenblick auf den anderen plötzlich im Einklang mit einer neuen Energie leben. Aber Sie können sich das Bild in Erinnerung rufen und das neue Körpergefühl viele Male im Laufe eines Tages wieder empfinden. Sie können das auch während Ihrer Handlungen tun.

Es gibt eine Verhaltensweise, die nicht so schwierig ist wie eine sofortige Veränderung des ganzen Lebensstils. Wir nennen das »Übung«.

Wenn wir etwas »üben«, wissen wir, daß wir es nicht gut können – noch nicht. Wir dürfen Fehler machen und geben uns doch noch eine Chance.

Wählen Sie dazu einige nicht besonders wichtige Situationen und versuchen Sie dort, mit Ihrem neuen Körpergefühl zu leben. Machen Sie zuerst nur ganz kleine Schritte. Kapitel 15 und 16 werden Ihnen mehr darüber sagen. Bis jetzt habe ich mehr über Ihre allgemeine Entwicklung als über spezifische Situationen gesprochen. Jetzt werden wir diese behandeln.

14. KAPITEL

Träume sind oft Kommentare zur momentanen Lage der Dinge

Ein Traum kann Ihnen helfen, eine Entscheidung zu treffen, aber er nimmt sie Ihnen nicht ab. Das liegt unter anderem daran, daß Träume häufig Reaktionen sind auf das, was am Tag zuvor geschah. Sehen wir uns das folgende Beispiel an: Ihre Ehe schien in einer ausweglosen Krise. Sie waren nahe daran, sich zu trennen und sprachen die ganze Zeit davon. In einigen dieser Gespräche lernte Nancy an diesem Tag sich selbst etwas besser verstehen. Dann träumte sie:

Traum von der Weiblichkeit

Jemand führte mich an das Ufer eines Sees. Aus diesem stieg eine Frau, die auch ich selbst war. Man sagte mir, ich werde weiblich sein, sodaß ich mit ihm (meinem Mann) zusammensein könne.

Könnte es einen deutlicheren Wink geben? Der Traum sagt, das Problem liege in ihrer unvollkommenen Weiblichkeit, und diese Weiblichkeit werde sich nun voll entwickeln und ihre Ehe retten. Offensichtlich bedeutet das, sie solle bleiben. Aber man darf nicht so rasch Schlüsse daraus ziehen.

Sie erzählte den Traum ihrem Mann, und dieser behielt, obwohl er darüber froh war, seine streitsüchtige Haltung bei. Er bestand auf seiner Meinung über dieses und jenes, und dies führte zu weiteren Auseinandersetzungen. In der nächsten Nacht hatte sie folgenden Traum:

Traum vom Tod einer Frau

Er (der Ehemann) hat diese Frau gekidnappt und getötet, eine sehr kräftige, gesunde Frau, und nun sitzt er neben einer tiefen Grube und sieht sie einfach an, Tag für Tag, wie sie stirbt und zerfällt.

Dieser Traum, eine Nacht später, ist ein ebenso deutlicher Hinweis in die andere Richtung. Ihr Mann ist ihrer Weiblichkeit offensichtlich feindlich gesinnt, und sie sollte ihn deshalb verlassen.

Die Träumerin erlebte beide Träume als Kommentare zu den Gesprächen mit ihrem Mann vom vorangegangenen Tag. Auf diese Weise ergeben sie am meisten Sinn. Nancys Einsicht vom ersten Tag hätte nicht so klein bleiben müssen, wie sie schien. Der Traum zeigte ihr, daß ihre Weiblichkeit sich bewegt hatte, oder daß sie sich bewegen konnte, in der Tiefe ihrer selbst. Er war eine passende Antwort auf ihre Gespräche an jenem Tag. Als ihr Mann es am nächsten Tag versäumte, auf ihren Annäherungsversuch einzugehen, träumte sie, er lasse diese neue Weiblichkeit in ihr sterben; er bewegte sich nicht darauf zu, er saß einfach da und sah zu.

Da Träume so oft Reaktionen auf eine momentane Situation sind, kann man sie nicht als Hinweise auffassen, was zu tun sei. Sehen Sie, ob Ihr Traum als Barometer, als Kommentar zu den Ereignissen des vorangegangenen Tages verstanden werden kann – als ob er sagen wollte: Dieses ist der neueste Stand der Dinge. In dieser Lage befinden wir uns gerade jetzt. Wenn es so weitergehen sollte, würde folgendes geschehen.

Oder man könnte es so formulieren: Das und das benötigt einen Schritt, jetzt gerade, wegen gestern.

Ich will damit nicht sagen, daß Träume sich immer so den veränderten Situationen anpassen. Oft ist es aber der Fall. In unserem Beispiel hatte auch der Ehemann Träume, die sich auf diesen schlechten Tag bezogen:

Traum vom toten Vogel
Am Boden, neben einem Stuhl, lag ein brauner Papiersack mit einer toten Taube darin. Ich sagte, sie sollten sie in den Eisschrank legen, statt sie in dem heißen Raum herumliegen zu lassen.

Er fügte hinzu: »Als ich erwachte, begriff ich, daß der Vogel meine Liebe zu Nancy darstellte, und diese war tot, wie der Traum sagte. Ich fühlte mich schrecklich schlecht deswegen. Es war, als ob ich in meiner Brust einen verletzten, flatternden Vogel hätte. So war sie also doch noch am Leben! Deshalb fühlte ich danach wieder mehr Hoffnung.«

Was haben Sie gestern gedacht, gefühlt und getan, vor allem in Ihrer Beziehung zu Nancy?

»Wir hatten einen schlechten Tag. Die ganze Zeit sagte ich, es sei vorbei und ich sollte von ihr weggehen. Ich wollte sogar gestern schon ausziehen, je eher, desto besser, sagte ich mir immer wieder. Ich vergaß alles über meine Liebe zu ihr.«

Der Traum half ihm, seine eigene Kälte gegenüber seinen eigenen Gefühlen der Liebe zu sehen (»je eher, desto besser«). Im Traum sagt er kalt: »Er ist tot. Laßt ihn nicht hier herumliegen und stinken.«

Sein Traum kann als Kommentar zum gestrigen Tag aufgefaßt werden. Dann bringt er auch mehr: Er schwankt zwischen Liebe und kalter Wut. Deshalb sagt der Traum nicht bloß etwas über den gestrigen Tag aus. Er kann ihm helfen, diese Wut zu erkennen und daran zu arbeiten. Der Traum darf aber nicht als Rezept, wie das Problem zu lösen sei, verstanden werden.

Seine erste Reaktion auf den Traum war gleich wie seine Reaktion im Traum: »Meine Liebe für Nancy ist tot.« Aber dann brachten seine darauffolgenden Empfindungen einen Schritt in die gegenteilige Richtung. Der Traum vom toten Vogel führte zur körperlich empfundenen Erscheinung des lebenden Vogels. Das zeigt, daß die Bedeutung eines Traumes nicht interpretiert werden sollte, ohne daß der Körper befragt wird.

In diesem Beispiel können Sie auch ein spezielles Problem sehen, wenn Leute, die zusammenleben, einander ihre Träume erzählen. Das Ergebnis davon kann sein, daß ein warnender Traum wahrgemacht wird, oder daß das, was der Traum aussagt, sich als unrichtig erweist. Oder die Reaktion der andern Person kann eine positive Möglichkeit, die der Traum gezeigt hat, wahrmachen. Die andere Person kann einen negativen Traum als Warnung auffassen und besser reagieren, als es im Traum der Fall gewesen ist.

Wenn also beide Partner träumen und einander die Träume erzählen, können sie sich darauf vorbereiten, nicht so zu handeln, wie es der Traum befürchtet hat. Sie können sich auch darauf einstellen, im Einklang mit einem guten Schritt, den der Traum ihnen gezeigt hat, zu handeln.

Wenn Sie Ihren Traum erzählen möchten, aber wissen, daß Ihr Partner negativ reagieren wird, wenn er unvorbereitet damit konfrontiert wird, dann braucht es ein wenig Arbeit, bevor Sie den Traum mitteilen. Andernfalls tritt oft gerade das ein, wovor der Traum uns warnen möchte.

Hier ist ein seltenes, perfektes Beispiel dafür: »In einem Teil meines Traums träumte ich, daß ich ihm meinen Traum erzählte, und er wurde böse, und das verdarb alles.«

Haben Sie ihm den Traum erzählt?

»Ja, und er wurde tatsächlich ganz wütend. Seither verstehen wir uns überhaupt nicht mehr.«

Dieses Beispiel ist ungewöhnlich, weil es so wirklichkeitsgetreu ist. Häufiger kommt es vor, daß uns eine metaphorische Geschichte im Traum zeigt, wie die nächste Begegnung mit unserem Partner unglücklich verlaufen könnte. Wenn Sie diesem dann den Traum erzählen, ist die Reaktion oft genau so, wie sie der Traum vorausgesehen hat. In solchen Fällen sollte der Träumende erst den Traum verarbeiten und eine kleine positive Veränderung, Wachstum und Entschlossenheit daraus entstehen lassen, bevor er mit dem Partner spricht. Dann sollte man den Partner auch nach dem positiven Gegenstück, das im Traum fehlt, befragen, und ihm helfen, dieses zu finden und zu verwirklichen. Das braucht ein wenig Arbeit, aber ohne sie wird sich Ihr Partner in seiner Reaktion wahrscheinlich von früheren, negativen Gefühlen leiten lassen, die das negative Bild des Traums wieder aufleben läßt.

Wir dürfen Träumen gegenüber nicht passiv sein. Vielleicht sehnen wir uns nach einem Orakel mit unfehlbarer Weisheit. Sich selber zu entwickeln ist viel schwieriger. Der Traum weiß nicht, ob Sie sich entwickeln werden oder nicht. Falls Sie es tun, verändert das die Situation wieder und bringt neue Alternativen und neue richtige Lösungen. Deshalb sagt der Traum nichts darüber aus, welche Ihrer gegenwärtigen Entscheidungsmöglichkeiten in einer veränderten Situation das Richtige sein wird.

Das menschliche Leben ist so beschaffen, daß es keinen Ersatz gibt für unsere eigene Anstrengung, die uns erst wirklich menschlich werden läßt. Instruktionen, wie wir uns verhalten sollen, würden lediglich unsere Handlungsweise ändern, unser Leben würde besser aussehen, aber wir würden auf der einmal erreichten Stufe stehenbleiben. Wenn wir wirklich unfehlbare Instruktionen bekommen könnten, würden sich die wenigsten von uns noch selber anstrengen. Wir haben aber keine Wahl. Es gibt keine der individuellen Situation angepaßte Führung.

Wenn wir andererseits Entwicklungsschritte suchen, dann gibt es eine Führung! Fein aufeinander abgestimmte kleine Schritte kommen.

Diese Führung fühlen wir nur, wenn wir innerlich ruhig werden, was nicht so einfach ist.

Wenn Sie Ihre Aufmerksamkeit auf Ihr Inneres richten, tun Sie dies bewußt. Nachdem Sie aber einmal die unbestimmte Stelle gefunden haben, müssen Sie auf die kleinen Schritte warten. Ein gewisses ungemütliches Gefühl läßt uns wissen, daß etwas Neues geschieht. Die Entwicklung muß zuerst eintreten, bevor sie verstanden oder beschrieben werden kann.

Aus diesem Grunde ist der Wachstumsschritt im Traum oft nicht dargestellt. Bevor die Entwicklung weitergeht, kann er nicht Form annehmen. Der Traum zeigt, warum er das nicht kann, wie die Dinge festgefahren sind. Nur durch die Verarbeitung des Traumes wird der Schritt sichtbar.

Wenn wir den Schritt gemacht haben, dann sagen wir, der Traum habe ihn gebracht. Haben wir ihn aus dem Traum herausgelesen? Nein, der Schritt ist aus dem Traum heraus entstanden, und doch war er dort nicht dargestellt. War er doch dort? Ja, aber nicht im eigentlichen Sinne des Wortes »war«. Der Schritt war als solcher nicht da, bevor die Person ihn aufnahm. Dann, im Rückblick, ist der Traum die beste Möglichkeit, den Schritt zu symbolisieren und in Erinnerung zu behalten. So war er dort! Die Symbole und Figuren des Traumes waren genau das, was den Schritt ausmachte. Wenn Sie sich den Traum wieder in Erinnerung rufen, tritt der Schritt wieder ein. Der Traum zeigt die gegenwärtige Konstellation, aber mit dem Ansatz zu einem Veränderungsschritt. Die Veränderung selbst muß im Traum noch nicht sichtbar sein.

Deshalb müssen wir einen Wachstumsprozeß durchmachen, um den Wachstumsschritt des Traumes zu bekommen. Ebenso ist die richtige Reaktionsweise auf eine bestimmte Situation meist nicht im Traum selbst enthalten.

15. KAPITEL

Menschen und Situationen

Wenn ein Traum (oder das, was in der Erinnerung davon noch übrigbleibt) von einer bestimmten Situation handelt, gibt es noch eine andere Möglichkeit, ihn zu interpretieren. Nehmen wir zum Beispiel eine Assoziation: »Oh, gestern erzählte ich Marcia über Bob.«

Ihre Beziehung zu Marcia (jede Beziehung) ist ein kompliziertes Gebilde. Es besteht nicht nur darin, daß Sie zu Marcia über Bob gesprochen haben. Sie können sich genau an das erinnern, was Sie gesagt haben. Sie taten es nach einer bestimmten Bemerkung von ihr. Sie taten es nach der ganzen Geschichte Ihrer Beziehung zu ihr. Sie können sich erinnern, warum Sie es sagten, in welchem Zusammenhang, was Sie beide dabei gefühlt haben. Sie erwähnten Bob, weil er Ihr Freund ist und ihr helfen könnte, eine Stelle zu bekommen. Die Art, wie Sie sich in dieser Situation verhielten, ist eine Ihrer möglichen Verhaltensweisen. Sie versuchten, sie zu beeindrucken mit den vielen Leuten, die Sie kennen. Oder Sie ließen sie fühlen, daß Sie noch andere Freunde haben als nur sie. Oder Sie versuchten zu helfen und brachten sich unvorsichtigerweise in die Lage, Bob um einen Gefallen bitten zu müssen, obschon Sie schon seit Jahren nicht mehr mit ihm gesprochen haben.

Eine solche Situation ist etwas sehr Kompliziertes. Auch der Traum ist etwas Kompliziertes. Traum und Situation können sich gegenseitig interpretieren. Es gibt zwei Möglichkeiten:

1. *Wir können die Situation dazu benutzen, um den Traum zu interpretieren.* Bis jetzt haben wir in diesem Buch den Traum als die tiefergehende Aussage über Sie betrachtet. Wir haben Marcia (im Traum oder den Assoziationen) lediglich als eine Figur in einer Geschichte über Sie selbst betrachtet. Wir haben diese Situation mit Marcia benutzt, um den

Traum in bezug auf Ihr Verhalten in verschiedenen Situationen, nicht nur in dieser, zu interpretieren.

2. Wir können den Traum dazu benutzen, um die Situation zu interpretieren.

Jetzt befassen wir uns auch mit diesem zweiten Weg. Wir interessieren uns für die Situation um ihrer selbst willen. Was entdecken wir an dieser Situation, wenn wir den Traum und die Antworten auf die Fragen darauf anwenden? Die metaphorische Handlung des Traumes kann gewisse Aspekte der Situation und Ihrer Verhaltensweise darin beleuchten. Sehen wir uns zum Beispiel den Traum in Kapitel 11 über den schmutzigen Kamm an. Der Traum führte zu einer tiefgehenden Aussage über den Träumer. Aber was ist mit dem Kamm? Sollte er sich nicht die Mühe nehmen, ihn zu waschen oder einen neuen zu kaufen? Das mag als ein nebensächliches Problem erscheinen. Wir haben den Kamm ausschließlich als ein Symbol, das der Traum benutzt hat, betrachtet. Aber der Traum sagt auch, daß der Träumer schmutzige Kämme benutzt und keine neuen kauft.

Der Traum gibt eine direkte Anweisung für eine Handlung! Nämlich, neue Kämme zu kaufen oder die alten zu waschen. Diese Handlung wäre natürlich nur ein kleiner Schritt in einem allgemeineren Problem. Aber der Traum weist auf kleine Handlungsschritte hin, an die der Träumer sonst nicht unbedingt gedacht hätte.

Der Schritt mag winzig erscheinen verglichen mit der Kur, die der Träumer vielleicht sonst noch nötig hat.

Der Schritt mag sogar zu klein erscheinen. Wenn Sie diesen Traum gehabt haben, müssen Sie Ihre ganze Körperpflege überdenken. Prüfen Sie sich später wieder. So klein dieser Schritt auch ist, ich möchte wetten, daß Sie es nicht fertiggebracht haben, die Kämme zu waschen oder neue zu kaufen.

Wie Sie sehen werden, wenn Sie es ausprobieren, können kleine Handlungsschritte eine große Wirkung entfalten. Sie sind nicht leicht zu machen. Sie konfrontieren Sie mit dem, was Ihnen im Wege steht, und lassen Sie das überwinden. Sie verändern Sie. Wenn Sie einmal viele kleine Schritte gemacht haben, werden Sie sehen, daß Sie auch die großen machen können, die Sie zuvor nicht bewältigten.

Große und kleine Schritte beinhalten denselben Aspekt Ihres Lebens, denselben Teil von ihnen, dieselbe Lebenshaltung. Die tiefere Bedeutung ist auch in den kleinen Schritten vorhanden.

Deshalb braucht es vorerst eine gewisse Anstrengung, bevor der Mann wirklich neue Kämme kauft. Die Schwierigkeiten, die er dabei zu überwinden hat, trifft er auch in anderen Situationen an.

Der Traum weist auf viele Handlungsschritte hin.

Der Kauf von neuen Kämmen, dieser kleine Schritt, kann verallgemeinert werden als das ganze Problem der Körperpflege und der Zuwendung zu sich selbst. Daraus können viele andere kleine Schritte entstehen. Die meisten Probleme werden schlußendlich nur durch Handlungen gelöst. Deshalb sind Handlungsschritte als Bestandteil der Aussage eines Traumes unerläßlich. Daran, wie schwierig diese Handlungen Ihnen erscheinen, merken Sie am besten, was ihnen im Wege steht. Und nur Handlungen können Ihren Körper dazu bringen, mehr als einige symbolische Momente lang auf eine neue Weise zu leben!

Nehmen wir zum Beispiel an, Ihr Traum über Bob brachte Ihnen eine körperliche Veränderung. In diesem neuen Zustand würden Sie nie mehr jemandem etwas versprechen, was Sie nicht wirklich tun wollen. Für den schönen Moment des Durchbruchs *sind* Sie auch so. Sie entschließen sich, später an diesem Tag wieder mit diesem Gefühl Kontakt aufzunehmen, und dies auch auf Ihrer Heimfahrt vor jedem Rotlicht wieder zu tun. Wie aber könnte diese bestimmte Situation mit Marcia Sie zu einem Handlungsschritt führen?

Sie haben Marcia versprochen, Bob anzurufen, ihm von ihren Plänen zu erzählen und ihn zu bitten, sich mit ihr zu treffen. Aber eigentlich wollen Sie nicht auf diese Weise Ihre schon seit langem eingeschlafene Beziehung zu Bob wieder auffrischen. Sie bedauern es schon, Bob überhaupt erwähnt zu haben. Da sie ihn kennt, könnte sie ihn selbst anrufen. Sie haben das Gefühl, etwas falsch gemacht zu haben.

Nun werden Sie wahrscheinlich dazu neigen, den kleinen Schritt, der sich hier anbietet, zu versäumen und nur den großen ins Auge zu fassen: »Nie mehr. Ich werde nie mehr allen Leuten Gefälligkeiten erweisen, weder am Arbeitsplatz noch zuhause. Wenn ich Bob angerufen habe, werde ich nie wieder so etwas tun. Ich bin ein anderer Mensch geworden. Ich werde alle, die etwas von mir wollen, abwimmeln und nur noch tun, was ich für richtig halte.« Schön, wenn das möglich ist.

Aber eine so große Veränderung ist unwahrscheinlich. Wie unwahrscheinlich sie ist, sehen Sie, wenn Sie statt dessen einen kleinen Schritt in Angriff nehmen.

Was wäre ein kleiner Schritt aus diesem neuen Körpergefühl? Das Naheliegendste wäre, Sie würden Marcia anrufen und ihr sagen, Sie hätten sich das ganze nochmals überlegt und Sie möchten Bob doch nicht anrufen.

Jetzt empfinden Sie wahrscheinlich folgendes: »Oh nein, das könnte ich niemals. Sie war so froh darüber, daß ich ihn anrufen wollte.«

Der neue Mensch in Ihnen wollte alles verändern. Aber jetzt, bei diesem kleinen, völlig realistischen Schritt treffen Sie wieder das an, was Sie daran hindert, sich zu verändern. Solche kleine Handlungsschritte sind aber möglich. Deshalb ist es äußerst wichtig, daß Sie sich um solch einen kleinen Schritt bemühen. Nehmen Sie wieder Kontakt auf mit dem neuen Körpergefühl, das Ihnen der Traum gebracht hat. Wenn Sie davon ausgehen, was würden Sie nun mit Marcia tun? . . . Sicher, jetzt können Sie mit ihr sprechen.

Sie können den Handlungsschritt vor allem dann leichter ausführen, wenn Sie ihn als »Übung« betrachten. Wenn etwas neu ist für uns, können wir nicht erwarten, daß wir es schon gut können. Sie wissen, daß Sie diese kleine Handlung vielleicht nicht perfekt vollbringen. Vielleicht versagen Sie sogar vollkommen – aber Sie werden Ihre Übung gemacht haben, Sie werden auf dem rechten Weg sein! Interpretieren Sie den Traum zuerst ausführlich und vollständig. Wenn er richtig verstanden wird und einen physischen Wachstumsschritt bringt, wird er auch eine deutlichere Aussage über die spezifische Situation machen. Dann werden die kleinen Handlungsschritte kommen. Das eine kann dem anderen helfen.

Lassen Sie den Traum Ihnen einen kleinen Handlungsschritt in dieser bestimmten Situation, die mit dem Traum zusammenhängt, geben. Versuchen Sie auch, in anderen Situationen kleine Schritte zu unternehmen.

Handlungsschritte sind entscheidend, und ich widme ihnen deshalb die nächsten paar Kapitel.

16. KAPITEL

Kleine Handlungsschritte finden

Wir haben soeben gesehen, wie kleine Handlungsschritte aus der im Traum dargestellten Situation (oder einer damit assoziierten Situation) gefunden werden können.

Hier zeige ich Ihnen zwei weitere Wege, kleine Handlungsschritte zu finden, in denen Sie das aus dem »Felt Shift« entstandene neue Körpergefühl üben können.

Unterteilte Schritte

Denken Sie an den kleinstmöglichen Handlungsschritt in der gewünschten Richtung, und teilen Sie diesen in noch kleinere Teilschritte auf, die für sich allein gesehen dumm erscheinen mögen.

Sie sollten zum Beispiel mehr ausgehen, mehr Kontakt haben mit anderen Menschen. Schön, aber das ist der große Schritt. Was wäre ein kleiner Schritt? Einmal an einen Ort zu gehen, wo Sie jemanden treffen könnten. Unterteilen Sie nun diesen Schritt. Er besteht darin, dorthin zu gehen, einzutreten, jemanden zu begrüßen, mit dieser Person zu sprechen, eine neue Zusammenkunft zu vereinbaren. Der erste Schritt ist also, dorthin zu gelangen. Da scheint kein Sinn darin zu liegen, und doch sind Sie auf dem richtigen Weg, wenn Sie für einige Zeit nichts anderes als das üben würden. Ja, es erscheint lächerlich. Sie reservieren dafür den Freitagabend, nehmen alle Energie zusammen, ziehen sich an, machen sich zurecht, gehen an einen Ort, wo Sie Leute treffen könnten, und wenn Sie an der Tür angelangt sind, kehren Sie wieder um und gehen nach Hause. Wenn Sie das zehnmal gemacht haben, werden Sie sehen, daß es Ihnen immer leichter fällt. Dann üben Sie, hineinzugehen, sich eine Minute lang umzusehen, und wieder nach Hause zu gehen. Jetzt kommt mein bevorzugter Schritt: Sie gehen dorthin, sehen sich um und begrüßen jemanden. Dann drehen Sie sich sofort auf dem Absatz um und gehen nach Hause. Es scheint dumm, aber genau so viel ist möglich. Sie tun dies immer wieder an verschiedenen Orten. Nach einer Weile können Sie fünf pro Abend schaffen. Wenn Ihnen das einmal leicht fällt, bedeutet das, daß Sie Ihre Zurückhaltung größtenteils aufgegeben haben. Erstaunlicherweise wird nun auch der nächste Schritt möglich.

Wenn Sie diesen Schritt getan haben, freuen Sie sich, feiern Sie! Sie haben Ihre Übung gemacht!

Es ist sehr wichtig, daß Sie Ihren Erfolg feiern. Die meisten Leute strafen sich selbst, wenn sie überhaupt jemals einen kleinen Schritt unternehmen, weil dieser ihnen nicht den ganzen Erfolg bringt, den sie sich gewünscht haben. Sie versuchen es einmal und lassen sich entmutigen, wodurch solche Schritte in Zukunft noch schwieriger werden. Freuen Sie sich also, wenn Sie den Schritt getan haben. Belohnen Sie Ihren Körper mit einem guten Gefühl. Feiern Sie – Sie sind auf dem richtigen Weg!

Später entscheiden Sie sich für den nächsten Schritt. Dieser muß wieder klein genug sein, sodaß Sie wissen, daß Sie ihn auch schaffen werden. Der ganze Prozeß beansprucht Wochen. Wenn Sie aber nichts unternehmen, bleiben Sie für Jahre stecken.

Private Schritte

Der »Felt Shift« eines Mannes aus seinem Traum brachte ein Körpergefühl, das auf starke, ruhige Weise ausdrückte: »Du kannst mich nicht tyrannisieren!«

Nun sagte er: »Ich sollte diesem Kerl, mit dem ich bei der Arbeit zu tun habe, einmal die Meinung sagen. Wenn er mich einschüchtern will, sollte ich ruhig sagen:»Jetzt reicht es mir aber«, oder»Was ist heute los mit Ihnen, daß Sie sich so benehmen?«Ich bringe es aber nicht fertig.« Dieser Schritt ist zu groß. Neben dem Aufteilen in kleine Teilschritte gibt es aber noch eine andere Möglichkeit: kleine private Aktionen.

In dieser und anderen Situationen kann man kleine Schritte unternehmen, die immer noch dasselbe Körpergefühl beinhalten.

Was, glaubt er, würde er in weniger wichtigen Situationen tun, wenn er diese mit seinem neuen Körpergefühl erleben könnte? Er stellte sich solche Situationen vor, eine nach der anderen. Dabei ergaben sich viele Gelegenheiten, zu üben. In einer bestimmten Situation würde er einer schlechten Behandlung ein Ende setzen. Bei einer anderen Person, einem aufdringlichen Schwätzer, könnte er zumindest unterbrechen. Vielleicht wüßte er nicht, was er sagen sollte, aber er könnte stattdessen husten. Er erinnerte sich, wie er auf die Toilette gehen sollte und immer auf eine Pause im Gespräch wartete. Nun entschloß er sich, erst mit dieser Person und später mit anderen zu »üben«: Er würde sofort aufstehen und auf die Toilette gehen, ohne Rücksicht darauf, ob andere noch reden.

Das ist nur ein kleiner, privater Schritt. Niemandem würde es auffallen, daß er etwas Besonderes tut. Es könnte ihn auch niemand daran hindern, es zu tun. Und dennoch wendet er sein neues Körpergefühl an, das sagt: »Du kannst mich nicht tyrannisieren.«

Auch hier müssen Sie sich feiern, wenn Sie es fertiggebracht haben, auf diese neue, richtige Weise zu leben, wie klein auch immer der Schritt gewesen sein mag. Nehmen Sie sich die Zeit, für sich selbst: »Hurra!« zu sagen. Auch eine konkrete Belohnung kann nützlich sein.

Solche kleinen Schritte brechen das Eis und lassen Sie vorwärts kommen. Sie vermitteln Ihnen eine Menge Energie. Aktionen können den ganzen Organismus verändern. Eine Veränderung im Organismus verändert wiederum Ihre Handlungsweise. Arbeiten Sie in beide Richtungen.

17. KAPITEL

Fortschritte in Träumen

Wenn Sie Fortschritte in einer Wachstumsrichtung machen, drückt sich dies gewöhnlich in Ihren Träumen aus. (Dann müssen Sie natürlich nicht mit der Voreingenommenheits-Kontrolle arbeiten.)

Nehmen Sie zum Beispiel folgenden Traum:

Traum vom Buchpreis

Riley (den ich kenne) hatte für sein Buch einen Preis bekommen. Es war am Tag danach. Wir waren in der Agentur, die ihm den Preis verliehen hatte. Die Dame hinter dem Schalter gab ihm das Exemplar seines Buches zurück, einen dicken, roten Band. Ich machte einen Scherz darüber. Ich sagte zu Riley: »Sie geben dir also gar nichts, du bekommst nur dein eigenes Buch zurück.« Riley drehte sich zu mir und sagte: »Was soll das heißen, findest du nicht, daß das ein schöner Preis ist?« Ich merkte gleich, daß ich neidisch war, und so sagte ich sehr laut und entschlossen: »Ja, das ist es wirklich. Ich möchte mit dir sprechen.« Er sah mich an und änderte seine Haltung sogleich. Er dachte einen Augenblick nach: »Wirst du zum Zug kommen?« Ich sagte ja, ich würde kommen. Er sagte sehr entschlossen: »Gut, ich werde dich im Zug treffen.«

Assoziationen: »Riley ist eine sehr unsympathische Person, darüber sind sich alle einig. Er ist äußerst unangenehm zu den meisten Leuten. In meinem Traum aber beeindruckte er mich und überwand meine negative Haltung ihm gegenüber. Aber ich habe mich ihm gegenüber auch behauptet. Ich bewundere diesen Riley im Traum und auch meine Haltung ihm gegenüber. Aber . . . in Wirklichkeit könnte ich das noch nicht tun. Ich strebe aber danach. Ja, dieser Teil von mir, der so ist, wird immer positiver, so wie ich auch positiver, direkter und draufgängerischer werde. Es ist ein gutes Gefühl. Ich mache Fortschritte!«

Hier kennt Dan die Richtung seines Wachstums, und der Traum

bringt seine Fortschritte zum Ausdruck und bewegt sich etwas weiter vorwärts. (»Aber in Wirklichkeit könnte ich das noch nicht tun.«)

Dan hat es hier nicht nötig, das Gegenteil zu prüfen, denn das wäre seine alte Verhaltensweise. Sein Wachstum besteht darin, daß er positiver und offener wird, und dieses persönliche Wachstum erkennt er auch im Traum. Sowohl Riley wie auch er selbst verkörpern im Traum diese Wachstumsrichtung.

Das ist ein Beispiel eines Traumes, in dem Fortschritte festgehalten werden. Natürlich führt solch ein Traum auch zu einem weiteren Schritt.

Er verfolgte die Wachstumsrichtung des Traumes. *Frage 9* zeigte die größte Wirkung: Er malte sich das Bild von Riley aus. »Als ich das Bild von ihm vor mir sah, da stürzte ich mich auf ihn!! Eine lang aufgestaute Wut löste sich, und ich ließ dieser Wut freien Lauf. Ja, so ist es richtig!« (Er trat mehrmals gegen die Wand, sodaß der Verputz abbröckelte.) »Es ist ein gutes Gefühl, wenn diese Wut heraus kann.«

Ich würde nun nicht zu rasch aufhören, sondern eine Zeitlang bei diesem Gefühl verweilen.

Wiederkehrende Themen zeigen Fortschritte an

Wenn Sie Ihre Träume niederschreiben und später wieder darauf zurückschauen, werden Sie feststellen, daß gewisse Themen immer und immer wieder kommen. Dann können Sie Ihre Veränderung (oder das Ausbleiben einer Veränderung) daran erkennen, wie dieses Thema dargestellt wird. Zum Beispiel folgendes:

1. Die Nazis hatten die Macht ergriffen. Wir konnten jederzeit erschossen werden, und es bestand kein Zweifel, daß das früher oder später geschehen würde. Ich ging durch irgendeinen Raum; ich wurde noch nicht erschossen, aber ich wußte, daß es sinnlos war, zu kämpfen oder mich zu verstecken.

2. Es war in einer lateinamerikanischen Diktatur. Lynne und ich waren in einem Hotel. Ich sagte: »Gehen wir hinaus und nehmen wir einen Zug.« Ich erwartete, sie würde nicht gehen wollen, und ich würde nachgeben und bleiben müssen, aber sie sagte, sie sei einverstanden. So packten wir unsere Sachen.

3. Die sowjetischen Kommunisten hatten die Macht übernommen. Ich konnte jederzeit erschossen werden. Ein Mann kam mit einem Gewehr und zielte auf mich, ich durchlebte einen Augenblick des Schreckens. Dann legte er aber das Gewehr nieder und rief mich bei meinem Namen. Er hatte mich erkannt, und er war nun plötzlich eine andere Person, genau so wie ich!

Im dritten Traum erscheint etwas Neues: Ein bewaffneter Mann steht auf der Seite des Träumers. Für einen Moment besteht Ungewissheit, dann aber wird das Gewehr niedergelegt. Der Mann ist auf seiner Seite. Über die daraus zu ziehenden Schlüsse kann man nur spekulieren, aber es besteht ein Anzeichen eines Fortschrittes in dieser Geschichte.
Andere Beispiele finden Sie in Kapitel 18.

Größere Direktheit ist ein Anzeichen für Fortschritte

Nach Bonime (1962) können Fortschritte in der Therapie in den Träumen auch an folgender Erscheinung festgestellt werden: Zu Beginn der Therapie sind die Gefühle in den Träumen oft stark verschlüsselt dargestellt (zum Beispiel Explosionen und Feuer als Symbole für Wut, Scheiße als Symbol für Angst, usw.). In späteren Phasen der Therapie werden diese Gefühle im Traum auch wirklich empfunden, in Situationen, die sie verständlich werden lassen.
Hendricks und Cartwright haben 1978 eine Methode entwickelt, Veränderungen in Träumen zu messen.
Bonime stellt auch eine Entwicklung fest, die von unbelebten Gegenständen über Insekten und Wanzen zu höheren Tieren wie Bären, Löwen, Katzen und schließlich zu Menschen führt.
Als die Frau, die vom Delphin im dunklen Wasser träumte, informiert wurde, daß große, gesunde Tiere positive Lebenskräfte symbolisieren, brachte sie die Erleichterung zum Weinen. Bei diesem Weinen konnte sie fühlen, wie sich diese Kraft in ihrem Inneren regte.
Solche Träume zeigen Fortschritte auf und weisen zudem auf einen weiteren Schritt hin, den die Person noch nicht gemacht hat (ihre

verängstigte erste Reaktion zeigt, daß sie den Schritt noch nicht gemacht hat).

Wenn solche Veränderungen in Ihren Träumen auftreten, bestätigen sie die Fortschritte, die Sie machen. Natürlich müssen Sie dies sofort nachprüfen.

Wie Sie aus vielen meiner Beispiele sehen, ist der Träumer oft der letzte, der einen Traum als positiv und als Anzeichen eines Fortschritts interpretiert. So passen Sie auf, daß Sie nicht der Tendenz, die Sie wahrscheinlich haben – nämlich, keinen Fortschritt bei sich selbst zu sehen – nachgeben. Wenn aber wirklich kein Fortschritt da zu sein scheint, nehmen Sie einige neue Handlungsschritte in Angriff. Spüren Sie auf, was Ihnen noch fehlt, und gehen Sie auf sanfte und lockere Weise damit um. Bleiben Sie nur nicht für längere Zeit untätig.

18. KAPITEL

Träume über den Erdboden

Viele Leute haben immer wieder Träume, die mit dem Erdboden zusammenhängen. Sie träumen, sie seien vom Erdboden abgehoben und hätten Mühe, wieder darauf zurückzukommen. Vielleicht stehen sie an einer gefährlichen Stelle am äußersten Rand eines Felsens, oder ein Aufzug geht aufwärts, aber nicht mehr abwärts, Treppen sind brüchig, Flugzeuge haben Schwierigkeiten, zu landen, undsoweiter.

Frage 11 wies bereits auf diesen Themenkreis hin.

In unserer Gesellschaft läßt man selbst kleinste Kinder getrennt von ihren Müttern schlafen. Es besteht ein Mangel an guten, soliden Körperkontakten. Das mag ein Grund dafür sein, daß so viele Leute solche Träume und Schwierigkeiten mit dem Kontakt zur Erde haben.

Weil dieses Thema so häufig auftaucht, widmen wir ihm ein Kapitel.

Was bedeutet es, »gut geerdet« zu sein? Es ist eine körperliche Art zu fühlen und zu leben, nicht bloß eine Idee. Wer nur ein Konzept davon hat, ist natürlich nicht geerdet. Die folgenden Schilderungen sollen helfen, dieses körperliche Wahrnehmen des Erdbodens hervorzurufen:

Auf der Erde zu sein bedeutet nicht, das, was höher oben gelegen ist, zu verlieren. Denken Sie an die Redewendung »mit beiden Füßen auf dem Boden stehen«. Es geht also um Ihre Füße. Ihr Kopf mag gleichwohl hoch oben sein. *Hoch und tief sind keine Gegensätze; das eine macht das andere erst möglich.* Um eine andere Metapher zu benutzen: Die Wurzeln ermöglichen es dem Baum, hoch in den Himmel hinein zu wachsen.

Wenn Sie auf dem Rücken im Gras liegen, fühlen Sie die ganze Erde unter sich. Die Erde muß sich nicht anstrengen, um Sie zu halten. Ihre Lage ist sicher, der Erdboden hält Sie leicht und fest, so wie ein Erwachsener ein Kind halten kann. Sie können sich entspannen, Sie müssen auf nichts aufpassen, Sie können sich gehen lassen, einfach da sein. Auch eine feste Umarmung kann dasselbe Gefühl auslösen.

Verglichen mit dem unendlichen Himmel erscheint die Erde begrenzt, solid, überschaubar. Die Unendlichkeit kann aber in allen Richtungen gefunden werden, wenn man weit genug geht. Auf ihre Art ist auch die Erde unendlich: sie nimmt alles auf und bleibt doch dieselbe. Unendlichkeit, der etwas hinzugefügt wird, bleibt dennoch Unendlichkeit. Ein Blitz kann Sie töten, aber die Erde nimmt ihn mit Leichtigkeit auf und verändert sich dabei nicht.

Das jüdische Trauerritual schreibt vor, daß man auf dem Boden sitzt. Der Boden kann den Kummer, den kein Trost lindern kann, ertragen.

Der Boden vermittelt Stärke. Wir stoßen uns von ihm ab, oder wir stemmen uns dagegen, um etwas Schweres fortzubewegen. Auch die stärksten Leute können nichts bewegen, wenn sie, vom Erdboden losgelöst, an einem Seil hängen.

Welches körperliche Gefühl vermittelt uns dagegen ein Leben ohne Erdboden? Wir stehen auf einem unsicheren Grund, wie auf einer brüchigen Leiter. Das Leben ist gefährlich, wir zittern und sind nervös. Dünnes Eis. Vorsicht! Passen Sie auf, wohin Sie treten. Machen Sie sich ständig auf Gefahren gefaßt.

Ein Komiker sagte einmal, er traue den Flugzeugen nicht. Er wage es nie, sich richtig hinzusetzen, aus Angst, das Flugzeug könne sein Gewicht nicht tragen.

In einer solchen Lage können sich die Fähigkeiten einer Person nicht wirklich entwickeln. Viele Gedanken, Gefühle und Handlungen werden verunmöglicht. Der Organismus ist gespalten, wenn ein Teil davon ständig angespannt ist, um den Absturz zu verhindern. Ein sicher geerdeter Organismus kann viel mehr tun als ein hilflos treibender, der sich anstrengen muß, um Halt zu finden.

So bedeutet es einen Fortschritt, wenn in den Träumen eine unsichere, gefährdete Stellung in eine sicher geerdete übergeht.

Ich schildere Ihnen nun eine solche Entwicklung. Sie besteht aus vier Träumen, die sich auf die Zeitspanne eines Jahres verteilen.

Erster Traum: Die neue Seele

Ich sitze auf meinem Fahrrad und fühle mich irgendwie unsicher darauf. Ich bringe meine Schuhe zum Schumacher. Dieser schaut sie an; sie haben große

Löcher auf der Unterseite. »Ich werde eine neue Sohle anbringen«, sagt er zu mir.

Ich stellte ihm die Fragen 1 und 2. Ich sah einen Doppelsinn im Wort »Sohle« (engl. »sole«, gleich ausgesprochen wie »soul«, d.h. Seele), aber er erwähnte das nicht. Er beschrieb das unsichere Gefühl, das er im Traum auf dem Fahrrad gehabt hatte.

Ich fragte: Können Sie diese Unsicherheit fühlen, jetzt, in Ihrem Körper?

». . . ja, ein bißchen, nicht so stark.«

Ich stellte Frage 3: Was in Ihrem Leben ist unsicher, so wie dieses Gefühl?

»Nichts. Im Moment scheint alles sehr sicher zu sein.«

Ich war begierig darauf, Frage 10 zu stellen: Was bedeutet die »Sohle« für Sie?

»Nun«, sagte er, »die Sohle ist derjenige Teil des Schuhs, der auf dem Boden steht.«

Ich war enttäuscht, daß er das Wortspiel nicht sah, wie ich es gesehen hatte, aber natürlich ging ich von dem aus, was er gesagt hatte. Ich fragte weiter:

Fehlt dem Teil von Ihnen, der auf dem Boden steht, etwas? Er bewegte sich bereits in derselben Richtung. »Ich habe meine Füße nicht recht am Boden. Das könnte ich sagen. Ich bin sehr idealistisch, das sagen mir immer alle. Ich will aber auch nicht meine besten Eigenschaften aufgeben, mir ist egal, was die anderen sagen.«

Natürlich sollen Sie das nicht. Aber abgesehen von Ihren Idealen, warum sagen Sie, Sie hätten Ihre Füße nicht recht am Boden?

»Ich bin nicht sehr praktisch, im allgemeinen. Meine Frau ist da besser.«

Können Sie ein körperliches Gefühl von diesem »nicht praktisch sein« bekommen?

»Hm, ja sicher. Es ist dasselbe Gefühl wie die Unsicherheit auf dem Fahrrad.«

Verweilen Sie ein wenig dabei.

»Ich bin mir meiner selbst nie ganz sicher gewesen. Es ist genauso wie das Gefühl auf dem Fahrrad. Ich weiß es, das ist es!«

Ich stellte noch mehrere Fragen, aber wir kamen nicht weiter. Ich

begriff, daß wir das, was der Körper sagen wollte, nicht erfaßt hatten.
So fragte ich ihn nach einer Weile, was das Wichtigste gewesen sei, das
wir bis jetzt herausbekommen hatten. Er sagte, es sei dieses unsichere
Gefühl, das er immer habe, im Untergrund.

Ich bat ihn, sich vorzustellen, er sei eine Schuhsohle, die auf dem
Boden stehe. Aber er wollte nicht.

Nun versuchte ich es noch mit meiner Idee von der »Seele«, aber auch
damit konnte er nichts anfangen.

Zweiter Traum: Das Seil

Ich hänge am Ende eines Seiles und halte mich daran fest.

*Es ist zu hoch über dem Boden, als daß ich hinunterspringen könnte. Ich weiß
nicht, wie lange ich mich noch halten kann. Verängstigt wache ich auf.*

Er sagte: »Es muß ziemlich schlimm aussehen da unten, daß ich
solche Angst habe, mich fallenzulassen.«

Wie die meisten Leute interpretierte er seinen Traum auf die
negativste Art.

Ich fragte ihn: Können Sie das fühlen, was so schlecht aussieht? Ist
es wie ein Geschmack, eine Empfindung in Ihrem Körper? Oder ist es
einfach eine Idee?

»Ich weiß es nicht. Nein. Ich dachte es mir einfach, es müsse so
schlimm aussehen, wenn ich solche Angst habe.« Fühlen Sie diese
Angst, gerade jetzt?

»Nur vage«, sagte er.

Können Sie ein wenig davon in Ihrem Körper aufsteigen lassen?

Er schüttelte den Kopf.

Die Fragen bewirkten nicht viel. Wir stellten sie und ließen sie
wieder fallen. Es ist wichtiger, Träume zu lieben, als sich auf
irgendetwas zu versteifen.

Dritter Traum: Das Tal

*Ich bin Arzt. Ich befinde mich auf dem Gipfel eines Berges. Im Tal hat sich
ein Unfall ereignet, bei dem jemand verletzt worden ist. Ich versuche, auf
direktem Wege auf der steilen Seite des Berges hinunterzugelangen. Ich klettere
einen Teil des Weges hinunter, zu weit, um mich wieder hinaufziehen zu können,
aber ich kann mich auch nicht fallenlassen, sonst würde ich sterben. Ich ziehe*

mich wieder hinauf, mit allen meinen Kräften, dann gehe ich und hole den Wagen. Ich fahre ohne weitere Schwierigkeiten hinunter und behandle die verletzten Personen.

Er glaubte zu wissen, was der Traum bedeutete: »Ich glaube, ich sollte nicht mehr versuchen, so hoch oben zu stehen, so hohe Ideale und Ambitionen zu haben.«

Fühlen Sie eine gewisse Erleichterung, haben Sie in Ihrem Körper das Gefühl, daß das richtig ist, was Sie da sagen? »Nein, es ist kein gutes Gefühl, wenn man sich selber aufgibt«.

Ich verstehe. Sie beziehen diese Botschaft auf sich selbst.

»Ja, richtig.«

Wie fühlten Sie sich im Traum, als Sie hinuntergingen und den Leuten halfen? (Frage 2).

»Oh, großartig. Ich fühlte mich wie ein Held.«

Können Sie dieses Körpergefühl wieder entstehen lassen, eben jetzt, ein wenig?

»Hmm . . . Das ist ein gutes Gefühl. Aber man kann nicht von sich selbst erwarten, ein Held zu sein, oder?«

Seine schlechte Meinung über sich selbst hatte uns unterbrochen. Ich bat ihn, wieder zum »Felt Sense«, den er hatte, als er ins Tal hinunterging, zurückzukehren.

Er tat es und schien sich dabei sehr gut zu fühlen.

Ich drängte ihn: Lassen Sie es nur für eine Weile da sein. Er wurde ungeduldig und wollte weitermachen, und ich dachte, das sei schon ein sehr gutes Ergebnis.

Ich stellte Frage 7: Nehmen Sie an, der Verletzte im Tal unten ist ein Teil von Ihnen. Können Sie diesen Teil in sich fühlen, dort unten?

»Nein«, sagte er sofort.

Nun, wenn Sie in Ihren Körper herunterkommen, um es zu fühlen – was könnte das sein?

Er seufzte und war längere Zeit still. Dann sagte er: »Oh, sicher, ich weiß, was das ist. Vieles davon stammt aus längst vergangenen Zeiten. Ich vermeide es, es zu fühlen, aber ich kenne es. Sie sagten, ich müsse es Ihnen nicht erzählen.« Natürlich nicht. Ich bin froh, daß Sie es für sich selbst gefunden haben. Vielleicht möchten Sie ein wenig dabei verweilen, jetzt gerade.

140

Er seufzte und tat es. Dann sagte er: »Gehen wir weiter.« Ich stelle Frage 5: Die Handlung des Traumes besteht also darin, daß Sie ins Tal hinuntergehen, um diesen Teil von Ihnen zu heilen.«

»Mich selbst zu heilen?«

Nun, ich weiß es nicht. Das ist nur das, was mir gerade eingefallen ist. Was bekommen Sie, wenn Sie diesen verletzten Teil von Ihnen in den Traum einbauen? Sie gehen hinunter und heilen ihn, nicht?

»Ich möchte sehr gerne«, sagte er, »es scheint nicht so heroisch zu sein, sich selbst zu heilen. Aber es wäre gut, wenn ich es könnte.«

Können Sie sich wieder vorstellen, der Doktor zu sein?

Er sah nicht so aus, als ob er es tun wollte, aber er versuchte es für mich. Es gelang ihm nicht.

Ich stelle Frage 14: Nehmen Sie an, der Berg sei eine Analogie dafür, daß Sie in Ihrem Kopf sind, und das Tal bedeutet den Körper. Bewirkt das irgend etwas?

Er seufzte wieder und blieb still. Dann lachte er. »Ja, das ist richtig! Ich habe Angst, dort hinunter zu gehen! Ich könnte ein Held sein und mich dort hinunter begeben, in meinen Körper. Aber ich habe Angst, ich könnte an einen schlechten Ort gelangen, wie ich es im Traum getan habe, an der steilen Seite des Berges. Es paßt jetzt alles zusammen!«

Sind Sie gerade jetzt fähig gewesen, dort hinunter zu gehen, zu der verletzten Stelle, und gab Ihnen das das Gefühl, ein Held zu sein?

»Ja, ich bin aber nicht sicher, ob ich es wieder allein tun könnte. Ich glaube, es ist leichter, wenn Sie mir Fragen stellen. Ich glaube, Sie müssen das Auto des Traumes sein; das läßt mich leichter hinunterkommen.«

Jedermann findet es leichter, wenn er Gesellschaft hat, sagte ich. Ich glaubte aber nicht, daß ich sein Auto sei. Ich hätte im Traum auftreten können, was aber nicht der Fall gewesen war. Stattdessen trat das Auto auf. Ich widersprach ihm aber nicht, sondern stellte einfach Frage 10: Was würden Sie sagen, wenn ich Sie fragte: Was ist ein Auto? Wozu dient es?

»Etwas, womit man fährt.«

Können Sie ein Körpergefühl dazu bekommen?

Er seufzte: »Wieder in meinem Körper? Nun gut . . . schauen wir . . . ja, es ist ein Gefühl, sicher zu sein, sich in Kontrolle zu haben. Ich steuere es. Es ist ein gutes Gefühl. Diesmal gefiel es mir wirklich, in meinen Körper zu gelangen, wenn es mit diesem Gefühl geschieht. Das ist großartig! Es ist genau das, was ich brauche, keine Angst zu haben. Ich möchte hier abbrechen.«

Es gab andere Träume zwischen denjenigen, die ich geschildert habe, darunter mindestens einen, in dem etwas sehr Bedrohliches sich schließlich als richtig herausstellte. Er machte mehrere Veränderungen in seinem Leben durch, zum Teil als Folge seiner Arbeit mit Träumen. Unter anderem verbrachte er nun mehr Zeit mit dem, was er als »in der Sonne liegen« bezeichnete (darunter verstand er alles, was nicht zur Arbeit gehörte).

Eines Tages rief er mich an, um mir einen Traum zu erzählen. Die Freude, die er zeigte, indem er ihn mir erklärte, bewies, daß keine Arbeit nötig war, um den Traum zu interpretieren.

Vierter Traum: Der Drache
Ich liege am Strand, auf dem Rücken, und lasse einen Drachen fliegen. Ich halte die Schnur in der Hand, und der Drache ist hoch oben in der Luft.

»Ich gratuliere. Das ist großartig!« war alles, was ich sagte.

Diese Traumserie zeigt Fortschritte an, wie ich dies im letzten Kapitel erklärt habe. Im zweiten Traum erscheint es unmöglich und gefährlich, auf den Boden zu gelangen. Im dritten scheint es vorerst auch unmöglich, dann wird es auf eine andere Weise doch möglich (mit dem Auto). Im vierten wird er vom Boden gehalten und hält eine Schnur, die bis in den Himmel hinauf zum Drachen reicht.

Er war so überzeugt davon, daß das »Niedrige« weniger hohe Ideale bedeuten müsse. Der Drache ist aber sowohl mit dem Himmel wie mit der Erde verbunden. Auf dem Erdboden zu stehen bedeutet nicht, die Höhen aufzugeben! Es bedeutet Beständigkeit statt Gefährdung.

Diese Träume lehrten mich wieder, die Leute weder zu etwas zu drängen, was ihnen nicht richtig erscheint, noch einen einzelnen Traum als absolut gültig zu betrachten. Der Traum vom Seil schien zu sagen, es gebe keinen Weg. Bald darauf zeigte aber der Traum vom Berg, daß es doch einen Weg gab.

Wenn Sie viele Träume über das Auf-dem-Boden sein gehört haben, werden Sie sie leicht erkennen. Ich schildere Ihnen nochmals eine ähnliche Folge von Träumen. Da Sie sich jetzt vorstellen können, wie man damit arbeitet, sage ich dazu nichts weiter und erzähle einfach die Träume.

Eine weitere Folge von Träumen über den Boden

Es war wie in einem Science-Fiction-Film. Auf der Erde gab es ein sehr schweres Problem, das dringend gelöst werden mußte. Ich ging mit einigen anderen in ein Raumschiff, um das höchste Wesen, die Lebenskraft, zu finden und dort Hilfe zu holen. Wir kamen zu ihm, wußten aber nicht, wie wir mit ihm kommunizieren sollten. So erzählte ich ihm einfach unser Problem. Einige Kampfflugzeuge stiegen auf von dort unten und begrüßten uns. Ich befürchtete, die Lebenskraft könnte das als Aggression auffassen und verschwinden, deshalb sagte ich den Fliegern, sie sollten weggehen, und sie taten es. Die Lebenskraft ging ans Werk und löste das Problem.

Dort, wo das Problem war, an drei verschiedenen Orten auf der Erde, brannten weiße Lichter. Eines davon befand sich in einem Wolkenkratzer.

(In derselben Nacht). Ich befand mich in der Badewanne, und meine kleine Tochter (in Wirklichkeit hat er keine) sprang aus dem Fenster. Es war hoch oben in einem großen Gebäude. Nahe am Boden entfaltete sie eine Art Flügel aus Karton und landete sicher. Ich ging hinunter und sagte ihr, sie solle das nicht wieder tun. Sie entgegnete, es sei ungefährlich, und sie habe das Problem für viele Kinder gelöst, die kürzlich aus dem Fenster gesprungen seien. Ich schickte sie ins Bett. (Ich glaube, ich habe sie ausgezogen, damit sie nicht mehr hinausgehe).

(Etwa ein Jahr später). Ich ging der Autobahn entlang, die, wie das oft der Fall ist, auf einem Damm gebaut worden war. Ich befand mich auf dem Heimweg. Da ich zu Fuß war, dachte ich, ich brauche nicht den ganzen Weg bis zur Ausfahrt zu gehen und dann wieder in die entgegengesetzte Richtung, wie ich das tue, wenn ich mit dem Auto fahre. Als ich zu der Stelle kam, die meinem Haus am nächsten liegt, sah ich eine günstige Gelegenheit, hinunterzugelangen. Es gab dort eine Art Düne. Aber auf einmal rutschte ich aus, glitt viel zu schnell hinunter und verletzte mich. Ich wurde ins Spital gebracht. Dort erholte ich mich wieder, aber ich sprach auf eine merkwürdige Weise. Ich dachte, daß ich mich wahrscheinlich für krank oder geistesgestört ausgeben wollte.

(Mehrere Monate danach). Ich war in einem schnell fließenden Strom und konnte nicht kontrollieren, wie schnell ich mich fortbewegte. Sie (der Therapeut) befanden sich hinter mir, irgendwie.

(Eine Woche später). Ich fuhr einen sandigen Hügel hinunter. Der Wagen

begann zu schnell zu rollen. Ich brachte es fertig, meinen Fuß hinauszustrecken und den Wagen mit dem Fuß zu bremsen.

(Drei Wochen später). Ich war ein Kind und rutschte auf dem Geländer im Treppenhaus eines alten Mietshauses hinunter. Das Geländer ging jeweils in einem fast rechten Winkel um die Ecke, aber ich fand heraus, daß ich gut um die Kurve kam, wenn ich mich auf die Seite lehnte und mein Gewicht verlagerte. Ich rutschte ein wenig zu schnell, aber es ging gut. Sie gingen mir voran die Treppen hinunter. So kamen wir bis ins Erdgeschoß.

Vergleichen Sie die beiden Sequenzen. Können Sie, trotz der unterschiedlichen Bilder, die Ähnlichkeit erkennen?

Auch hier sagte der erste Traum, es sei gefährlich, hinunterzugehen. Es ist gut, daß bei unserer Methode die Person nicht auf einen bestimmten Weg gedrängt wird, und daß wir nicht annehmen, daß ein bestimmter Traum die endgültige Lösung bringe. Der Träumer machte in dieser Zeit große Entwicklungen und Veränderungen durch.

Hier ist noch ein weiteres Beispiel:

Traum vom peruanischen Bauern

Ein Mann kauerte am Boden. Es war ein peruanischer Bauer. Um ihn herum standen einige Leute, die ihm Schmerzen zufügen würden.

Welches sind Ihre Assoziationen?

»Nun, wir leben in Nordamerika, und dann kommt Zentralamerika, welches eine sehr schmale Landbrücke bildet. Dann, viel weiter unten, kommt Südamerika, das wieder sehr groß ist. Peru liegt auf der Hinterseite davon.

Jetzt bin ich dieser Bauer. Ich werde gefoltert werden oder so etwas Ähnliches.«

Wie könnte der Traum weitergehen?

». . . es geschieht nichts.«

Was könnte der Peruaner als nächstes tun?

». . . Oh, er steht auf! Und das Gefühl in meinem Magen hat sich völlig verändert! Ich kann irgendwie wieder den Boden unter meinen Füßen fühlen, sodaß ich mich abstoßen kann. Ach, es ist ein so einfaches, so starkes und einfaches Gefühl. Es ist irgendwo weit unten. Ich kann es fast nicht fühlen. Aber es ist da.«

Dieses Beispiel zeigt klar, wie der Boden manchmal als »tief unten«, tiefer als ein Gefühl, empfunden wird.

Focusing und die Aufmerksamkeit auf unseren Körper helfen uns, den Boden zu finden. Aber der »Felt Sense« ist nicht der Boden selbst. Ein »Felt Sense« kann fast jederzeit willentlich hergestellt werden. Der Boden kommt aus eigenem Antrieb, nach einer gewissen Zeit. Dann kann man ihn fühlen. Unsere Beziehung zu ihm verändert sich nach und nach, von unten her.

19. KAPITEL

Ein Traum kann eine Standortbestimmung geben

An anderer Stelle habe ich davor gewarnt, einen Traum als Entscheidung für eine von zwei Alternativen in einer bestimmten Situation zu betrachten. Ich glaube nicht, daß der Traum allein eine Entscheidung bringen kann. Ich habe immer betont, daß die Schritte aus dem Dialog zwischen Ihnen und Ihrem Körper heraus entstehen müssen.

Wenn Sie bereit sind, einen gewissen Skeptizismus aufrecht zu erhalten, sind wir nun so weit, daß wir sehen können, auf welche Weise ein Traum selber etwas aussagen kann.

In den beiden letzten Kapiteln haben wir gesehen, daß eine Reihe von Träumen über dasselbe Thema Wachstum anzeigen kann. Jeder einzelne Traum gibt das, was ich eine »Standortbestimmung« nenne; er sagt aus, wie es gerade im jetzigen Zeitpunkt mit diesem Problem steht. Das ist leicht zu erkennen, wenn es sich um eine Sequenz handelt. Aber auch ein einzelner Traum kann eine Standortbestimmung geben.

Hier ist ein Beispiel: Nach vielen Jahren der Arbeit an Träumen und an sich selbst war ein Mann immer noch infolge schlimmer Kindheitserlebnisse sexuell blockiert. Auch in anderer Hinsicht war er gehemmt und unbefriedigt. Kürzlich träumte er:

Traum vom prähistorischen Tier
Ich stand auf einem Pfad im Wald neben jemand anderem. Da kam ein prähistorisches Tier aus dem Busch heraus und auf den Pfad. Erst glaubte ich, es sei gefährlich, aber gleich darauf merkte ich, daß das nicht der Fall war. Als wir uns umwandten, um weiterzugehen, folgte uns das Tier im selben Tempo.

Ich gratulierte dem Mann zu diesem Traum. Verstehen Sie, warum? Das prähistorische Tier, die gesunde, animalische Lebenskraft, ist endlich aus dem Busch herausgekommen und befindet sich jetzt »auf dem Weg«. Es geht hinter ihm, nicht als Verfolger, als etwas Bedrohliches, sondern im selben Schritt wie er.

Bisher habe ich Sie immer gedrängt zu versuchen, einen Schritt aus dem Traum zu bekommen. Ich habe das klar genug gesagt. Aber in gewissen Fällen kann man auch ganz zufrieden sein mit der Standortbestimmung, die der Traum gibt. Da ich diesen Mann kannte, war ich innerlich bewegt von seinem Traum. Er selbst war noch stärker bewegt vom Traum und von dem, was er aussagte. Das ist schon sehr viel für einen einzigen Traum.

Ich kann Ihnen keine Regeln anbieten, wieviel man tun oder welche Fragen man stellen soll. Die einzige Regel ist die, daß der Träumer seinem persönlichen Gefühl folgen muß. Es gibt nichts, was immer und unbedingt richtig ist.

In unserem Beispiel fanden weder ich noch er es angebracht, Frage 8 zu stellen und dieses Tier zu »sein«.

Manchmal spricht ein Traum allein schon klar genug, und doch sind wir froh, wenn ein weiterer Traum ihn in dieser Aussage bestärkt. Wenn zwei Träume dasselbe sagen, dann fühlen wir uns sicher.

Eine Woche später träumte derselbe Mann:

Traum von der Nuklearphysik
Ich arbeitete mit Nuklearphysik und mit Raketen. Im Traum war ich erstaunt, daß ich wußte, wie man diese Dinger handhabt. Ich dachte: »Sieh mal an, ich wußte gar nicht, daß ich das kann.«

Nuklearphysik und Raketen lassen uns an gefährliche Dinge denken, an Explosionen, Wutausbrüche und ähnliches. Seine alltägliche, bewußte Meinung über sich selbst ist, daß er mit solchen Dingen nicht umgehen kann, der Traum sagt ihm aber, daß er es kann. Das überrascht ihn.

Wenn man will, kann man aber immer verschiedene Interpretationen finden. Wie können wir also wissen, ob wir einen Traum als eine Standortbestimmung akzeptieren sollen oder ob wir darauf bestehen müssen, Widersprüche in der Interpretation durch einen Wachstumsschritt aufzulösen? Wir wissen es nicht sicher und sollten uns deshalb bei wichtigen Entscheidungen nicht auf unsere Interpretation des Traumes verlassen.

Eine andere Frage: Weshalb sollen wir nicht versuchen, diese »Standortbestimmungs«-Interpretationen mit der Voreingenommenheitskontrolle zu prüfen? Wir tun es nicht, weil diese Interpretationen bereits in einer neuen Richtung liegen. Die Voreingenommenheits-Kontrolle zielt hauptsächlich auf unsere gewohnten Ansichten und Verhaltensweisen und vor allem auf die Interpretationen unseres Über-Ichs. Sehen wir einmal, ob wir diesen Unterschied klar erkennen können.

In den obenerwähnten Beispielen würden die gegenteiligen Interpretationen die altgewohnten Ansichten des Mannes wiedergeben. Er würde das Tier als gefährlich betrachten, und er wäre überzeugt, nichts von Nuklearphysik zu verstehen. Die beiden Träume widersprechen bereits seinen herkömmlichen Ansichten, sodaß er im Traum überrascht ist. Zuerst glaubte er, das Tier sei bedrohlich, doch dann stellte es sich als harmlos heraus. Im zweiten Traum dachte er: »Ich wußte nicht, daß ich dieses Zeug verstehe.«

Wenn der Traum Sie also an einen Platz stellt, der neu ist für Sie, dann brauchen Sie das nicht ins Gegenteil zu verkehren. Sie würden dabei nur zu Ihren alten Anschauungen zurückkehren.

Sie wissen, ob Ihre Haltung sich selbst gegenüber gewöhnlich positiv ist, oder ob Sie sich selbst negativ sehen. Die typische Haltung des Über-Ichs ist negativ und unfreundlich. Es ist nicht schwer zu erkennen, was das Gegenteil unserer gewohnten Haltung ist.

Eine weitere Hilfe kann in den Einzelheiten des Traumes selbst gefunden werden. Wenn man die Voreingenommenheits-Kontrolle anwendet, kann man oft feststellen, wie drastisch die erste Sicht gewisse Aspekte des Traumes veränderte oder übersah.

Beispiel: Traum von der toten Ente
Gerade bevor ich aufwachte, schien ich auf dem Boden aufzuschlagen, kopfüber. Und da gab es eine gelbe Ente. Die Sonne schien und der Boden war von einem sehr hellen Braun. Die Ente lag im Sonnenlicht und war sehr gelb.

Der Träumer berichtet: »Ich dachte gleich, ich wisse, was das bedeutet. Ich bin eine tote Ente. Ganz gewiß. Es ist ein perfektes Bild für diesen Ausdruck. Ich fühlte mich schlecht, und ich war überzeugt, daß der Traum meinen Tod ankündigte. Ich hatte einen Roman gelesen,

148

der damit endete, daß ein Soldat getötet wurde, indem er auf diese Weise auf dem Boden aufschlug.

Dann aber sagte ich zu mir selbst: Ich habe immer Angst davor, zu sterben, eine schwere Krankheit zu bekommen, und so weiter. Das wäre nichts Neues. Ich sollte versuchen, einen Schritt daraus zu bekommen, der mehr Lebenskraft bringt.

Da realisierte ich, daß die Sonne geschienen hatte. Die Ente erinnerte mich an ein Vogelweibchen, das ich einmal auf seinen Eiern hatte sitzen sehen. Die ganze Szene war sehr lieblich und heiter. Die Ente im Traum war lebendig. Sie war nicht tot. Die Interpretation von der ‚toten Ente‘ war dumm. Aber im ersten Moment erschien das als einzige Möglichkeit, den Traum zu interpretieren.«

Es ist also sinnvoll, nochmals auf den Traum zurückzuschauen und auf die Einzelheiten zu achten, die man vielleicht in der ersten Interpretation verfälscht hat. Diese Einzelheiten und die typische negative Haltung, die der Träumer in der ersten Interpretation an den Tag gelegt hat, zeigen uns, daß die zweite Interpretation nicht mehr geändert werden muß.

Manchmal bringt ein Traum eine Botschaft. Je nachdem, wer sie ausspricht und wie er es tut, kann man sie akzeptieren.

Eine Frau befand sich zum Beispiel in einem verwirrten und erregten Zustand. Wenn ich ihr zuhörte, war ich ziemlich sicher, daß es sich um eine »gute« Art von Verwirrung handelte, in der mehr innere Veränderungen vor sich gingen, als man verstehen konnte. Völlig sicher war ich jedoch nicht; und sie selbst war noch unsicherer.

»Ich verstehe einfach nicht, was vor sich geht«, sagte sie immer wieder. »Ich versuche immer, es herauszufinden.« Da träumte sie:

Traum von den Tieren im Wasser

In einem großen Teich waren einige sehr große Tiere. Es waren, glaube ich, Nashörner. Sie nahmen meine Brille und zerbrachen sie. Sie gaben mir nur ein Glas zurück und sagten, wenn ich mich nicht anständig benehme, würden sie dieses auch zerbrechen. Ich war so wütend! Der Mann, dem der Teich gehörte, sagte, diese Tiere seien schon seit langem hier und hätten noch nie jemandem ein Leid angetan.

»Ich liebe alle Tiere«, sagte sie. »Aber das Nashorn habe ich nie gemocht. Ich weiß nicht, warum. Ich mag es einfach nicht.«

Auch hier spricht der Traum deutlich. Tiere sind im allgemeinen positive Lebenskräfte, die im Einklang mit dem Instinkt und der Natur stehen. In den Tieren sind aggressive und sanfte Gefühle angemessen und ausgewogen vertreten. Gerade diese besonderen Tiere sind bedeutsam, sie könnten nicht größer sein! Sie zerbrechen das, mit dem sie zu sehen pflegt – als würden sie sie direkt darauf ansprechen, daß sie unbedingt »herausfinden« will, was mit ihr los ist. Zu allem anderen kommt noch der Besitzer des Teichs, der diese Tiere am besten kennt und der die Verantwortung für das alles hat und sagt, sie hätten nie irgendjemandem ein Leid zugefügt. Wichtig ist auch, daß sie schon seit langem hier sind – das heißt, in ihr selbst. Einem solchen Traum würde ich vertrauen.

Ein weiteres Beispiel: Barbara war sicher, daß sie das, was sie mit ihrem (verstorbenen) Vater erlebt hatte, verarbeitet hatte. Nun träumte sie:

Traum vom Vater

Ich lud eine Anzahl Leute zur Beerdigung meines Vaters ein. Aber A und R und S kamen, einer nach dem anderen, und sagten mir: »Dein Vater lebt noch.« Dann kam N und sagte sehr sanft und sehr langsam, wie aus Mitleid mit mir: »Das wird schwer sein für dich. Er ist nicht tot, Barbara.«

Barbara hatte geglaubt, das, was ihr mit dem Vater widerfahren war, überwunden zu haben. Würde sie fehlgehen, wenn sie annähme, daß der Traum ihr sage, sie sei noch nicht darüber hinweggekommen?

Wenn man einen Schritt bekommen hat, schließt das nicht aus, daß man noch einen weiteren Schritt aus demselben Traum bekommen kann. Deshalb braucht ein einzelner Schritt noch nicht die ganze Interpretation zu sein.

Ich habe einem jungen Mann gesagt (was ich jedermann sage), daß das Kind in uns sehr wichtig ist und viel Raum und Aufmerksamkeit und Zuwendung braucht. Schließen Sie dieses Kind nicht aus. Kreativität, Spiritualität, Sexualität und Lebenslust werden erst möglich durch das Kind in uns.

Manchmal erzählen wir, dieser junge Mann und ich, einander unsere

Träume. Kürzlich träumte er, er habe ein kleines Kind hüten müssen. Auf einmal aber war dieses verschwunden. Außer sich vor Schreck, suchte er es überall, fand es aber nicht. Er war sehr verängstigt und traurig. Der Traum brachte ihn dazu, sich mit den Ereignissen des vorangegangenen Tages zu beschäftigen und eine Entscheidung zu widerrufen, die er in einer bitteren, freudlosen Stimmung getroffen hatte. Heute erzählte er mir den folgenden Traum:

Traum vom verständnisvollen Kind
Ich träumte, ich wache aus einem Traum auf, dessen Bedeutung ich nicht herausfinden konnte. Ich hatte aber ein Kind, und dieses konnte ihn verstehen. So rief ich Sie an und sagte:»Ich kann diesen Traum nicht interpretieren, aber mein Kind versteht ihn.« Sie sagten »Hurrah«, und waren froh.

Ich sagte »Hurrah« und war froh. Der Traum sagte mir, daß das, was ich ihm geraten hatte, wahrscheinlich das Richtige für ihn war. Er sagte auch, daß dieses Kind in ihm verstehe, was gerade jetzt in ihm vorgeht, wovon ich wenig verstehe. Das ist alles, was ich zu wissen brauche.

Ich habe nun beschrieben, wie und wann es mir scheint, der Traum gebe eine »Standortbestimmung« und habe eine klare Aussage.

Soll das nun heißen, daß ich Sie dazu bewegen will, in bezug auf Träume abergläubisch zu werden, allem, was ich früher gesagt habe, zum Trotz? Habe ich gesagt, daß man einen Traum ohne den kleinsten Wachstumsschritt interpretieren kann? Nein, ich will nur beide Möglichkeiten zeigen. Wir wissen nicht, welche wirklich die richtige ist. Und wir können uns nicht für die eine oder andere entscheiden. Allein die Tatsache, daß wir uns »entscheiden« müssen, zeigt, daß wir nichts wissen.

20. KAPITEL

Instruktion, daß Instruktionen nicht befolgt werden müssen

Ist es nicht falsch, Instruktionen für die Interpretation von Träumen und für den persönlichen inneren Prozeß zu veröffentlichen?

Die Gefahr besteht darin, daß die Leute diese Instruktionen dazu benützen könnten, sich andere Wege zu verschließen. Alles, was menschlich ist, schließt mehr ein, als eine einzige Methode erfassen kann. Die Erkenntnisse einer einzigen Person können nicht genügen. Beachten Sie bitte, daß ich nicht sage, meine Methode sei das einzige, was Sie benötigen oder als wertvoll betrachten können. Wenn ich das gesagt hätte, hätten Sie mich hoffentlich für dumm gehalten. Alles, was Sie hier lernen, läßt sich gut mit irgendetwas anderem, das Sie ebenfalls nützlich finden mögen, kombinieren. Wenn ein Widerspruch zu bestehen scheint, nehmen Sie das nicht tragisch. Lassen Sie Ihre eigenen Schritte den Weg finden, wie dieser Widerspruch aufgelöst werden kann.

Es gibt andere Gründe, weshalb Sie vielleicht gewisse Dinge, die in diesem Buch empfohlen werden, nicht mögen. Es mag scheinen, daß Instruktionen das Geheimnis und die Offenheit von Träumen vermindern – auch wenn dies nicht in meiner Absicht lag.

Auch können schriftlich formulierte Instruktionen Mißverständnisse nicht immer verhindern. Keine Formulierung paßt jedem Menschen. Auf jeden Fall muß jeder Mensch seinen eigenen Weg finden.

Diese Probleme stellen sich nicht nur bei Träumen, sondern bei all unserem Wissen über den Menschen.

Nehmen Sie eine »zwiespältige« Haltung gegenüber allen Instruktionen ein: auf der einen Seite befolgen Sie sie genau, sodaß Sie Ihre Erfahrungen mit der betreffenden Methode machen können. Auf der anderen Seite müssen Sie sich selbst und Ihrem Körper gegenüber empfänglich bleiben. Vergessen Sie nicht, daß nur positive, lebensfördernde Erfahrungen es wert sind, gemacht zu werden. *Sobald Ihr Körper etwas als falsch empfindet, hören Sie auf, die Instruktion zu befolgen, entspannen Sie sich ein wenig, und richten Sie Ihre Aufmerksamkeit auf das Gefühl in Ihrem Körper, bis Sie genau fühlen können, was nicht stimmt.*

Dies sind sehr genaue Instruktionen darüber, wie man Instruktionen nicht befolgen soll! Und natürlich müssen sie auch auf sich selbst angewendet werden.

Auf diese Weise werden Sie die Schritte finden, die Ihr eigener Körper benötigt; sei es durch die Instruktionen selbst, oder sei es durch das, was bei diesen Instruktionen nicht stimmt.

Beachten Sie: Wie immer bitte ich Sie, die Focusing-Methode anzuwenden, in diesem Fall auf das, was als falsch empfunden wird. Focusing ist immer so: Sie fahren nicht weiter, wenn das Gefühl nicht stimmt, aber Sie laufen auch nicht weg. Sie gehen nicht weiter, aber Sie warten, bis das, was Ihnen im Wege steht, klar geworden ist.

Die Interpretation von Träumen ist eine recht sichere Methode, ebenso das Focusing. Sie funktionieren vielleicht nicht, aber sie sind nicht negativ. Wenn Sie also etwas fühlen in Ihrem Körper, das nicht gesund und lebensfördernd ist, versuchen Sie zu spüren, was es ist, bis es sich öffnet.

Ist es aber nicht der Gipfel der Inkonsequenz, wenn man genaue Instruktionen gibt, wie Instruktionen nicht zu befolgen sind? Ja, und so ist auch das Leben, inkonsequent. Man braucht oft gleichzeitig mehrere Annäherungsmöglichkeiten.

In einer Gesellschaft, in der das Wissen über menschliche Prozesse ständig im Zunehmen begriffen ist, müssen wir natürlich die Fähigkeiten, die wir lernen, auch weitergeben. Warum sollten wir die Fähigkeit, ein Auto zu steuern, weitervermitteln, aber nicht die Fähigkeit, Träume zu interpretieren? Auf der andern Seite sind menschliche Prozesse sehr viel komplizierter; die menschliche Natur läßt sich nicht in einem einzigen einfachen System zusammenfassen. Glücklicherweise!

So kann Ihnen niemand, und sei sein Wissen noch so groß, das Steuer Ihres Lebens aus der Hand reißen. Speziell das hier vermittelte Wissen will das nicht, es versucht ja gerade, Ihnen zu helfen, Ihren eigenen Prozeß zu finden!

Deshalb soll das Ihnen hier vermittelte Wissen nach und nach durch

Ihr eigenes Wissen ersetzt werden, indem Sie selbst fühlen, was für Sie gut ist.

Die Instruktion, daß man Instruktionen nicht befolgen soll, ist wesentlich für Focusing. Denn es sind Ihre eigenen Schritte, die sich in Ihrem Inneren öffnen müssen.

Wenn Sie jederzeit, sobald Sie etwas als falsch empfinden, innehalten und fühlen, was falsch ist, und warten, bis es sich öffnet und sichtbar wird, dann können Sie einen sinnvollen Gebrauch von allen möglichen Arten von Methoden und Instruktionen machen. Sie werden dann jede Methode besser anwenden, als deren Autor es Ihnen ermöglichen kann.

ANHANG A: THEORIE VOM LEBENDIGEN KÖRPER UND DEN TRÄUMEN

Wie kann der Körper Geschichten erzählen, und wie kann er komplexe Schritte hervorbringen, die nie zuvor existiert haben? Was wir bisher beschrieben und erfahren haben, entspricht nicht der gewohnten Auffassung vom Körper. Wir müssen uns den lebenden Körper anders vorstellen. Anschließend werden wir die Natur der Träume erörtern.

Wenn Sie die Theorie nicht mögen, dann lassen Sie sie den Erfahrungsschritten, die dieses Buch beschreibt, nicht in den Weg kommen. Diese Schritte basieren nicht auf der Theorie, und Sie benötigen sie deshalb nicht. Aus diesem Grunde bringe ich sie im Anhang.

Was ich in diesem Buch beschreibe, gründet nicht auf der Theorie. Ich finde die Theorie interessant, aber sie ist nicht die Grundlage des Lebens. Viele Leute glauben, alles »gründe« auf der Theorie. Aber wenn dem so wäre, worauf würde dann die Theorie gründen?

Kann ich aber sicher sein, daß meine Theorie die von mir beschriebenen Erfahrungen nicht bestimmt hat? Sicher beeinflußt die Theorie das, was wir erleben. In unseren Erfahrungen ist immer auch eine Vielfalt von Theorien eingeschlossen. Weitere Erfahrungen verändern aber wiederum diese Theorien; sie werden nicht einfach von ihnen bestimmt. Konzeptionen sind nicht die einzige Art von Erfahrung und erklären nicht alle Veränderungen.

I. Der lebende Körper

1. Eine nicht-logische Theorie der Schritte

Schritte von der Art, die ich beschrieben habe, können nicht durch das gewohnte, logisch zusammenhängende Schema erklärt werden. Die

155

Schritte verändern solche Formen und Schemen. Es sind nicht-logische Schritte. Wir müssen deshalb solche Schritte in unsere Theorie einbauen und sie die Theorie verändern lassen. Bevor ich zur neuen Auffassung vom Körper komme, lassen Sie mich fragen:

2. *Wie kam man zur gewohnten Auffassung vom Körper, als etwas rein Physikalischem, getrennt vom Verhalten?*

Alle Menschen scheinen denselben Körper zu haben, und doch benehmen sie sich unterschiedlich. So scheint es, daß der Körper das eine ist und das Verhalten etwas anderes.

Verschiedene Kulturen kennen auch verschiedene Lebensweisen, verschiedene Familienstrukturen und verschiedene Wohnformen. Sie essen verschiedene Nahrungsmittel, ihr Sexualverhalten und ihre Erziehungsmethoden sind verschieden. Wenn Sie etwas suchen, das allen Menschen gemeinsam ist, so werden Sie sehr wenig finden. Aber alle haben mehr oder weniger denselben animalischen Körper. So hat man den Körper schon immer als etwas Universelles betrachtet, nicht aber seine eigenen angeborenen Verhaltensmuster.

Wenn Sie die kulturell bedingten Unterschiede weglassen, bleibt das übrig, was ich den »Restkörper« nenne. Er scheint ohne eigene Lebensmuster zu sein. Kultur und Gesellschaft scheinen die Verhaltensmuster zu schaffen.

Freud dachte, daß der individuelle Körper nicht über eigene Lebensmuster verfüge, und daß diese nur durch die Gesellschaft geprägt würden. Das, was er das »Ego« nannte, müsse diese Muster erst lernen. Ohne das würde der Körper Hunger oder sexuelle Bedürfnisse empfinden, ohne zu wissen, was er damit anfangen solle. Ein Bedürfnis, das nicht über ein entsprechendes Verhaltensmuster verfügt, wird »Trieb« genannt. Freud sagte, der Körper (»das Es«) sei ein »Kochtopf voll chaotischer Triebe«.

Das war Freuds Auffassung von der Biologie – eine chemische Energiequelle ohne Verhaltensmuster.

Wenn man Körper und Biologie auf diese Weise betrachtet, dann sind auch tierische Körper nichts anderes als Chemie. Deshalb glaubten Freud und die meisten anderen Wissenschafter seiner Zeit, die Tiere müßten ihre komplexen Verhaltensmuster erst erlernen.

Die in den letzten fünfzig Jahren an Tieren unternommenen Forschungen haben diese Auffassung widerlegt.

3. Der Körper enthält die Verhaltensmuster

Man hat festgestellt, daß jedes Tier über komplexe Verhaltensmuster verfügt, die angeboren und nicht erlernt sind.

Spinnen müssen nicht lernen, wie sie ihre komplizierten Netze konstruieren sollen; dieses Verhaltensmuster wird vererbt. Eichhörnchen können Nüsse vergraben, ohne daß sie es jemals gelernt haben. Wenn Sie einem erwachsenen Eichhörnchen, das von seiner Geburt an allein in einem Käfig aufgewachsen ist und zum ersten Mal ins Freie kommt, eine Nuß geben, so wird es diese vergraben. Eine männliche Ratte, die noch nie einen Artgenossen gesehen hat, wird ein Nest bauen, wenn ihr Gehirn auf eine bestimmte Art stimuliert wird.

Zunächst versuchten die Wissenschafter, Lernprozesse zu finden, um diese Verhaltensmuster zu erklären. Einige Forscher versuchten sogar herauszufinden, ob solche Verhaltensweisen im Mutterleib erlernt werden können, wenn die Mutter sie ausführt. Heute kann aber infolge ausführlicher Forschungen jegliche Möglichkeit eines Lernprozesses ausgeschlossen werden. Komplexe vererbte Verhaltensmuster sind bei allen Tierarten gefunden worden.

Kein menschlicher oder tierischer Körper besteht lediglich aus Trieben. Der Körper verfügt über Verhaltensmuster. Der aus bloßen Trieben bestehende »Restkörper« ist nur eine Fiktion.

Heute bestreitet das niemand mehr.

Der Körper verfügt über sehr komplexe Beziehungsmuster zwischen den einzelnen Lebewesen und ihrer Umwelt.

Die Handlungen, die Ihr Körper benötigt, sind nicht durch die Kultur bestimmt. Die Kultur hat lediglich bereits vorhandene komplexe natürliche Verhaltensmuster weiter entwickelt.

Wie kann aber ein physischer »Gegenstand« wie ein Körper Verhaltens- und Beziehungsmuster in sich tragen? Und wie können diese sich verändern und variieren?

4. Wie können wir uns einen Körper mit Verhaltensmustern vorstellen?

In der herkömmlichen Biologie geben uns die Konzepte der Zellen und Gewebe keine Vorstellung davon, wie das Verhalten in einem Körper festgelegt sein könnte. Neue wissenschaftliche Konzepte, die diese Frage klären könnten, werden heute erst entwickelt.

Es ist aber gar nichts Mysteriöses daran. Sie erben nicht nur Ihre Brust und Ihre Lunge, sondern ebenso die Art, wie Sie atmen.

Die Art, wie eine Struktur funktioniert, liegt in ihrer Bauweise begründet. Wir erben unsere inneren Organe und auch die Art, wie sie funktionieren. Drüsen, Herz und Magen sind nicht einfach physische Strukturen, auch ihre komplexen Handlungen sind vererbt.

Diese Handlungen wirken nicht nur innerhalb des Körpers selbst. Der Magen ist so strukturiert, daß er gewisse Dinge verdaut, die außerhalb leben. Alle Körperteile stehen in Beziehung mit anderen Lebewesen, mit der Erde und mit Pflanzen.

Das Körpergefühl der Katze sagt ihr, wie Mäuse sich fortbewegen und wo sie sich verstecken. Eine Katze fühlt sich von Löchern angezogen und wird nicht gleichgültig daran vorbeigehen. Ihr Körper weiß, wie er zum Loch heranschleichen muß, ohne einen Laut von sich zu geben, wie er die Maus jagen muß, oder wie er mit einer andern Katze kämpfen muß. Der Körper jedes Tieres enthält ein Wissen über die Beziehung zu andern Tieren, zu den Bäumen, dem Erdboden oder dem Wasser.

Bei einem Tier, das auf dem festen Land lebt, bestimmt der Erdboden den Bau der Füße, und nicht nur den der Füße. Die Muskulatur, der Körperbau und die Lage aller Organe sind abgestimmt auf den Boden, auf dem das Tier sich bewegt. Das innere Gefühl aller Organe und Muskeln schließt das Gehen auf festem Grund mit sich ein. Das Verhaltensmuster des Gehens ist im Körpergefühl enthalten.

Sie können den hinter Ihnen liegenden Raum physisch fühlen. Wenn Ihnen nachts auf der Straße jemand folgt, sagt Ihnen Ihr Körpergefühl auch, was geschehen könnte und wie Sie darauf reagieren könnten.

Auf diese Weise spürt der Körper seine möglichen Verhaltensweisen und erahnt die Umstände und die Leute, die sie auslösen könnten.

5. Geschichten

Während zwei von vierundzwanzig Stunden produziert der menschliche Organismus Geschichten! Geschichten sind offensichtlich ein grundlegender Aspekt des menschlichen Lebens. Was sind Geschichten? Situationen, in denen verschiedene Charaktere miteinander in Beziehung treten. Der schlafende Körper, der da ganz für sich allein liegt, schafft und fühlt komplexe Folgen von Beziehungen und Situationen.

Die höheren Tiere träumen alle; wir wissen das aus den Bewegungen ihrer Augen während des Schlafes. Die Kultur ist nicht einfach etwas, was den tierischen Verhaltensweisen hinzugefügt wurde. Sie entwickelt aber diese Verhaltensweisen weiter und verändert sie. Die menschlichen Verhaltensweisen existieren heute nur noch in der durch die Kultur weiterentwickelten Form.

Der menschliche Körper ist in der Lage, komplexe Schritte von Handlungen und Gesprächen zu fühlen.

6. Der Körper kennt die Sprache

Wenn Sie Ihren Mund öffnen, um zu sprechen, kommen Worte. Woher kommen sie? Aus dem Körper. Wenn sie nicht kommen, können Sie wenig dagegen tun. Die Leute sagen gerne, die Worte seien in ihrem Gehirn gespeichert, doch es ist mehr daran beteiligt als nur das Gehirn. Wenn Ihnen zum Beispiel ein vertrautes Wort nicht einfällt, empfinden Sie ein unverwechselbares Körpergefühl von diesem Wort. Oder wenn Sie sich in einer unangenehmen Situation befinden, in welcher Ihnen die rechten Worte nicht einfallen, dann fühlen Sie das, was Sie nicht ausdrücken können. Ihr Körper kennt die Sprache. Der einzige Weg, die richtigen Worte zu finden, ist, sie kommen zu lassen.

Die Sprache beinhaltet sowohl Situationen als auch Worte. Sie ist nicht einfach »verbal«, sondern sie bringt das körperliche Gefühl mit sich, das solche Situationen in uns auslösen. Worte können Situationen ändern. Menschliche Situationen werden zu einem großen Teil durch Sprechen gelebt und verändert. Dabei können ungewohnte Situationen neue und ungewohnte Worte und Handlungen hervorbringen.

Wie entstehen neue Verhaltensmuster?

7. Wie sind neue Verhaltensmuster möglich?

Tiere können neue Verhaltensweisen entwickeln, wenn die Situation es erfordert. Ein Tier, das auf festem Grund lebt, wird zum Beispiel auf Sand einen neuen und andersartigen Gang hervorbringen. Wenn es ins Wasser fällt, versucht es zunächst zu »gehen«, doch es entstehen Schwimmbewegungen daraus. Es vollführt neue Bewegungen, die mehr sind als bloßes Gehen. *So kann eine neue Bewegungsfolge entstehen, die im Repertoire des Körpers nicht vorgegeben ist.* Dies geschieht dann, wenn das Tier seine angeborene Verhaltensweise anwenden will, sich aber die Umwelt verändert hat, sodaß diese Verhaltensweise den veränderten Umständen nicht mehr angepaßt ist.

Das Verhalten verändert sich auch dann, wenn sich der Körper verändert hat. Wenn ein Bein verletzt ist, muß man hinken, also eine Bewegung ausführen, die im Repertoire nicht vorgesehen ist. In einer Depression bleiben gewisse Muskeln angespannt, andere bewegen sich neu. Der Gang ist neu.

Wenn sich der Körper ausschließlich nach vorprogrammierten Verhaltensmustern bewegen würde, dann würde er in einer Situation, in der diese nicht mehr angewandt werden können, überhaupt nichts mehr tun. Stattdessen erfindet er aber in einer solchen Situation ein neues Verhaltensmuster; das Repertoire des Körpers an Verhaltensmustern ist also nicht beschränkt.

Selbst ein primitiveres Lebewesen, wie etwa eine Ameise oder eine Wanze, tut nicht nichts, wenn es sein angeborenes Verhaltensmuster nicht anwenden kann. Unter neuen Bedingungen entstehen neue Verhaltensmuster. Eine Ameise krabbelt auf einem rauhen Stoff anders als auf einer glatten Unterlage. Ihr Körper will sich auf die gewohnte Art fortbewegen, die ungewohnte Unterlage beeinflußt und verändert aber diese Fortbewegungsweise.

Das Neue braucht sich nicht aus Bestandteilen des Alten zusammenzusetzen. Das neue Muster ist das, was aus dem alten entstanden ist, wenn dieses eine Veränderung durchgemacht hat. Das Verhalten entsteht aus dem Körper und dessen Umgebung. Wenn sich das Verhalten ändert, verändert sich der Körper und umgekehrt, was wiederum neue Veränderungen in beiden auslöst. So kann aus dem Körper ein komplizierteres neues Verhaltensmuster entstehen.

8. Im Körpergefühl ist vieles miteinander verbunden

Wenn ein Fremder Ihnen nachfolgt, dann sagt Ihnen Ihr Körpergefühl, was dieser Fremde tun könnte und wie Sie darauf reagieren könnten. Dieses Gefühl schließt auch die Umgebung mit ein, die Gebäude, die Ihnen im Weg stehen oder Ihnen Schutz bieten könnten, die anderen Leute auf der Straße oder deren Abwesenheit, Ihre eigene Kraft und die Gegenstände, mit denen Sie sich verteidigen könnten. All diese Dinge stehen in Ihrem Körpergefühl miteinander in Verbindung. Sie können nur an wenige davon gleichzeitig denken. Aber in Wirklichkeit sind zahlreiche mögliche Bewegungen und deren Auswirkungen damit verbunden. Wie Sie eine Bewegung empfinden und ausführen, ist beeinflußt durch andere mögliche Bewegungen. Alles schließt alles ein.

Wenn Sie sich schließlich bewegen, dann geschieht dies in Abhängigkeit mit all diesen vielen Aspekten. Sie bewegen sich in einem gefühlten Raum, in dem alle diese miteinander zusammenhängenden Möglichkeiten enthalten sind.

Es wäre logisch zu sagen, dieser Raum enthalte »alle« Möglichkeiten. Später finden wir aber einige heraus, die ausgelassen worden sind. Es ist wichtig zu wissen, daß es kein »Alles« gibt. Denn aus einer möglichen Bewegung können viele weitere entstehen, auf viele verschiedene Arten.

In der logischen Auffassung des Begriffs »zusammenhängend« ist jeder einzelne Bestandteil derselbe, ob er nun mit anderen Teilen in Beziehung steht oder nicht. Hier trifft dies aber nicht zu. Wollten wir ein logisches Schema benützen, so würden wir die körperlichen Wechselwirkungen nicht verstehen. Der Körper ist ganz anders und viel mehr als das, was man sich bisher darunter vorgestellt hat. Wir haben die Begriffe »Körper« und »Zusammenhang« bereits in veränderter Form verwendet in dem Beispiel, in dem Sie nachts von einem Fremden verfolgt werden. Unsere Theorie baut auf diesen Zusammenhängen auf.

9. Wie kann der Körper einen Schritt fühlen, der nicht eintreten kann?

Wenn die alte Verhaltensweise in einer bestimmten Situation nicht funktioniert, kann, wie wir oben gezeigt haben, eine neue ganz einfach daraus entstehen, daß die alte abgewandelt wird. In diesem Falle empfinden Sie nicht zuerst das Gefühl eines neuen Weges. Sie fangen an zu rennen nach Ihrer alten Methode, die dann verändert wird, weil sich der Körper und die Umgebung verändert haben.

Typisch für solche Situationen ist, daß unser Gefühl uns nur die gewohnten Wege zeigt und warum diese nicht funktionieren. Sie können sie nicht zu einem neuen Weg »zusammensetzen«. Sie stecken fest. Doch in seltenen Fällen kann der Körper sie »zusammenfügen« zu einem einzigen ganzheitlichen Gefühl eines neuen Schrittes, selbst wenn dieser Schritt nicht zu einer Handlung werden kann. Das ist ein »Felt Sense«.

Dieses unvertraute, undefinierbare, einzigartige Gefühl ist ein nächster Schritt, aber nur als körperliches Gefühl, nicht in Worten oder Handlungen.

So ein Gefühl ist nicht ungeordnet oder unbestimmt. Es schließt die möglichen Handlungen mit ein und die Gründe, weshalb sie nicht funktionieren; es ist aber auch ein einzigartiges, bestimmtes Gefühl von dem, was geschehen muß. Dieses Gefühl hat mehr Ordnung in sich als die alten Muster.

10. Mehr als fertige Erlebnisse

Die gewohnten Erfahrungen setzen sich zusammen aus den vertrauten Gefühlen, Worten, Handlungen und Ereignissen. Ich nenne diese vertrauten Dinge »fertige Erlebnisse«. Jedes vertraute Ding ist bereits ein Beziehungsgeflecht aus all seinen Bestandteilen.

Wenn ein »Felt Sense« auftritt, entsteht ein neues Beziehungsgefüge. Der »Felt Sense« ist klarer geordnet als die »fertigen Erlebnisse«. Ich nenne ihn deshalb »mehr als fertig«.

11. Beispiele von Schritten, die gefühlt werden, aber noch keine Form angenommen haben

In vielen Situationen kommt es vor, daß komplizierte Schritte gefühlt werden, die noch nicht als Verhaltensmuster existieren. Wenn man dieses Gefühl eine Weile auf sich wirken läßt, können daraus auch Handlungen oder Worte entstehen.

Sie haben manchmal einen Schritt gefühlt, den Sie noch nicht ausführen konnten. Sie haben sich in Situationen befunden, in die keine bekannte Handlungsweise paßte, und dabei haben Sie nur gefühlt, welches die gewohnten Reaktionen sind und warum diese hier nicht funktionieren. Oder vielleicht haben Sie einen »Felt Sense« von der Situation erhalten.

Dieser »Felt Sense« ist ein neuer Schritt. Er macht es wahrscheinlicher, daß ein gangbarer Weg gefunden werden kann, denn er ist ein Beziehungsgefüge, das mehr Bestandteile aufweist, als das bei den gewohnten Verhaltensmustern der Fall ist.

In der Psychotherapie arbeiten die Leute nicht nur ihre Vergangenheit auf, noch wenden sie nur die sozialen Verhaltensmuster an, die sie gelernt haben.

Aus dem »Felt Sense« des Körpers gewinnen sie vielfältigere Erkenntnisse und ein differenzierteres Unterscheidungsvermögen, als sie das je aus der Außenwelt gewinnen können. Die Schritte, die zur persönlichen Heilung und Entwicklung führen, sind komplizierter als die alten angeborenen oder erlernten Verhaltensmuster. Am Anfang sind aber diese Schritte oft nur als Gefühl vorhanden.

Die aus diesem Gefühl wachsende Handlung hat noch nicht Form angenommen, sie ist nicht als solche im »Felt Sense« vorhanden; sie kann aber aus dem »Felt Sense« entstehen. Wenn uns eine Handlung einfällt, dann sagen wir, sie sei schon immer im »Felt Sense« vorhanden gewesen. Dieses »Vorhandensein« ist aber nicht im gewohnten Sinne zu verstehen.

Ein unvollendetes Gedicht »braucht« einen Schluß. Dieser Schluß existiert noch nicht. Er ist nicht in den bisher niedergeschriebenen Zeilen enthalten. Wenn der Dichter diese Zeilen immer und immer wieder liest, dann kann er einen »Felt Sense« über das fehlende Ende bekommen. Die Zeilen weisen auf ein Ende hin, das als solches noch nicht in ihnen enthalten ist.

Wenn nun dem Dichter ein Ende eingefallen ist, so muß er normalerweise die vorhergehenden Zeilen überarbeiten. Das Ende entstand nicht als logischer Schritt aus diesen Zeilen, sondern es verändert deren Bedeutung. Schon durch die Tatsache, daß sie ein

Ende verlangen, verändern sich auch die vorangehenden Linien und Muster.

Dies sind vertraute Beispiele, wie man einen Schritt fühlen kann, der noch keine Form angenommen hat. Indem sie auf diesen Schritt hindeuten, verändern sich auch die alten Formen.

12. Schritte, die alte Formen verändern, können nicht logisch abgeleitet werden

In einem logischen Denkprozeß muß man mit denselben Einheiten und Mustern beginnen und enden. Wenn der Körper verschiedene mögliche Verhaltensweisen impliziert und miteinander in Beziehung setzt, so geschieht das nicht nach einem logischen Schema. Ein neuer Schritt beschränkt sich nicht einfach darauf, alte Schritte neu zusammenzusetzen. Er ist oft komplizierter und sehr verschieden von dem, was zuvor geschehen ist. So ein Schritt kann nicht aus bereits existierenden Bestandteilen, Formen oder Ideen abgeleitet werden. Er kann nicht als logischer Schluß aus dem Traum gezogen werden, oder, um auf unser Beispiel zurückzukommen, aus dem unvollendeten Gedicht.

Logische Prozesse können nur mit unveränderlichen Einzelbestandteilen ausgeführt werden. Wenn sich aber diese Teile selbst verändern, indem sie etwas Neues implizieren, dann kann man das nicht durch eine logische Schlußfolgerung aus ihnen ableiten.

Logische und nicht-logische Schritte sind zwei verschiedene Dinge.

13. Es gibt verschiedene Arten von nachfolgenden Ereignissen (und verschiedene Definitionen davon)

Der »Schritt«, von dem wir in diesem Buch immer wieder gesprochen haben, ist eine ganz besondere Art von Ereignis. Es gibt viele andere Arten von Ereignissen, die als nächste eintreten könnten. Der Organismus könnte sterben. Ein altes Verhaltensmuster könnte immer wieder wiederholt werden. Es gibt noch viele andere Dinge, die geschehen könnten.

Die Unterschiede zwischen den verschiedenen Arten von Schritten eröffnen ein weites Feld für Studien. Wir stehen heute erst am Anfang der Charakterisierung verschiedener Arten von Schritten und der Differenzierung zwischen ihnen und ihren Resultaten. Die Focusing-Schritte können den Tonbandaufnahmen aus der Psychotherapie entnommen werden. Sie haben eine hohe Korrelation mit Veränderung und individueller Entwicklung (Mathieu-Coughlan und Klein 1984; Gendlin 1981). Sie sind auch verwandt mit »Longevity« (Sherman 1984).

Die Forschung ist auch nicht unvoreingenommen. Wir müssen uns immer noch fragen: Ist diese größere Ordnung und Vielfalt eines Schrittes eine individuelle Entwicklung? Vor allem, wenn ein Schritt unter der »Führung« von Traumsymbolen entsteht, müssen wir uns fragen, ob es sich hier nicht um gesellschaftliche Konformität in neuem Gewand handelt.

14. Politische und individuelle Veränderung

Gewisse universelle Traumsymbole scheinen die Natur zu reflektieren, Tiere, Pflanzen, Wasser, Erde. Es gibt aber auch kulturell und politisch bedingte Symbole, wie etwa die weisen alten Leute oder Helden, die das Wasser überqueren. Sind diese Symbole nur schon deshalb richtig, weil einige davon schon alt sind? Und natürlich spiegeln sich auch die heutigen Machtverhältnisse in unseren Träumen. Im Kapitel über die Symbole sagte ich, man solle alles ernst nehmen, was im Traum von einem alten Menschen, einem Hausherrn, einem Schalterbeamten, einem Autofahrer oder irgendeiner andern Person, die die Verantwortung für ein bestimmtes Gebiet trägt, gesagt wird. Eine solche Person symbolisiert Wissen und Erfahrung. Das ergibt einen symbolischen Sinn, aber weist es nicht zugleich auch auf verinnerlichte gesellschaftliche Konformität hin?

Die Schritte, die wir wollen, entstehen aus der Beziehung zwischen dem Traum und unseren Antworten. Der Traum allein muß nicht einfach »geglaubt« werden.

Träume verführen gewisse Leute zu einer völlig unkritischen Ehrfurcht vor überlieferten Mustern, Symbolen und Ritualen (von Jung »Archetypen« genannt). Eine solche Haltung ist nicht zu empfehlen. Gesellschaftliche Muster (ob alte oder neue) verdienen eine aufmerksame, aber auch kritische Behandlung. Man kann sie nicht einfach negieren. Sie haben Energie in sich, weil sie ein Ausdruck der Lebenskraft unseres Körpers sind. Wenn aber ihre Funktion auf eine andere Art ausgelebt wird, dann verlieren sie ihre Macht. Selbst wenn wir nicht alles davon ausleben können, verlieren die alten Muster ihre Bedeutung, wenn wir unsere Entscheidungen und Erfahrungen in ständiger Wechselbeziehung damit durchsetzen.

Viele Leute sind sich nicht bewußt, daß soziale Muster sich in ihren Körper eingeprägt haben. Wir sind hilfloser gegen diese Muster, wenn wir sie nicht als solche erkennen, denn dann neigen wir dazu, uns mit ihnen zu identifizieren, sobald wir sie fühlen, und zu denken: »Ich bin nun einmal so.«

Andere Leute vertreten die gegenteilige Auffassung und bestreiten, daß irgendetwas aus dem Individuum selbst entstehen kann. Sie behaupten, das sei eine Illusion; und wir würden nur das tun und fühlen, was Gesellschaft, politische Mächte, Geschichte und Sprache unserem Organismus eingegeben hätten. Deshalb könnten auch nur diese die Muster verändern. Das Individuum selbst sei keine Quelle eigener Verhaltensmuster. Diese Auffassungen sind zu einfach.

Es ist wahr, daß das bewußte Selbst nicht die Quelle der Schritte ist, die wir besprochen haben. Focusing-Schritte entstehen nicht aus der Kenntnis, die Sie über sich selbst haben, sondern sie verändern diese. Die Schritte lassen sich nicht aus der individuellen Persönlichkeit heraus erklären. Ein Schritt kann gerade das verändern, was man zu seiner Erklärung benötigen würde.

Auch das »Unbewußte« ist nicht dasselbe vor und nach dem Schritt, sodaß man ihn daraus erklären könnte. Das, was wir als das »Unbewußte« bezeichnen, verändert sich in einem solchen Schritt auch. Ebenso wandeln sich die verinnerlichten sozialen Verhaltensmuster.

Die individuelle Persönlichkeit besteht nicht einfach aus unveränderlich feststehenden Verhaltensmustern. Nur das ist wichtig. Eine strikte Trennung von individuellen und sozialen Bedingungen ist eine zu grobe Vereinfachung. Es ist immer beides mit einbezogen, und die Beziehungen zwischen Individuellem und Sozialem untersucht man am besten, indem man verschiedene Arten von Schritten und Prozessen unterscheidet. Zum Beispiel:

Gewisse Verhaltensmuster sind eindeutig durch gesellschaftlichen

Druck entstanden. Andere entwickeln sich aus dem Organismus, aber als Reaktion auf äußere Umstände, die der einzelne Mensch nicht beeinflussen kann. Einige Verhaltensmuster entstehen in einer engen Beziehung zwischen zwei Menschen, die sich gegenseitig beeinflussen. (Wenn das nicht der Fall ist, behaupten sich wahrscheinlich die seit langem eingeprägten Verhaltensmuster.) Auf jeden Schritt gibt es eine große Anzahl möglicher Antworten, und jeder Schritt beeinflußt wiederum die andern. Wir müssen verschiedene Arten von Schritten untersuchen.

Bis jetzt habe ich versucht zu zeigen, daß lebende Körper ihre komplexen Verhaltensmöglichkeiten, Situationen und Erfahrungen spüren können. In gewissen Schritten verändern sich die vorhandenen Verhaltensmuster und werden durch neue, kompliziertere Muster ersetzt. Diese können manchmal gefühlt werden, obwohl sie keine Form annehmen können.

II. Träume

15. Warum scheinen Träume »verschlüsselt« zu sprechen?

Träume drücken sich in Metaphern aus. Metaphern würde man eigentlich als »Code« bezeichnen, wenn unsere gewohnte Sprache nicht das wäre, was sie ist. Unsere Sprache ist nämlich selbst metaphorisch; Worte dienen als Metaphern. Das Wort »Metapher« ist eine Metapher, die bedeutet »Übertragen«. Es handelt sich dabei nicht um ein »Tragen« im wörtlichen, sondern eben im »übertragenen«, metaphorischen Sinn. Das Wort »Code« kommt von »Codex«, d.h. alte Manuskripte in einer Sprache, die wir heute nicht mehr verstehen.

Die metaphorische Sprache ist die natürliche Sprache! Wörter funktionieren durch metaphorische Übertragung. Alte Wörter übernehmen immer wieder neue Bedeutungen. Die Bedeutung eines Wortes ist nicht für alle Zeiten festgelegt, sondern sie kann sich im Laufe der Zeit neuen Entwicklungen anpassen. Das liegt in der Natur der Sprache. Die »Natur« (auch die menschliche Natur) ist nichts Unabänderliches. Das Wort »Natur« entstand aus dem lateinischen »natus«, geboren. Die Natur ist eine Metapher: sie ist nicht etwas für immer Festgelegtes, sondern kann neu geboren werden.

Ein Traum »versteckt« seine Botschaft nicht in einer metaphorischen Sprache, sondern wird schon als Metapher geboren.

16. Die alten Verhaltensmuster verändern sich, wenn sie an der Entstehung neuer beteiligt sind

Eine neue Metapher erweitert die Bedeutung eines Wortes. Die alte Bedeutung kann dabei immer noch eine Rolle spielen; diese Rolle wird aber gleichzeitig verändert.

Wenn wir bisher den Ausdruck »Metapher« nur auf Wörter angewandt haben, so können wir auch seine Bedeutung erweitern.

Metaphern sind nicht nur etwas Sprachliches. Worte können auch Situationen verändern. Umgekehrt kann ein neues Verhalten stillschweigend die Bedeutung der damit verbundenen Wörter verändern. Wenn diese Wörter aus dem Körper aufsteigen, verändert sich auch ihre Wirkung.

17. Alles kann sich mit irgendetwas anderem verbinden

Eine Metapher bringt die alte Bedeutung eines Wortes in eine neue Bedeutung ein. Die beiden Bedeutungen verbinden sich und bilden etwas Neues.

Dieses Neue kann wiederum mit etwas anderem verbunden werden. Wie kommt es zum Beispiel, daß Sie Ihre Wut mit einem Stuhl vergleichen? (»Sitzt« sie einfach da? Oder könnte man sie nach jemandem werfen?) Wenn Sie sich diese Fragen im Zusammenhang mit Ihrer Wut stellen, kann etwas Neues aufsteigen. Wie kommt das? Sie lassen alles, was mit diesem Stuhl zusammenhängt, in Verbindung treten mit allem, was mit Ihrer Wut zusammenhängt und – es entsteht etwas daraus. Dann sagen Sie vielleicht, dieses Neue habe immer schon auf Sie zugetroffen. Aber in Wirklichkeit ist es erst durch diese Verbindung des Begriffs »Stuhl« mit dem Begriff »Wut« entstanden.

»Verbindung« ist nur ein einfacher Ausdruck für einen komplizierten organischen Prozeß. Das Bild des Stuhles paßt genau auf die Wut, wie Sie sie empfinden. Es war aber nicht von Anfang an vorhanden. Die

Verbindung mit dem Bild des Stuhles wird Ihre Wut bis zu einem gewissen Grade verändern und weiterentwickeln, und ebenso wird Ihre Auffassung von dem, was ein Stuhl sein kann, verändert und weiterentwickelt. Die Veränderung, die unsere alltägliche Auffassung von diesen beiden Begriffen durchmacht, ist nur gering, denn ein Stuhl bleibt ein Stuhl, und Wut bleibt Wut. Dennoch ist etwas Neues vorhanden.

Eine solche Verbindung erscheint Ihnen nur dann merkwürdig, wenn Sie jede Erfahrung als etwas Isoliertes, von andern Erfahrungen Losgelöstes betrachten. Denken Sie wieder an mein Beispiel von dem Fremden, der nachts hinter Ihnen hergeht. Die Bewegung, die Sie schließlich ausführen, entsteht aus der körperlichen Empfindung aller möglichen Bewegungen und ihrer Resultate. Jede Erfahrung ist eine Verbindung vieler anderer Erfahrungen. Diese verbinden sich miteinander, um die neue Erfahrung zu formen. Auch das Wort »Verbindung« verändert sich. Seine herkömmliche Bedeutung wird mit dem hier geschilderten Kontext verschmolzen. Das Wort »Verbindung« sagt das schon.

18. Klang und Bild

Die traditionelle Theorie, wonach die fünf Sinne ursprünglich voneinander getrennt waren und nur durch Assoziationen miteinander in Beziehung treten, ist falsch. Auch das, was wir »nur« sehen, entsteht in Verbindung mit dem, was wir hören, fühlen, riechen, schmecken, berühren, und mit der Art, wie wir leben und uns in bestimmten Situationen verhalten. Was wir »nur« für einen Ton halten, ist in Wirklichkeit ein äußerst komplexes Produkt. Tiere hören nicht »Töne« – sie hören immer andere Tiere, fallende Bäume, komplexe Ereignisse. Der »reine Klang« ist ein abstraktes, symbolisches Produkt des menschlichen Geistes, kein natürliches, ursprüngliches Element.

Ebenso sehen Tiere keine Bilder, sondern Gegenstände. Etwas sehen und dies als »nur« visuell aufzufassen, ist viel komplexer. Wenn wir das Bild eines Berges betrachten, sehen wir den Berg und sehen gleichzeitig, daß es ein Stück Papier ist. Das Vorstellungs- und Kombinationsvermögen des Körpers ist mitbeteiligt, wenn Sie einen »reinen Klang« oder ein »rein visuelles« Bild wahrnehmen.

Deshalb ist der ganze Körper stark betroffen, wenn Sie sich gewisse Töne oder Farben vorstellen. Viele Einzelheiten verbinden sich miteinander, um einen Klang oder ein Bild herzustellen.

Der Anblick gewohnter Gegenstände bleibt unverändert, nicht weil die Sicht von anderen Erfahrungen losgelöst wäre, sondern weil alle mit diesem Gegenstand zusammenhängenden Erfahrungen sich bereits miteinander verbunden haben, um das Bild des Gegenstandes herzustellen.

19. In jeder neuen Erfahrung verbinden sich vergangene Erfahrungen

Vergangenheit und Gegenwart sind nicht zwei verschiedene Dinge in voneinander getrennten Zeiträumen. Die Vergangenheit ist in der Gegenwart enthalten. Vergangene Erfahrungen helfen mit, die heutigen Erfahrungen zu formen. In dieser Rolle verändern sie sich auch. Sie sind aber immer noch vorhanden, und sie können sich auf eine andere Weise in einer anderen heutigen Erfahrung verändern.

Auch wenn der Körper neue Formen entwickelt, behält er dennoch die alten Formen bei. Er verfügt zu keinem Zeitpunkt nur über die gegenwärtigen Handlungsmuster. Das kann man in vielen Beispielen feststellen. Ein Embryo geht durch verschiedene frühere Entwicklungsstadien der Stammesgeschichte. Freud fand heraus, daß das »Unbewußte« (der Körper) infantile Verhaltensweisen bewahrt und wiederholen kann. Die Vergangenheit ist immer vorhanden.

Dies trifft auf alle Erfahrungen zu, im Wachzustand, im Traum und im »Felt Sense«. In jedem Augenblick sind zahlreiche vergangene Erfahrungen vorhanden, die sich miteinander verbinden, um die Wahrnehmung der Gegenwart zu formen.

20. »Unvollendete Ereignisse« zeigen die Verbindung

Bisher haben wir die gewöhnlichen »vollendeten Ereignisse« vom »Felt Sense«, den ich als »mehr als vollendet« bezeichnet habe, unterschieden. Es gibt noch einen dritten Typ, die »unvollendeten Ereignisse«.

Jede Erfahrung schließt Verbindungen mit ein, aber in Träumen (und in gewissen anderen Zuständen mit verändertem Bewußtsein) kann man diese Verbindung wirklich sehen, weil sie noch unvollendet ist. Normalerweise sehen wir sie nicht, denn in den alltäglichen Erfahrungen ist sie bereits vollendet; wir sehen nur das Resultat, nicht den Vorgang.

So kann zum Beispiel die Person, die ich gehen sehe, nicht mein Vater sein, denn mein Vater ist tot. Außerdem hat er nicht in dieser Stadt gelebt. Diese Tatsachen bilden meine Erfahrung. Deswegen sehe ich nur einen Mann, der meinem Vater gleicht; ich sehe nicht, auch nicht auf den ersten Blick, meinen Vater.

Nehmen wir an, daß sich eine Mauer zwischen diesem Mann und mir befindet, sodaß ich nur den Kopf des Mannes sehe, der sich vorwärts bewegt. Ich sehe nicht als erstes die unmögliche Erscheinung eines sich vorwärtsbewegenden Kopfes und korrigiere diese dann. Ich sehe einen Mann, der hinter der Mauer einhergeht.

Ein vertrauter Anblick entsteht dann, wenn alles, was mit einem Gegenstand zusammenhängt, bereits in das Bild dieses Gegenstandes eingegangen ist. Das nennen wir ein »vollendetes Ereignis«.

Nehmen wir an, ein Ereignis sei »unvollendet« geblieben. Dann kann es weiter geformt werden, und wir können diesem Vorgang zusehen und ihn fühlen.

In veränderten Bewußtseinszuständen sind unsere Erfahrungen nicht, wie gewohnt, vollendet und abgeschlossen. Ihr Entstehungsprozeß ist immer noch im Gange. Ich könnte meinen Vater sehen, bevor ich einen Mann sehe, der ihm gleicht. Ich könnte einen sich bewegenden Kopf sehen und erst dann die Wand.

Warum sind gewisse Ereignisse unvollendet?

21. Wann und warum treten »unvollendete« Ereignisse auf?

Träume, Meditation, Drogenrausch, Reizentzug und Hypnose können alle eine Verminderung der normalen körperlichen Interaktionen bewirken. Wenn wir schlafen, werden wir weder sprechen, noch gehen, noch mit anderen Leuten oder Gegenständen Kontakt aufnehmen.

Wenn wir uns im wachen Zustand etwas vorstellen, ziehen wir uns auch in uns selbst zurück und entspannen uns bis zu einem gewissen Grad. Wir wenden unsere Augen ab von dem, was um uns herum vorgeht. Wir bemühen uns, nichts zu hören, was in unserer Umgebung gesagt wird, und die Dinge um uns herum nicht zu sehen. Damit wird es uns leichter, Bilder und Gedanken in unserem Inneren aufsteigen zu lassen.

Wenn die Entspannung tiefer wird, besteht von einem gewissen Punkt an die Gefahr, daß das Körpergefühl verschwindet. Der Körper ist nun nicht mehr in ständiger Wechselbeziehung mit allen Umständen und Möglichkeiten. Das Körpergefühl ist es aber, durch welches Situationen interpretiert werden! Deshalb kann man jenseits dieses kritischen Punktes nichts mehr auf die gewohnte Weise wahrnehmen. Selbst alltägliche Wörter haben nicht mehr ihre vollständige Bedeutung. Wenn man eine unter Hypnose stehende Person zum Beispiel anweist, ihre Hand zu heben, so hebt diese Person die eine Hand lediglich vom Handgelenk an. Diese engere Interpretation einer Aussage zeigt, daß gewisse gewohnte Verbindungen nicht mehr funktionieren, wenn wir hören oder sehen. Die gewohnte Form der Dinge ist noch nicht vollständig vorhanden. In tiefer Entspannung sind die Ereignisse unvollendet, der Formprozeß ist noch im Gange.

22. In »unvollendeten« Ereignissen kann eine kleine Hinzufügung große und ungewohnte Unterschiede bewirken

Wenn Ereignisse unvollendet sind, kann irgend eine Kleinigkeit sich mit vielem anderen verbinden. Deshalb kann eine kleine Ursache große Veränderungen bewirken. Sie nimmt teil am Verbindungsprozeß, der noch im Gange ist. Aus diesem Grunde sind unvollendete Ereignisse auf ihre Art ereignisvoller und offener gegenüber momentanen Einflüssen als gewöhnliche Ereignisse.

In gewissen bewußtseinsverändernden Zuständen kann eine kleine Facette die Form nachfolgender Ereignisse beeinflussen. Ihre Wirkung kann sich in allem anderen manifestieren. Ihre Bedeutung vergrößert sich durch die Verbindung mit anderen Erfahrungen. In einem Traum kann eine kleine Bemerkung vom gestrigen Tag eine Bedeutung entfalten, die alles andere beeinflußt. Ein scheinbar unwichtiges Gefühl kann sich im Traum mit vielen anderen Erfahrungen verbinden.

In unvollendeten Ereignissen kann eine Facette mehr Verbindungen eingehen als gewöhnlich.

23. *Unvollendet, vollendet und mehr als vollendet*

Ich habe drei Arten von Ereignissen unterschieden.

Bei »unvollendeten« Ereignissen, wenn der Körper entspannt ist, können Sie einen Stuhl sehen und berühren, aber einige der mit dem Gegenstand »Stuhl« verknüpften Erfahrungen und Ideen sind dabei nicht mehr vorhanden. Dann hat der Stuhl nicht mehr die ganze Funktion, die er normalerweise hat. Dafür kann man etwas anderes aus ihm machen, was aus vollendeten Dingen nicht mehr gemacht werden kann. Nehmen wir an, Sie seien wütend auf die Person, die Ihnen den Stuhl gegeben hat. Wenn diese Wut mit dem Stuhl in Verbindung tritt, sieht er anders aus als zuvor. Wäre der Stuhl ein vollendeter Gegenstand gewesen, so könnte die Wut keinen Einfluß mehr auf ihn haben. Auch die Wut ist noch nicht vollendet. Es kann noch mehr in sie eindringen; sie ist immer noch im Entstehen begriffen. Die Facetten, die zusammen die Wut ausmachen, kommen immer noch, eine nach der anderen. Sie können jede davon einzeln fühlen, was sie vorher noch nie gekonnt haben. Auch der Stuhl kann seine Struktur ändern; er kann, wenn Sie das Bedürfnis haben, weggehen und etwas für Sie tun. Oder er kann sich in das Bild verwandeln, das Sie benötigen. Er kann das, weil er sich immer noch im Entstehungsprozeß befindet. Er ist nicht auf den gewohnten, vollendeten Gegenstand beschränkt. Wenn sich Ihre Erfahrung nur aus »vollendeten« Dingen zusammensetzt, dann ist ein Stuhl nichts anderes als ein Gegenstand im Raum. Ihre Wut ist nichts anderes als Wut. Die gewohnten Aspekte haben sich bereits miteinander verbunden, um diese beiden Gegenstände zu formen. Stuhl und Wut können sich auch weiter mit anderen Dingen verbinden, aber nur innerhalb ihres eigenen gewohnten Beziehungsfeldes. Sie könnten zum Beispiel den Stuhl aufheben und zum Fenster hinauswerfen. Oder Sie könnten ein Stück Holz oder Stoff benötigen, und dieses Bedürfnis kann sich mit dem Gegenstand »Stuhl« verbinden. Wie groß aber auch ihr Bedürfnis sei, der Stuhl kann nur als Stuhl darauf antworten. Vielleicht kann er auf Ihr Bedürfnis überhaupt nicht eingehen. Sie sitzen in Ihrem Zimmer, und das Bedürfnis bleibt stecken, in Ihrem Körper.

Im Gegensatz zu vollendeten und unvollendeten Ereignissen ist der »Felt Sense« »mehr als vollendet«. In einer einzigen Verknüpfung schließt er alle gewohnten Verbindungen mit ein, wie auch die, die im Normalfall nicht entstehen können. Der neue »Felt Sense« öffnet sich und verändert die gewohnten Gegenstände, Wörter und Handlungen. Sowohl »unvollendete« und »mehr als vollendete« Ereignisse schließen Ihre Bedürfnisse mit ein. Beide von ihnen öffnen die abgeschlossenen, gewohnten Dinge und Gefühle. Sie tun es aber auf verschiedene Art. Wir wollen diesen Unterschied näher betrachten.

Sehen wir zuerst, wie unsere Bedürfnisse in den Träumen, die unvollendete Ereignisse sind, erscheinen.

24. Warum beziehen sich Träume auf Ihre gegenwärtigen Bedürfnisse?

Wie kann ein Traum etwas Wertvolles bringen? Ist er nicht ein bloßes Durcheinander?

Nein, Verbindungen sind immer »relevant«. »Relevanz« und »Verbindung« sind beinahe dasselbe. Alles, was für ein bestimmtes Ereignis relevant ist, wird mit diesem verbunden.

Deshalb wird nicht nur eine Laune oder eine Bemerkung von gestern sich mit dem verbinden, wie die Menschen und Dinge in Ihrem Traum aussehen und handeln. Alles, was zu diesem Netzwerk »relevanter« Querverbindungen beitragen kann, dringt in Ihren Traum ein.

Wir haben gesagt, daß der lebende Körper sein Verhalten, das, was als Nächstes geschieht, im voraus bestimmt. Sie essen nicht, wenn Ihr Körper nicht hungrig ist. Sie atmen nur aus, wenn Sie eingeatmet haben. Das, was als nächstes geschieht, ist das, was Ihr Körper schon enthält. Wenn es aus irgendeinem Grunde nicht geschehen kann, bleibt die Voraussetzung bestehen. Was auch immer daraus entstehen kann, entsteht.

Bei »unvollendeten« Ereignissen kann mehr daraus entstehen. Auf der anderen Seite ist der Körper nicht voll funktionstüchtig, sodaß diese neuen Ereignisse normalerweise nicht den vollen, körperlichen Schritt darstellen. Aber wir können verstehen, daß das, was sich jetzt bildet, gerade das ist, was Sie jetzt brauchen, was nicht ausgelebt oder nicht vorhanden ist.

»Das, was Sie brauchen« kann in zwei verschiedenen Formen auftreten. Die Ereignisse des Traumes können ein Bedürfnis, einen Mangel oder ein Problem in Ihrem Leben darstellen. Seltener bringt der Traum eine Antwort und zeigt Ihnen, wie Sie einen Schritt machen können auf das zu, was Ihnen fehlt oder nicht ausgelebt ist.

25. Ganzheit ist kein Muster

Müssen wir nicht wissen, was menschliche »Ganzheit« ist, wenn wir von Bedürfnissen, von etwas »Unausgelebtem« oder »Fehlendem« sprechen? Ist es eine Fülle von wohlbekannten zyklischen Ereignissen wie Essen, Darm entleeren, hungrig werden, wieder essen? Jedes Tier ist auf seine Art vollkommen; es wächst, baut sein Nest, zieht seine Jungen auf, und altert in der seiner Art angepaßten Weise. Viele Leute nehmen an, daß das menschliche Leben auch aus solchen sich ewig wiederholenden, immer gleichen Zyklen besteht. Die menschliche Ganzheit ist aber komplizierter als das. Sie schließt die Entwicklung einer individuellen Person mit ein.

Ohne diese individuellen körperlichen Schritte können wir nur sehr allgemeine Aussagen machen über Ganzheit. Wir können wichtige Dimensionen erkennen: Liebe, Sex, Arbeit, Kunst. Durch eine bestimmte Lebensweise können eine oder mehrere dieser Dimensionen weggelassen oder unterdrückt werden. Deshalb tritt ein Gefühl der Ganzheit ein, wenn eine wichtige Dimension, die bisher nicht vorhanden oder unterdrückt war, auch ein wenig entwickelt wird.

Solche Allgemeinheiten erklären aber nicht den spezifisch auf Sie zugeschnittenen nächsten Entwicklungsschritt. Ganzheit bedeutet nicht einfach Abgerundetsein. In allen Dimensionen ist stets eine Weiterentwicklung möglich.

Die menschliche Natur öffnet sich wie der Buchstabe »V« weiter und weiter nach oben. Sie schließt sich nicht, wie die Form eines Diamanten, am oberen Ende wieder. Menschliche Muster bewegen sich immer weiter weg von einer geschlossenen Form oder einem geschlossenen Inhalt. Jedes kleine Kind ist eine Ganzheit. Die kindliche

Ganzheit ist immer noch in allen von uns, in unserem Inneren. Was bedeutet aber diese Ganzheit, wenn man die Entwicklung zum Erwachsenen betrachtet?

Es gibt da einen scheinbaren Widerspruch. Tiere, Kinder und Primitive sind ganzheitlicher als wir. Auf der anderen Seite ist der Mensch heute weiter entwickelt, und der Erwachsene ist sicher eine Weiterentwicklung aus dem Kind. Das Kind beginnt als Ganzheit, aber die Entwicklung zum Erwachsenen ist nicht einfach ein Verlust! Ganzheit kann es auf verschiedenen Ebenen geben. Sie ist nicht etwas endgültig Festgelegtes. Sie ist von Anfang an da und wirkt weiter in uns auf jeder Entwicklungsstufe.

Ganzheit ist kein altes oder neues Verhaltensmuster.

26. Ganzheit ohne »Felt Sense«

Ganzheit (und die Wirkung des Wortes »Ganzheit«) muß sich für uns aus ihrer körperlichen Wirkung definieren.

Nehmen wir an, ein Künstler sei nicht befriedigt von seinem Werk. Selbst ohne einen »Felt Sense« von dem zu haben, was nicht stimmt, ist er für einen Augenblick blockiert. Das Bild »wirkt« nicht. Es ist kein vollkommenes Ganzes. Der Körper empfindet nicht nur das Gefühl von Senkrecht und Waagrecht, wenn zum Beispiel ein Bild schief hängt. Er fühlt auch die Ganzheit eines Bildes, das in dieser Form noch gar nicht existiert. Dieses komplexe, notwendige, noch ungelebte Ganze ist in uns impliziert, selbst ohne »Felt Sense«, ganz einfach durch die Tatsache, daß wir, wie dieser Künstler, steckenbleiben. Die Wendung »etwas ist impliziert« bedeutet hier, daß der Künstler nicht mehr weiter arbeiten kann, daß er seine Arbeit unterbricht, statt der Zeichnung einfach eine weitere Linie hinzuzufügen. »Impliziert« ist etwas anderes, wenn ein »Felt Sense« vorhanden ist. In unserem Beispiel mit dem unvollendeten Gedicht ist das Ende bereits im »Felt Sense« des Dichters vorhanden. Doch selbst wenn kein »Felt Sense« da ist, merkt es der Dichter, wenn etwas nicht stimmt, und wird einhalten.

Selbst ohne »Felt Sense« weist der Körper das, was falsch ist, zurück, und nimmt nur das an, was mit der unbewußt vorhandenen Ganzheit übereinstimmt. Auch wenn noch kein weiterer Schritt und noch nicht einmal ein »Felt Sense« da ist, scheint der Körper das neue Ganze und das, was dazu noch fehlt, zu kennen.

27. Nicht das Pathologische, sondern die Entwicklung ist wichtig

Was ist aber das »Ungelebte« und das »Fehlende« – sind es Anzeichen von Versagen oder gar Krankheit? Sie können ebenso gut auf Ihre Entwicklung zurückzuführen sein. Wenn Sie in einer gewissen Hinsicht Probleme haben, kann es auch sein, daß Sie sich so weit (und so gut) entwickelt haben, daß die gewöhnliche, alltägliche Lebensweise für Sie unmöglich geworden ist.

Die Leute versuchen immer, diese beiden Ursachen zu unterscheiden. Sie fragen sich, ob dieses Problem nun auf eine unglückliche Kindheit und einen Mangel an Entwicklung oder im Gegenteil auf Überentwicklung zurückzuführen ist. Sie wundern sich, weil beides der Fall zu sein scheint. Sie haben sich zu weit entwickelt für die einfachen, gewohnten Wege und müssen deshalb bessere Lösungen für ihre Probleme suchen. Die beiden Ursachen können nicht getrennt betrachtet werden.

Wenn Sie zum Beispiel nicht die Fähigkeit entwickelt hätten, andere zu umsorgen und sich in ihre Bedürfnisse einzufühlen, müßten Sie nicht mit ihren pathologischen Schwierigkeiten, Ihre eigenen Bedürfnisse zu erkennen, kämpfen. Eine Entwicklung kann gewisse pathologische Schwierigkeiten zum Vorschein bringen, die ohne diese Entwicklung nicht zum Problem geworden wären.

Auch wenn man von der Pathologie absieht, erfordert jede Entwicklung weitere Entwicklungen. Wenn Sie Ihr Einfühlungsvermögen stark entwickelt haben, müssen Sie nun auch die andere Seite entwickeln, nämlich die Fähigkeit, sich anderen gegenüber zu behaupten und durchzusetzen.

Wenn ich also von dem spreche, was Sie »brauchen«, was Ihnen »fehlt« oder was nicht »ausgelebt« ist, so bedeutet das keineswegs einen krankhaften Zustand oder eine niedere Entwicklungsstufe. Im Gegenteil! Indem Sie sich entwickeln, werden andere Entwicklungen notwendig und »fehlen« Ihnen deshalb.

Natürlich erklärt unsere Theorie das, was in Träumen und anderen Zuständen kommen kann, nicht endgültig. Theorien bestimmen nicht die Wirklichkeit. Erklärungsmuster sind nichts anderes als Muster; und wir haben gesehen, daß Muster durch Schritte geändert werden können. *Die Theorie hilft uns aber zu verstehen, weshalb Traummuster relevant sind und etwas über unser gegenwärtiges Leben aussagen. Einige dieser Muster werden*

»Ganzheitssymbole« genannt (Jung), es handelt sich dabei aber nicht um eine einfachere oder ältere Ganzheit. Die Ganzheitsmuster hängen zusammen mit unserem gegenwärtigen Bedürfnis nach einem Schritt.

Normalerweise vermitteln sie uns den Schritt selber nicht. Dagegen verbinden sich die Ganzheitsmuster mit unseren Problemen und werden von ihnen geformt.

28. Ein Traum von einem Bedürfnis, aber ohne Schritt

Lassen sie mich zuerst ein Beispiel für den Normalfall geben. Die fehlende, ungelebte Ganzheit erscheint im Traum, aber eher in Verbindung mit den Problemen der Träumerin, denn als Schritt.

Der folgende Traum zeigt deutlich die Notwendigkeit eines Schrittes, ohne aber den Schritt selbst zu bringen. Ein altes Muster für Ganzheit, ein Tier, tritt auf, wo eine Entwicklung in der Lebensweise der Person notwendig ist.

Traum vom Mutterschwein

Ich sah einem Mutterschwein zu, das auch mich darstellte. Es hatte eine Menge kleiner Ferkel. Die Kleinen sogen immer wieder an derselben Zitze, die schon ganz empfindlich geworden war und schmerzte. Die Mutter versuchte, die Kleinen von sich fernzuhalten, aber es half nichts. So legte sie sich einfach hin und ließ sie saugen. Dann wußte sie, daß sie weggehen und sich ausruhen mußte. Sie ging in einen Tunnel, und die Sonne war gerade auf der anderen Seite dieses Tunnels. Aber sie fand einen Plastiksack im Tunnel, kroch hinein und starb.

Hier verbindet sich das gesunde, ganzheitliche Tier mit der Selbstlosigkeit der Träumerin und der damit einhergehenden Unfähigkeit, sich selbst zu schützen und »nein« zu sagen. Der Traum zeigt nicht einfach ihr Verhalten. Er bringt keine Ganzheit, auch nicht die einfachere Ganzheit des Tieres. Das scheinbar einfachere Muster der tierischen Ganzheit hat nun die Komplexität ihres momentanen Problems. Aber wo ist der Wachstumsschritt? Er liegt im Tier, aber er zeigt sich nicht im Traum.

Im Traum hat das Mutterschwein das Problem der Träumerin. (Es hätte auch das Gegenteil der Träumerin sein können, gewalttätig und egoistisch). Wir müssen die Träumerin fragen, was sie tun würde, wenn sie das Mutterschwein wäre. Eine Minute lang versucht sie, physisch zu spüren, was passieren würde. Dann erscheint der Schritt in ihrem Körper: Sie jagt die Kleinen weg. »Nicht gewaltsam«, sagt sie, »ohne ihnen weh zu tun, aber bestimmt und energisch.«

Das klingt einfach; es ist das, was eine Tiermutter tun würde, aber es ist die einfache Schlußfolgerung aus einem Schritt, der in ihrem komplexen, erwachsenen Körper, in dessen gegenwärtigem Zustand, entstanden ist.

Diesmal hat der Traum das Bild gebracht. Im normalen Focusing könnte man fragen: Wie wäre mein Körper, wenn dieses Problem gelöst wäre? Manchmal steigt eine gesunde Energie dieser Art auf. Sie können auch ein ähnliches Bild bekommen und mit diesem arbeiten, als ob es aus einem Traum stammte. Wir wissen aber nicht, ob wir dasselbe Bild bekämen wie im Traum. Der Traum hat das Bild gebracht, Focusing den Schritt.

29. Wenn der Schritt im Traum erscheint

Weniger häufig, aber oft, zeigt der Traum den Schritt (siehe zum Beispiel Kapitel 17, Traum vom Buchpreis, und Kapitel 19, Traum von den Tieren im Wasser).

Manchmal ist nur ein Teil des Schrittes im Traum vorhanden:

Traum vom Geheimnis
Tante Cecily kam und flüsterte mir ins Ohr, sie habe ein Geheimnis für mich. Es war ein wundervolles Gefühl.

»Das ist meine liebste Tante, diejenige, die mir das einzige schöne Kleid kaufte, das ich in all diesen Jahren jemals bekommen habe.« Aus dem »Felt Sense« könnte die Träumerin den Schritt erfahren, der hier noch geheim ist. Es gibt viele Möglichkeiten, was er sein könnte, und eine davon könnte durch das körperliche Auftreten eines Schrittes bestärkt werden. Ob das der Fall ist oder nicht, der Schritt ist bereits im Traum vorhanden.

Hier würden wir uns nun das Bild des Traumes immer wieder in

Erinnerung rufen (siehe Kapitel 5): Tante Cecily hat ein Geheimnis für dich. Für dich. Tante Cecily hat dein Geheimnis. Sie hat ein Geheimnis für dich gebracht.

»Tante Cecily hat ein Geheimnis für mich! Jedesmal wenn ich das sage, löst es eine Art Lächeln in mir aus.«

Um diesen Schritt körperlich zu fühlen, brauchen wir nicht zu wissen, was er ist. Auch wenn wir es wissen, kann das Traumbild immer noch die beste Möglichkeit sein, den Körper dazu zu bringen, daß er den Schritt vollzieht.

Selbst wenn der Schritt im Traum erscheint, benötigen wir Focusing, um den ganzen Körper dazuzubringen, daß er den Schritt vollzieht. Der Körper verändert sich durch das körperliche Auftreten des Schrittes. Das ganzheitliche körperliche Auftreten des Schrittes ist im Schlaf normalerweise nicht möglich.

30. Das Dilemma der »Integration«

In einem tief entspannten Zustand können wir das, was in uns vorgeht, nicht vollständig erkennen. In einem Traum wissen wir selten, daß wir träumen. Das Körpergefühl, das alles interpretiert, ist entspannt. Unser ganzer Körper funktioniert nur unvollkommen. Dasselbe trifft zu auf Hypnose und Drogenrausch. Deshalb führen Fachleute eine sogenannte »Integrationssitzung« nach jeder Bewußtseinsveränderung durch. Wir müssen unser volles Bewußtsein wieder zurückerhalten, wenn wir das Neue erkennen und einen Schritt vollziehen wollen, der den ganzen Körper einbezieht.

Wenn wir uns aber wieder in unserem gewohnten Zustand befinden, dann verlieren wir die direkte Erfahrung dessen, was neu ist. Wir können uns nur noch daran erinnern.

Daraus entsteht ein Dilemma. Wir können das Neue nicht »integrieren«, wenn wir uns im Traum befinden und unser normales Bewußtsein verloren haben. Auch in unserem gewohnten Zustand können wir es nicht.

31. Focusing – Entstehen neuer Formen bei vollem Bewußtseinszustand

Der entscheidende Punkt ist dann erreicht, wenn wir uns leicht entspannen, wenn wir voll da sind und dennoch offen für mehr als vollendete Formen und Verbindungen. In diesem Punkt kann ein voller, körperlich empfundener »Felt Sense« auftreten.

Beim Focusing entspannen wir uns bis zu diesem entscheidenden Punkt. Diesen Punkt erkennen wir daran, daß wir die Antworten unseres Körpers fühlen. Das heißt: wenn wir ein Problem haben und uns einzureden versuchen, wir fühlten uns gut, dann spüren wir eine Antwort im Körper. Ein körperliches Gefühl sagt uns deutlich, daß nicht alles in Ordnung ist. Das ist der »Felt Sense«.

Es muß nicht unbedingt ein Problem sein. Auch wenn wir an etwas Erfreuliches denken und uns fragen, warum es erfreulich ist, kann der Körper antworten und uns mehr darüber sagen, als wir uns gedacht haben.

Wenn Sie sich noch weiter entspannen, über diesen entscheidenden Punkt hinaus, verschwindet dieses körperliche Gefühl, oder es wird empfänglich für Suggestionen.

Aber an diesem entscheidenden Punkt kann der Focusing-Prozeß tiefer und tiefer dringen. Dabei gibt es zwei verschiedene Arten von »Tiefe«.

32. Zwei verschiedene, als »Tiefe« bezeichnete Dimensionen

Die Tiefe der den Körper einschränkenden sensorischen und motorischen Inhibition ist die eine wohlbekannte Dimension. Die Tiefe des Focusing-Prozesses ist eine andere Art von Tiefe. Focusing-Schritte, die in der einen Dimension am selben kritischen Punkt stehenbleiben, können in der anderen Dimension sehr tief oder nur wenig tief gehen.

Manche Leute wissen, wenn sie träumen, daß es ein Traum ist. Man bezeichnet diese Erscheinung als »luzides Träumen«. Wenn Sie diese Fähigkeit haben, würde ich Ihnen empfehlen, den Traum nicht zu kontrollieren, keine bewußten Konstruktionen einzubringen. Ich würde Ihnen eher empfehlen, mit dem, was im Traum erscheint, in Beziehung zu treten.

Im Stamm der Sennoi, der Luzidität praktiziert, fragt der Träumer die im Traum auftretenden Figuren, warum sie kommen und was sie zu bringen haben. Dann kann der Traum weitergehen, ähnlich wie in unserer Frage 9.

Einige Meister der Meditation sollen auch in »tiefer« Meditation ihre ganze körperliche Aufnahmefähigkeit beibehalten. Sie können ein leises Geräusch hören, das die meisten Meditatoren nicht hören können. Auch das zeigt, daß es zwei verschiedene Dimensionen von »Tiefe« gibt. Vielleicht können diese Leute auch einen frischen, körperlichen vollkommenen Schritt sich formen lassen als Antwort auf das, was in diesen Zuständen aufsteigt.

Im entscheidenden Punkt kann man fühlen, wie der Körper antwortet. Ein frischer körperlicher Schritt kann entstehen, zusammengesetzt aus allem, was Sie sind und wissen.

Jeder Schritt von dieser Art ist ein Stück Integration. Aus diesem Grunde mögen, verglichen mit den überwältigenden »unvollendeten Ereignissen«, manche Focusing-Schritte klein erscheinen.

33. »Integration«

Das Wort »Integration« umschreibt hier einen körperlichen, nicht logischen Vorgang. Da Fachleute dieses Wort in die Praxis eingeführt haben, hat sich seine Bedeutung gewandelt. Integration heißt hier nicht, einen neuen Bestandteil zwischen die alten einzufügen. Einige Bestandteile werden hinausgeworfen, andere verändern sich; es gibt keine bestimmte Anzahl von unveränderlichen Bestandteilen, die ein Ganzes bilden; das Ganze besteht nicht wirklich aus einzelnen Teilen. Ein Schritt ist ein Stück Leben. Er ist nicht das Auswechseln eines Bestandteils in einem sonst unveränderten Ganzen, sondern eine Veränderung des Ganzen, durchgeführt vom ganzen Körper.

Ich weiß nicht, ob der »Felt Sense« die einzige Integrationsmöglichkeit ist. Ich weiß aber, daß er integrativ ist.

Ein »Felt Sense« enthält alles, was zu einem vollendeten Ereignis gehört, doch er ist gleichzeitig auch offen.

34. Das Auftreten eines »Felt Sense« ist bereits eine Veränderung

Ein »Felt Sense« unterscheidet sich von den normalen Vorgängen unseres Bewußtseins: Ideen, Erlebnisse, Erinnerungen, Emotionen, und alles, was uns vertraut ist. Diese haben eine künstliche Stabilität und scheinbare Kontinuität. In Wirklichkeit sind sie aber Produkte. Wenn wir versuchen, uns mit Hilfe von ihnen zu erklären, bekommen wir eine falsche Erklärung. Das, was der Körper in sich hat, ist ganz anders und viel umfassender. Es besteht nicht aus Daten von der Art, wie sie als Objekte in unserem Bewußtsein vorhanden sind.

Ein »Felt Sense« schließt das Problem als ganzes mit ein. Er ist einfach das unangenehme Gefühl, daß etwas nicht stimmt. Die gewohnten Aspekte des Problems und noch viel mehr sind miteinander verbunden, integriert, verdichtet in der Entstehung dieses bestimmten neuen »Felt Sense«.

Enthält aber ein Felt Sense alles, was in unserem Körper vorhanden ist? Ist ein »Felt Sense« nicht auch bloß ein »Datum«? Ja, dieses undefinierbare Gefühl in meinem Körper ist eine Art von Datum, ein »Etwas«. Das Auftreten eines »Felt Sense« ist aber neu.

Die Entstehung und das Auftreten irgendeines Datums ist eine Produktion, eine Veränderung. Diese Veränderung ist mehr als das bloße Datum, das Sie bekommen. Die körperliche Veränderung, die das Aufsteigen der Wut in Ihnen auslöst, ist viel mehr als die Wut allein. Das Aufsteigen irgendeiner Emotion bringt eine Veränderung.

Das physische Auftreten irgendeines Datums ist eine Veränderung. Leider wiederholen wir oft immer und immer wieder dieselben Veränderungen. Das Aufsteigen eines »Felt Sense« aber ist eine neue Veränderung jenseits des gewohnten Flusses der wechselnden Gefühle.

Ein »Felt Sense« erfordert normalerweise, daß wir bewußt etwas suchen, was noch nicht da ist, und darauf warten, daß es sich verdichtet und aufsteigt.

Nur schon das Auftreten eines »Felt Sense« verändert die verinnerlichten Sprech- und Handlungsmuster. Deshalb können danach aus dem »Felt Sense« neue Handlungs- und Sprachformen entstehen.

35. *Reduzieren Sie Träume und Focusing nicht auf Theorien*

Diese theoretischen Konzepte ersetzen keine Träume oder körperlichen Vorgänge. Vielmehr helfen uns die Träume und unser Körper, Konzepte zu entwickeln.

Zu Beginn dieses Anhangs sagte ich: Wenn Sie diese Theorie nicht mögen, lassen Sie sich dadurch bei den Erlebnis-Schritten, die das Buch beschreibt, nicht stören. Diese Schritte basieren nicht auf der Theorie, und Sie benötigen die Theorie nicht, um sie durchzuführen.

Ich beende diesen Anhang, indem ich sage: wenn Sie die Theorie mögen, beschränken Sie Ihre Träume bitte nicht darauf. Die Theorie stellt nicht das dar, was »ist«. Sie ergibt einen Sinn, aber diese Sinngebung ist selbst eine Art von Schritt, die das erweitert, was »war«. Dadurch können sich wiederum weitere Schritte ergeben, die mit der Theorie nicht mehr übereinstimmen müssen.

ANHANG B: WIE JEDE FRAGE ANGEWANDT WERDEN SOLL

Hier werden die Fragen ausführlich erklärt. Die kurzen Einführungen stammen aus dem Kapitel zwei und werden hier im Wortlaut wiederholt.

Frage 1: Was steigt auf?

Welche Assoziationen haben Sie im Zusammenhang mit dem Traum?
Was fällt Ihnen ein, wenn Sie an den Traum denken?
Oder greifen Sie einen einzelnen Aspekt des Traums heraus. Was kommt im Zusammenhang damit?

Bevor wir eingreifen, wollen wir sehen, was von selbst kommt. Wenn wir einmal andere Fragen gestellt haben, kommt das vielleicht nicht mehr.

Es gibt noch einen anderen Grund. Selbst in gewohnten Situationen, wenn Sie anderen Leuten etwas sagen oder erzählen möchten, ist es von Vorteil, wenn Sie die anderen zuerst sagen lassen, was sie Ihnen mitteilen wollen. Sonst sind sie mit dem beschäftigt, was sie sagen wollen, und können das, was Sie ihnen erzählen, nicht mehr richtig aufnehmen. Wenn sie aber ihre eigene Mitteilung losgeworden sind, können sie ihre Aufmerksamkeit auf Sie richten. Genau so ist es auch mit Ihrem Körper. Bevor Sie ihm Fragen stellen, lassen Sie ihn zuerst sagen, was er über den Traum zu sagen hat.

Nehmen Sie sich eine Minute Zeit, um das aufzunehmen, was von selbst kommt.

Wenn Sie noch nicht genug bekommen haben, dann machen Sie dasselbe mit jedem einzelnen Teil des Traumes.

Was Ihnen auch immer einfällt, soll willkommen sein.

Ich werde Ihnen nach der Frage 3 mehr darüber sagen, wie Sie Assoziationen benutzen sollen.

Frage 2: Gefühl?

Was empfanden Sie im Traum?

Versuchen Sie, die Gefühle wieder gegenwärtig werden zu lassen, so weit dies möglich ist. Greifen Sie den verwirrendsten, merkwürdigsten, erstaunlichsten oder schönsten Teil des Traumes heraus. Malen Sie ihn sich aus und lassen Sie einen »Felt Sense« darüber in Ihrem Körper entstehen.

Dann fragen Sie: »Was in meinem Leben erweckt dieses Gefühl?«

Oder: »Woran erinnert mich diese Art von Gefühl? Wann habe ich ein solches Gefühl empfunden?«

Oder: »Was ist neu für mich in diesem »Felt Sense«?«

Die meisten Leute achten nur auf Gefühle, die sie kennen, wie Zorn, Sorge, Freude, Eifersucht, Enttäuschung – Gefühle, denen sie einen Namen geben können. Wenn ein Gefühl keinen Namen hat, sagen sie, es sei »nichts«. Wir müssen ihnen

erst erklären, daß sie auch auf Gefühle achten
können, für die es keinen Namen gibt. Ein
Traum und jeder Teil davon bringt ein merkwür-
diges Gefühl, eine unbenennbare Empfindung –
den »Felt Sense«. Es ist die einzigartige Art von
Empfindung, die dieser Teil des Traumes auslöst.
»Hmm ... irgendwie ... hmm«. Sie verziehen
Ihr Gesicht und verrenken Ihren Körper im
Bemühen, ein Wort für dieses Gefühl zu finden.
Sie finden keines, aber das Gefühl ist da.

Die Etikette, die Sie diesem Gefühl anhängen
könnten, ist unwichtig. Hauptsache, daß es da ist.
Wo und wann haben Sie dieses Gefühl schon
gehabt?

Gefühle, die Sie benennen können, wie Angst,
Wut oder Enttäuschung, können auch im Traum
enthalten sein. Aber auch so schließt das ganze,
umfassende Gefühl mehr ein als das, was Sie
benennen können. Was in Ihrem Leben löst in
Ihnen dieses zornige, dieses ganze Gefühl aus?

Durch die Arbeit an Träumen mit der Focusing-Methode gewöhnen Sie sich daran, auch an
anderen Problemen auf diese Art zu arbeiten.
Und nicht nur an Problemen. Focusing an der
gefühlten »Grenze« ist oft wertvoll, dann zum
Beispiel, wenn Sie Kreativität, neue Ideen, eine
Veränderung der gegenwärtigen Konstellation
benötigen. Woher kommt die Erneuerung? Wie
kann etwas Neues, das genau auf die heutigen
Umstände zugeschnitten ist, entstehen? Es steigt
aus dem »Felt Sense« auf, dem Körpergefühl, das
alle Aspekte, die gegenwärtigen und die vergangenen, zusammenfasst – mehr, als man erfassen
kann, wenn man sie einzeln betrachtet.

Die meisten Leute achten nur auf die Äußer-
lichkeiten, selbst dann, wenn sie träumen. Wenn
sie zum Beispiel gefragt werden: »Woran erin-

nert Sie dieser Ort im Traum?« werden sie sich auf die äußere Erscheinung dieses Ortes beschränken. Es ist aber das Gefühl, das dieser Ort auslöst, welches am besten Assoziationen auslösen kann.

Um den »Felt Sense« deutlich zu bekommen, wenn Sie sich die Szene des Traumes vorstellen, achten Sie auf die Mitte Ihres Körpers. Fühlen Sie, welche Empfindung das Traumbild dort auslöst.

»An welchen Aspekt Ihres Lebens erinnert Sie dieses Gefühl?« Lassen Sie Ihr gegenwärtiges Leben an sich vorbeiziehen: Welches sind Ihre größten Sorgen? Gehen Sie die wichtigsten Situationen oder Probleme durch, zum Beispiel Ihre Arbeit, Ihre Beziehungen, Ihre Konflikte, Ihre Pläne. Wenn Sie sich diese Dinge vergegenwärtigen, fühlen Sie den »Felt Sense«. Sie fragen sowohl: »Was ist gleich wie das Ereignis im Traum«, als auch: »Was erzeugt dasselbe Gefühl?«

Zum Beispiel: »Diese eigenartige Stimmung an jenem Ort im Traum . . . welche Situation in meinem Leben ist so?« (Focusing . . . es kommt nichts.) »Gut, welches meiner Probleme ist so?« (Focusing . . . wieder nichts.) »Irgendwie kommt mir dieses Gefühl vertraut vor . . . Was in meinem Leben könnte es sein? . . . Aha . . .«

»Was in meinem Leben löst dieses Gefühl aus?« Diese Frage wird auch bei den übrigen Fragen immer wieder gestellt. Sie begleitet Sie im Laufe des folgenden Prozesses.

Wenn Sie in Ihrem Leben etwas gefunden haben, das dasselbe Gefühl auslöst wie der Traum, nehmen Sie nicht zu schnell an, der Traum betreffe nur gerade diesen Aspekt. Er könnte sich auch auf ein breiteres Thema beziehen. Der Aspekt, der Ihnen eingefallen ist, könnte nur ein Bestandteil eines größeren Ganzen sein. Wenn Sie dieses einmal identifiziert haben, werden Sie sehen, daß es noch mit vielen anderen Situationen in Ihrem Leben zusammenhängt.

Frage 3: Gestern?

»Was habe ich gestern getan?« Versuchen Sie, sich den vorangegangenen Tag ins Gedächtnis zurückzurufen. Erinnern Sie sich auch an das, womit Sie innerlich beschäftigt waren. Vielleicht ist etwas dabei, was mit dem Traum zusammenhängt.

Denken Sie an gestern, wohin Sie gegangen sind, wen Sie gesehen haben, mit wem Sie gesprochen haben, und so weiter. Beachten sie auch Ihr Innenleben: Was haben Sie gefühlt? Was hat Sie beschäftigt? Wenn Sie den gestrigen Tag langsam an sich vorübergehen lassen, werden Sie bestimmt etwas finden, das mit dem Traum zusammenhängt.

Freud sagte, jeder Traum habe »Überbleibsel des Tages« in sich. Vielleicht trifft das nicht auf jeden Traum zu, aber die Ereignisse des Tages spielen bei der Entstehung der Träume oft eine wichtige Rolle.

Assoziationen: Eine Assoziation oder eine Erinnerung an den vorangegangenen Tag kann einen Hinweis geben. Manchmal kann dadurch der ganze Traum mit einem großen »Felt Shift« klar werden. In den meisten Fällen bewegt sich jedoch noch nichts. Wir »behalten« aber diese Assoziation, sodaß wir alles Neue damit in Verbindung bringen können.

Wiederholt der Traum die Ereignisse des Tages? In der Regel ist das nicht der Fall. Ich kann zum Beispiel einen Traum über Bob haben, den ich seit langem nicht mehr gesehen habe. Dann erinnere ich mich, daß ich mit Marcia über Bob gesprochen habe. Handelt der Traum von meiner Beziehung zu Marcia? Nicht unbedingt. Der Vorfall ist eines der Materialien, die der Traum benutzt. Zu welchem Zwecke weiß ich noch nicht.

Nachdem ich mich einmal an das Gespräch mit ihr erinnert habe, ist Marcia in die Interpretation meines Traums einbezogen. Im Traum selber ist sie nicht aufgetreten. Ich hätte nie an sie gedacht. Jetzt aber kann ich mich an das eigenartige Gefühl erinnern, das die gestrige Unterredung mit ihr in mir zurückgelassen hat. Warum habe ich mit ihr über Bob gesprochen? Oh, ich weiß ... Der Grund, warum ich mit ihr gesprochen habe, wird nun in das umfassende Gefühl, das ich aus dem Traum gewonnen habe, einbezogen. Etwas später wird mir plötzlich ein anderer Teil des Traumes klar. Wenn ich nun wieder an Marcia denke, kann der Groschen fallen! Ah ...

Freuds Methode bestand darin, jede Assoziation einzeln zu verfolgen. Sie können das auch tun. Mit Focusing können wir aber die Assoziationen wirkungsvoller anwenden. Versuchen Sie, das Gefühl, den »Felt Sense« jeder Assoziation zu bekommen. Setzen Sie die Assoziationen aber auch miteinander in Beziehung, und verbinden Sie sie mit allem Neuen, das kommt.

Die ersten drei Fragen können auch bei allen anderen Fragen angewandt werden. Bei den weiteren Fragen können Sie andere Assoziationen bilden.

Bei allen Fragen müssen Sie auf das Gefühl achten, das sie in Ihnen hervorrufen, und sich fragen, was in Ihrem Leben dieses Gefühl auslösen könnte.

Die Fragen 1, 2 und 3 bieten drei verschiedene Möglichkeiten, Assoziationen zu bekommen.

Wenn Sie einige Assoziationen haben, brauchen Sie sich nicht zu bemühen, immer weitere zu bekommen. Sie brauchen nicht alle drei Fragen zu stellen. Sie können später darauf zurückkommen, im Zusammenhang mit irgendeinem anderen Teil des Traumes.

Frage 4: Ort?

Versuchen Sie, sich den wichtigsten Schauplatz Ihres Traumes in Erinnerung zu rufen und vorzustellen.
Woran erinnert er Sie?
Wann waren Sie an einem solchen Ort?
Welcher Ort erweckte in Ihnen ähnliche Gefühle?

Der Schauplatz des Traumes kann eine Mischung sein von verschiedenen Orten, an die Sie sich erinnern.

War es ein düsterer oder ein heller, offener Ort, war er sicher und bequem oder fremd und bedrohlich, vertraut oder ungewohnt, oder wie sonst?

Achten Sie auf das Gefühl, das er auslöst; wahrscheinlich gibt es kein Wort dafür. An welchem Ort, an dem Sie schon gewesen sind, haben Sie sich so ähnlich gefühlt?

Vielleicht können Sie einer anderen Person helfen, zu verstehen, wie so ein Gefühl sein kann, wenn Sie ihr verschiedene solche Begriffe vorschlagen. Sagen Sie ihr aber, daß sie kein Wort dafür brauche. Wichtig ist es, daß dieses Gefühl durch Focusing erfaßt wird.

Erinnern Sie sich an die Einzelheiten des Schauplatzes: War es eine langgezogene Wohnung? Was befand sich außerhalb des Fensters? Wann waren Sie in solch einer langgezogenen Wohnung mit einem Garten außerhalb des Fensters, und hatten dabei dieses Gefühl der Schwere?

Beispiel: Traum von der 55. Straße und dem Lake Park

Im Traum sah es genau aus wie die 55. Straße und der Lake Park, aber es sah nicht aus wie heute, sondern so wie vor vielen Jahren, bevor alle die Gebäude, die heute dort stehen, errichtet wurden.

Das führt zu der Frage: Warum läßt der Traum diese Ereignisse in einem Schauplatz aus jener vergangenen Zeit stattfinden? Was geschah damals mit Ihnen, das heute von Bedeutung ist?

Frage 5: Handlung?

Fassen Sie die Handlung Ihres Traums kurz zusammen. Dann fragen Sie sich: Was in meinem Leben ist wie diese Geschichte? Teilen Sie die Ereignisse des Traums in zwei oder drei Schritte ein: »Zuerst . . ., und dann, . . . und dann . . .«
Stellen Sie es allgemeiner dar, als es im Traum erschienen ist. Das kann auf verschiedene Arten getan werden, wenn der erste Versuch keine Wirkung zeigt.

Beispiel: Traum vom Überqueren eines Flusses
Ich mußte den Fluß überqueren; es gab aber keinen Übergang, doch dann sah ich weiter unten eine Brücke. Als ich aber dorthin kam, sah ich, daß sie nur zu einer Insel im Fluß führte.

Die Zusammenfassung könnte lauten: Zuerst scheint kein Weg da zu sein, dann gibt es einen, der aber nicht bis ans Ziel führt. Was in meinem Leben ist so?
Oder: Erst wird man entmutigt, dann bessert sich die Lage, ist aber noch nicht völlig in Ordnung. Was in meinem Leben ist so?
Oder: Zuerst ist da ein großer Abgrund. Dann stellt es sich heraus, daß es darin einen Stützpunkt gibt.
Zusammenfassungen führen zu der Frage: Was ist so für mich? Wo in meinem Leben sehe ich keinen Weg? Worüber bin ich entmutigt? Was erscheint jetzt gerade wie ein einziger großer Abgrund, alles oder nichts? Was könnte diese Insel bedeuten?

Können Sie die metaphorische Kraft der Geschichte fühlen? Haben Sie jemals eine Geschichte erzählt, wenn Sie etwas nicht direkt ausdrükken konnten? Sie sagen zum Beispiel: »Ich fühle mich, als ob ich mich in einem Wald verirrt hätte, und . . .« Sie erzählen diese Geschichte über den

Wald, um damit auszudrücken, wie Sie sich fühlen.

Nehmen Sie zum Beispiel an, Sie haben gerade eine Person des anderen Geschlechts getroffen und sind erregt beim Gedanken an eine mögliche neue Beziehung, aber auch nervös und angespannt. Sie befürchten, diese Person könnte Sie nicht mögen, wenn sie Sie einmal kennt. Wenn Sie diese Situation in einer Geschichte ausdrükken müßten, wie könnte diese lauten?

Sie sagen vielleicht: »Ich fühle mich, als müßte ich mich um eine wichtige Stelle bewerben. Ich trete ein und stolpere über den Teppich, weil ich so nervös bin.«

Oder vielleicht erzählen Sie die Geschichte folgendermaßen: »Jemand findet ein im Boden vergrabenes Schatzkästchen. Wenn er es öffnet, enthält es statt Gold und Edelsteine ein ekelerregendes Tier, das aus dem Kästchen kriecht. Er schreit auf und rennt weg.«

Die Geschichte drückt die Situation und die damit verbundenen Gefühle aus. Sie können für jedes Gefühl eine solche Geschichte erfinden.

Die besten Ideen für Geschichten kommen direkt aus dem »Felt Sense«. Statt die Geschichte bewußt zu erfinden, lehnen Sie sich zurück und achten auf den »Felt Sense«. Dann werden die Ideen für eine Geschichte automatisch aufsteigen. Auf diese Weise bekommen Sie mehr als die Ideen, die Sie bereits im Kopf haben.

Ein Traum ist etwas Ähnliches, aber hier ist noch mehr an der Entstehung der Geschichte beteiligt als im Wachzustand.

Selbst im gewöhnlichen Alltagsgespräch sagen Sie: »Es tötet mich, wenn ich das sehe«, oder »Ich hätte ihn umbringen können, als er das getan hat.« In einer Geschichte, die Ihr Gefühl ausdrückt, könnte jemand umgebracht werden. Oder Sie sagen: »Ich habe ein unheimliches Gefühl.« In einer Geschichte könnte dieses Gefühl durch eine unheimliche Szene ausgedrückt werden.

Diese Einbildungskraft können Sie in Ihrem Alltagsleben benutzen oder auch nicht. Sie ist aber vorhanden, in Ihren Träumen! Es ist eine reiche und gute Kraft, die allen Menschen eigen ist.

Geschichten sind eine grundlegende menschliche Dimension. Während zwei von vierundzwanzig Stunden entstehen im Menschen Geschichten, denn wir alle träumen jede Nacht mehr als eine Stunde lang, wie Forschungen gezeigt haben.

Zu Beginn fehlt Ihnen vielleicht das Verständnis für das, was in solchen Geschichten ausgedrückt wird. Sie können aber sicher sein, daß Ihr größeres Ich dieses Verständnis hat, da Sie ja jede Nacht träumen! Sie haben dieses Verständnis für solche Geschichten, und Sie können es auch bewußt bekommen. Sie werden nicht viel Zeit dafür brauchen, wenn Sie sich Ihren Träumen mit Liebe zuwenden.

Sehen wir uns die Einzelheiten näher an.

Geschichten haben eine bestimmte Struktur. Sie spielen sich im Rahmen der Zeit ab. Die Reihenfolge ist wichtig. Erst geschieht das eine, dann das andere, und erst dann kommt es zum Schluß.

Es ist nicht gleichgültig, was im Traum zuerst geschieht und was nachher kommt.

Wenn Sie sich nicht mehr an die Reihenfolge erinnern können, dann ordnen Sie die Ereignisse nicht in einer künstlichen Reihenfolge! Stellen Sie einfach fest, daß Sie sich nicht mehr daran erinnern können.

Nehmen wir an, Sie träumten etwas Schönes und etwas Furchterregendes. Welches von beiden war zuerst? Es macht einen großen Unterschied, ob das Schöne zuerst kam und dann das Erschreckende, oder umgekehrt. Im ersten Fall sagt der Traum, daß sich etwas scheinbar Schönes ins Gegenteil verkehren kann, im zweiten Fall sagt er, daß etwas scheinbar Furchterregendes sich als positiv herausstellen kann.

Beispiel: Traum von den Waffen im ersten Stock

Ich trat in ein eigenartiges modernes Gebäude. Ich vermutete, sie würden dort Waffen herstellen, denn das Gebäude war bewacht, und man gelangte nur bis zur Eingangshalle. Irgendwie gelang es mir aber, an den Wachen vorbeizukommen und in den Lift zu gehen. Im ersten Stock gab es einen großen Saal, und eine Frau durchquerte eine unsichtbare Barriere, wie aus Gummi, aber unsichtbar. Sie gelangte hindurch, und ein Mann kam von der anderen Seite und tanzte mit ihr ein wundervolles Ballett.

Hier ist die Reihenfolge der Ereignisse von Bedeutung. Erst gibt es Barrieren, dann gelangt sie hindurch, und das Ende ist ein wundervoller Tanz und Gemeinsamkeit. Der Traum sagt, daß eine bestimmte Barriere nicht so unüberwindlich ist, wie die Träumerin geglaubt hat. Zuerst ist da etwas Furchterregendes, dann geschieht auf der anderen Seite etwas Schönes. Der Traum zeigt, daß sie das Hindernis überwinden kann. Viele Träume gehen zu Ende, ohne eine Lösung zu bringen. In diesem Fall kann man sagen, daß wir noch nicht wissen, ob das Problem gelöst wird oder nicht.

Wenn der Traum schlecht endet – und viele

Träume tun das –, zeigt das an, was der Körper von der gegenwärtigen Konstellation erwartet. Der Traum ist keine Vorhersage. Wir wissen nicht, ob die Person, die den Traum vom Ballett geträumt hat, wirklich ihre Barriere überwinden wird. Alles, was wir wissen, ist, daß der Körper sich bereits vorstellen kann, wie es wäre, wenn sie es könnte. Es ist möglich, daß sie es kann.

Nehmen wir an, ich träume etwas Ähnliches in der umgekehrten Reihenfolge. Wenn der Traum mein Versagen zeigt, werde ich herauszufinden versuchen, wie und warum ich versagt habe. Ich werde auch besonders sorgsam auf das achten, was unmittelbar vor meinem Versagen geschehen ist.

Beispiel: Traum vom schmutzigen Kamm
Sie sagten, ein kleiner Knabe sei krank. Er war im Haus, und ich war draußen mit Janet. Sie baten mich, zu kommen und zu helfen. Ich gab ihnen meinen Kamm und sagte ihnen, sie sollten ihn dem Knaben bringen. Später sagten sie, er sei gestorben; es sei aber nicht meine Schuld gewesen.

Ich würde die Geschichte folgendermaßen zusammenfassen: Zuerst ist der Knabe krank, und ich werde gebeten, zu kommen und zu helfen. Dann sende ich meinen Kamm. Hierauf stirbt der Knabe. Also ist er gestorben, weil ich nicht zu ihm gegangen bin und stattdessen meinen Kamm gesandt habe?

Nun, was bedeutet ein Kamm für mich? Und was bedeutet es, daß ich ihn dem Knaben geschickt habe, wenn dieser nachher gestorben ist? Und das habe ich getan, statt selbst zu ihm zu gehen. Was habe ich für ein Gefühl gehabt, nachdem ich nicht gegangen bin? Wollte ich den

Schwierigkeiten aus dem Weg gehen, mich aus der Sache heraushalten, irgendwie?

Ja, dieses Gefühl hatte ich, wie man es auch immer nennen mag. Und dieses Gefühl führte zum Tod des Knaben. Der Traum ist nicht eine Voraussage für das, was geschehen wird, sondern er zeigt, was geschehen kann, wenn ich mich so verhalte. Der Traum kann mir helfen, dieses Fehlverhalten zu erkennen, sodaß ich mich damit befassen und mich ändern kann.

Beachten Sie, wie wir diese nützlichen Ein-Satz-Zusammenfassungen der Traumhandlungen bekommen. Wir benutzen dabei die Formulierung »erst geschah das, dann jenes«. Formulieren Sie Ihre Träume in dieser Form und versuchen Sie, auch das, was Sie getan oder unterlassen haben, als ein Ereignis einzubringen.

Wenn in einem Traum viel geschehen ist, wird es verschiedene Versionen der Zusammenfassung geben. Doch selbst wenn wir nur zwei Ereignisse haben, können wir diese auf ganz verschiedene Arten zusammenfassen. Ich weiß nicht im voraus, was sie mir sagen können. Ich formuliere sie auf die eine oder andere Weise, und auf einmal habe ich einen Satz, der mir überraschende Zusammenhänge bringt. Ich probiere diese aus, eine nach der anderen, bis etwas ausgelöst wird. Versuchen wir das einmal mit dem Beispiel, das ich soeben geschildert habe.

»Erst gibt es eine unüberwindliche Barriere. Nachdem ich diese durchquert habe, sehe ich einen Mann und eine Frau, die tanzen.« Sagt das irgendetwas? Mit dieser Zusammenfassung geraten Sie vielleicht an eine Barriere gegen Mann-Frau-Beziehungen, die Sie in sich aufgerichtet haben. Vielleicht löst das etwas in Ihnen aus, vielleicht auch nicht.

»Erst scheint der Traum von der Herstellung
von Waffen oder sonst etwas Gefährlichem zu
handeln, dann gibt es einen Tanz.« Diese
Zusammenfassung könnte irgendeine Wut oder
Explosivität in Ihnen berühren, die möglicher-
weise nicht so schlimm ist, wie sie scheint.

»Erst bin ich am Boden, und da sind Wächter,
dann gelange ich an ihnen vorbei in den ersten
Stock.« Dies könnte darauf hinweisen, daß es auf
der Ebene des Erdbodens etwas gibt, das
bewacht wird.

»Erst stoße ich gegen etwas, das ich nicht
sehen kann, dann tanzen wir zu zweit.« Hier wird
betont, daß etwas im Wege steht, das aber nicht
sichtbar ist.

Da ich nicht weiß, was der Traum bedeutet,
muß ich mehrere dieser Versionen ausprobieren,
bis sich etwas in mir bewegt.

Frage 6: Charaktere?

Nehmen Sie die unbekannte Person in Ihrem Traum. Oder, wenn
Sie sie alle kennen, nehmen Sie die wichtigste (oder nehmen Sie
alle der Reihe nach).
Woran erinnert Sie diese Person? Welches physische Gefühl löst
diese Person im Traum in Ihnen aus?
Selbst eine Person, die Sie nicht deutlich gesehen haben, kann in
Ihnen eine körperlich fühlbare Empfindung auslösen. Bei
vertrauten Menschen: Sah die Person aus wie immer?

Wenn die unbekannte Dame im Traum Sie an
Ihre Mutter erinnert, dann schließt sie einen Teil
von Ihrer Mutter ein. Aber sagen Sie nicht: »Sie

steht für meine Mutter.« Warum hat der Traum diesen unbekannten Charakter erfunden? Ihr Körper weiß, wie er von Ihrer Mutter träumen soll, und er hätte das auch leicht tun können. Sie haben wahrscheinlich auch schon von Ihrer Mutter geträumt. Diese unbekannte Dame aber ist nicht einfach Ihre Mutter, obwohl sie gewisse Züge Ihrer Mutter aufweisen kann. An wen oder was erinnert sie Sie sonst noch?

Vertraute Menschen sehen in einem Traum oft merkwürdig aus, weil sie mit jemand anderem kombiniert sind. Zum Beispiel: »Ich träumte von meiner Mutter, aber sie war irgendwie dick.« Hier ist jemand anderer mit Ihrer Mutter kombiniert worden. Fragen Sie sich, wer so dick ist? (Und was ist das Gefühl, das dieses Dicksein in Ihnen auslöst?) Fragen Sie immer nach den Gründen, wenn vertraute Personen ein ungewohntes Aussehen haben.

Nehmen wir aber an, Sie haben wirklich nur von Ihrer Mutter geträumt. Der Traum sagt wahrscheinlich etwas aus über Ihre Beziehung zu ihr. Mit Frage 6 können Sie feststellen, was geschieht, wenn Sie vertraute Personen, die Ihnen im Traum begegnet sind, einfach als das nehmen, was sie in Wirklichkeit sind.

Die Fragen 4, 5 und 6 können zusammen als Ort, Handlung und Charaktere im Gedächtnis behalten werden.

Frage 7: Welcher Teil von mir ist das?

Nach einigen Theorien sind die anderen Personen in Ihren Träumen ein Teil von Ihnen. Wir sind nicht sicher, ob das so ist, aber probieren Sie es aus:

Welches Gefühl löst diese Person in Ihnen aus? Welche körperliche Empfindung haben Sie? Sie müssen sie nicht benennen, nur fühlen.

Wenn nichts aufsteigt, fragen Sie sich: Welche Eigenschaft könnte ich dieser Person zuschreiben?

Stellen Sie sich nun diese Eigenschaft oder dieses Gefühl als Teil von Ihnen selbst vor.

Wenn es ein Teil von Ihnen ist, welcher Teil könnte es sein?

Sie können diesen Teil von Ihnen mögen oder nicht. Sie können viel oder wenig darüber wissen. Lassen Sie ihn auf jeden Fall für diesen Moment gegenwärtig sein.

Ergibt der Traum einen Sinn, wenn Sie ihn als eine Aussage über Ihre Beziehung zu diesem Teil von Ihnen auffassen?

Beispiel: Traum vom Geburtstagsgeschenk

Die anderen im Club baten mich, Bill mit meiner Frau schlafen zu lassen. Es sollte ein Geburtstagsgeschenk für Bill sein. Die Idee gefiel mir gar nicht, und ich sagte, sie würde es ohnehin nicht tun. In diesem Fall, sagten sie, könne Bill mit meiner Tante Beth schlafen.

Assoziationen: »Dieser Traum ist wirklich verrückt. Ich würde es niemals zulassen, daß sie mich so etwas fragen.

Ich weiß nicht, was für ein Club das ist. Nun gut, was ist Bill für ein Mensch? Bill tut immer nur das, was ihm gefällt. Er ist skrupellos und betrügt jedermann. Hmm . . . dieser Teil von mir? Nun ja (er lacht). Ich mag das aber nicht. Ich bin froh, daß ich nicht bin wie Bill. Aber, hm, sicher gibt es auch diesen Teil in mir. Den Wunsch, zu bekommen, was ich will, ohne Rücksicht auf andere. Ich lasse ihn nicht oft aufkommen, nicht einmal in meinem Inneren.«

Jetzt interpretiert er den Traum auf diese Weise: »Sie sollte mit diesem Teil von mir schlafen? Hmm. Als Geburtstagsgeschenk? Keine schlechte Idee.

Und wenn sie es nicht tun will, dann Tante Beth? Oh ja, Tante Beth hat mir sehr viel Liebe gegeben, was meine Mutter nie getan hat. So, hmm. Sollte ich diesem Teil von mir meine Liebe zuwenden? Könnte ich diesen Teil von mir lieben? Hmm . . .«

In der Frage 7 versuchen Sie, die anderen Personen als einen Teil von Ihnen zu sehen. Ist Ihnen der Unterschied zwischen der Frage 6 und der Frage 7 klar? Wir entscheiden uns nicht, ob diese andere Person ein Teil von Ihnen ist, wir probieren es nur aus. Vor allem unbekannte Personen in Ihrem Traum können gar nichts anderes sein als ein Teil von Ihnen.

Aber auch die wirklich existierenden, vertrauten Personen können einen Teil von Ihnen darstellen.

Fragen Sie: Welches ist die hervorstechendste Eigenschaft dieser Person?

Nehmen wir an, Sie träumten von Ihrer Freundin Sharon. Was für ein Mensch ist Sharon? Suchen Sie ein Eigenschaftswort, sagen Sie zum Beispiel: »draufgängerisch« oder »verführerisch«. Oder machen Sie eine längere Beschreibung:

»Sie hat keine Schwierigkeiten, Männer zu finden.« »Sie nimmt sexuelle Beziehungen leicht und drückt ihre Gefühle allen Menschen gegenüber offen aus.«

Wenn nun das (was Sie so benannt oder gefühlt haben) ein Teil von Ihnen wäre, welcher Teil wäre es?

Vielleicht finden Sie hier heraus, daß Sie glauben, sie hätten überhaupt keinen solchen Teil, und Sharon sei das genaue Gegenteil von Ihnen. Sie sind nicht so, und Sie sind froh darüber. Gut. Aber da Ihr bewußtes Selbst diesen Teil ausschließt, ist er wahrscheinlich von Ihnen abgetrennt und irgendwo versteckt, wo Sie ihn nicht sehen können. Wenn Sie diesen Teil von Ihnen fühlen können, bauen Sie ihn in die Geschichte ein. Wie verhält sich dieser Teil, und wie reagieren Sie auf das, was er tut?

Was sagt der Traum darüber aus, wie sich dieser Teil von Ihnen verhält? Und welche Beziehung haben Sie im Traum zu diesem Teil? Im Traum schmiegt sich Sharon an irgendeinen Kerl, und Sie sind schockiert und gehen weg. Behandeln Sie so Ihren eigenen »Sharon-Teil«? Er schockiert Sie, und Sie gehen weg? Bewegt sich etwas in Ihnen, wenn Sie das so auffassen?

Selbst wenn die Person im Traum nicht deutlich zu sehen war, fragen Sie sich: War sie groß, klein, schlank? Wie war sie angezogen? Selbst völlig unbestimmte Figuren können ein Gefühl auslösen. Können wir diesem einen Namen geben? Sonst nennen wir es einfach »das Gefühl«.

Bauen Sie das in die Geschichte ein. Was würde der Traum bedeuten, wenn die Geschichte davon handelte, wie sich dieser Teil von Ihnen verhält, und wie Sie ihn behandeln? Natürlich können wir nicht wissen, ob Traumgestalten wirklich einen Teil von Ihnen darstellen. Es ist aber wahrscheinlich, da sie aus Ihrem Körper kommen. Wir wollen uns diese Interpretation aber nicht aufzwingen. Wir fragen uns lediglich, ob der Traum einen Sinn ergibt, wenn wir ihn als Aussage über unsere Beziehung zu diesem Teil von uns auffassen.

Vielleicht bewegt sich etwas in Ihnen, wenn Sie die anderen Personen im Traum als Teile Ihrer selbst auffassen. Die ganze Interpretation kann sich dadurch ändern.

Beispiel: Traum vom unordentlichen Mann

Es gab da diesen sehr unordentlichen, verkommenen Mann, der wie ein Einsiedler in seinem alten, verfallenen Haus lebte.

Sie sagte: »Das ist Gerry« (ihr Mann). »Manchmal stelle ich ihn mir so vor.«

Dann aber stellt sie Frage 7: »Gibt es einen Teil von mir, der so ist? Es müßte ein männlicher Teil sein. Welche Eigenschaften gelten als »männlich«? Der Teil von mir, der aktiv ist, der kämpft, sich um die Geschäfte kümmert . . . Oh ja, ich weiß, dieser Teil von mir ist nicht in guter Verfassung. Hmm, so lebt er also wie ein Einsiedler, für sich allein. Hmm. Ich widme ihm keine Aufmerksamkeit, befasse mich nicht mit ihm. Er ist vernachlässigt. Hmm . . . Ich habe keinen großen Respekt für ihn. Hmm. Und jetzt werde ich das in den Rest meines Traumes einbauen, um zu sehen, was die Geschichte über diesen Teil von mir und über mich sagt.«

Ein weiteres Beispiel: Traum von der Rakete

Mein Vater ist zusammen mit einigen anderen Leuten in einer Rakete, die in den Weltraum geschossen werden soll. Er sagt mir, ich solle ein lange brennendes Feuer anzünden, das er noch lange sehen könne, wenn sie sich weiter und weiter von der Erde entfernten. Dann stößt er meine Hand heftig zum Fenster hinaus, schließt dieses zu, und ich kann ihn nicht mehr sehen.

»Mein Vater starb schon vor Jahren. Welcher Teil von mir ist wie mein Vater, oder immer noch mit ihm verbunden? Hmm . . . Und die Geschichte: Sagt sie, daß ein Teil von mir für immer weggeht? Hmm . . . Ja, ich habe mich mehr und mehr von seiner Haltung und seinen Wertvorstellungen befreit, das weiß ich.«

Kontrolle, Teil 1: »Das Gegenteil wäre, weiterhin daran zu hängen, oder es an mir hängen zu lassen. Hmm. Nun, das Gegenteil ist auch nicht das richtige, lassen wir es offen.«

Kontrolle Teil 2: »Was geschieht in meinem Körper, wenn mein Vater mich für immer verläßt? ... (Focusing) ... Hmm, da gibt es dieses Gefühl: Oh nein, geh noch nicht – Was ist das? Ich bin noch nicht bereit, ihn gehen zu lassen, glaube ich ... Er will mich noch nicht gehen lassen. Ja. Ein lange brennendes Feuer entfachen ... so fühle ich es, ja ... Oh, sicher, ich habe Angst, daß er böse ist auf mich, ja. Die Art wie er das Fenster zumachte, das war, als ob er böse auf mich wäre. Ja, das ist auch ein ganz altes Gefühl aus der Kindheit.«

Frage 8: Diese Person sein?

Stehen Sie auf oder setzen Sie sich aufrecht auf den Rand Ihres Stuhls. Entspannen Sie Ihren Körper. Stellen Sie sich nun vor, Sie bereiten sich auf eine Rolle in einem Theaterstück vor. Die Vorstellung findet morgen statt. Sie müssen sich nun in Ihre Rolle hineinfühlen. Sie werden die Person aus Ihrem Traum spielen. Lassen Sie in Ihrem Körper das Gefühl, diese Person zu sein, aufkommen.

Sie können es tun oder es sich einfach vorstellen, aber vergewissern Sie sich, daß es in Ihrem Körper geschieht. Wie würden Sie sich auf der Bühne bewegen? Schwerfällig oder steif oder wie sonst? Wie würden Sie stehen oder sitzen? Wie würden Sie Ihre Schultern halten? Entscheiden Sie nichts, lassen Sie es Ihren Körper nach seinem eigenen Willen tun.

Übertreiben Sie. Nehmen Sie an, es sei eine Komödie.

Übertreiben Sie so, daß das Publikum lachen würde. Welche Worte oder Handlungen fallen Ihnen ein? Entscheiden Sie nichts, lassen Sie Ihren Körper entscheiden. Sehen Sie, daß Sie das Gefühl festhalten können. Wenn Sie wiederum an das Bild dieser Person denken, erscheint wieder dasselbe Gefühl in Ihrem Körper? Diese Fragen können auf jeden Gegenstand in einem Traum angewendet werden, nicht nur auf Personen. Wie in einer Scharade kann man zum Beispiel eine Wand oder irgendeinen anderen Gegenstand aus dem Traum darstellen. Warten Sie und sehen Sie, was in Ihrem Körper auftaucht. (Wenn Sie die Wand spielen, kann Ihnen zum Beispiel auf einmal der Gedanke kommen, den Arm auszustrecken mit einer steifen, haltgebietenden Bewegung und zu sagen: »Halt«.)

Sie können auch sich selber spielen, wie Sie im Traum waren. Übertreiben Sie auch hier, sehen Sie, wie es ist, wenn Sie Ihre eigene Verhaltensweise in übersteigerter Form darstellen (siehe Mark's Traum, Kapitel 9).

In meinen Klassen stehen wir auf, lockern unseren Körper und stellen diese Frage, ohne daß wir eine sichtbare Handlung vollbringen würden. Wenn Sie uns zusähen, würden Sie uns nur ruhig dastehen sehen. Bald würden Sie Ausrufe und Gelächter hören, da den meisten Mitgliedern der Klasse etwas eingefallen ist. Alles was Sie sehen könnten, wäre ein Ausdruck der Überraschung auf vielen Gesichtern. Und die meisten Leute erzählen in der Klasse nicht, was in ihnen geschehen ist.

Wichtig ist es, daß Sie Ihren Körper lockern – bleiben Sie zumindest nicht in derselben Position sitzen, die Sie vorher eingenommen haben, ohne sich ein wenig zu bewegen. Geben Sie die bisherige Stellung Ihres Körpers auf, sodaß sich eine neue bilden kann. Dann warten Sie, bis etwas in Ihrem Körper aufsteigt.

Der Sinn des Ganzen ist es nicht, ein Theaterstück zu schreiben, sondern eine Traumfigur in

Ihren Körper eindringen zu lassen. Sie müssen fühlen, wie Sie sich in diese Person verwandeln können.

Wenn Sie aufstehen und diese Rolle spielen wollen, so ist das das Beste, was Sie tun können. Sie können aber auch sitzen bleiben und fühlen, was in Ihrem Körper vorgeht, um diese Rolle zu spielen.

Eine bloße Beschreibung genügt nicht. Ich werde Sie unterbrechen, wenn Sie sagen: »Ich weiß, wie ich diese Person spielen würde. Ich würde . . .«. Ich werde sagen: »Erzählen Sie es mir nicht. Lassen Sie es in Ihren Körper kommen.«

Wenn die Worte oder Bewegungen plötzlich kommen, ohne daß Sie zuvor einen »Felt Sense« haben, so suchen Sie diesen gleich danach. Versuchen Sie, die Quelle dieser spontanen Worte und Handlungen zu spüren. Wenn Ihnen zum Beispiel Tränen kommen, dann richten Sie Ihre Aufmerksamkeit auf die Quelle dieser Tränen, dorthin, wo etwas in Ihrem Inneren weint.

Oder wenn Sie sich dabei ertappen, wie Sie sagen: »Jetzt habe ich genug. Schluß damit!«, dann fühlen Sie in Ihrem Körper diesen neuen Selbstbehauptungswillen, diesen Widerspruchs-geist – dieses Körpergefühl. Sie brauchen keine Worte, um es zu beschreiben.

Übertreiben Sie, bis es komisch wirkt. Neh-men wir zum Beispiel an, Sie seien normalerweise sehr vorsichtig und sensibel. Nun träumen Sie von einem rücksichtslosen Grobian. Benehmen Sie sich nun nicht nur ein wenig rücksichtslos. Übertreiben Sie, wie Sie es in einem Kinderthea-ter tun würden. Wie würde sich Ihr Körper verhalten, wenn er diese große, unbekümmerte

Rücksichtslosigkeit ausleben könnte? Vielleicht streckt er Arme und Beine so weit aus wie nur möglich. Oder vielleicht erhebt sich Ihre Nase hoch in die Luft und Ihr Arm schiebt mit einer herrischen Bewegung alle zur Seite, die im Weg stehen.

Das, was den Traum interpretiert, ist die physische Wahrnehmung einer neuen Lebensweise, eine innere Bewegung, eine neue Energie in Ihrem Körper. Sie können es unmittelbar fühlen, wie es wäre, wenn Sie vermehrt auf diese neue Art leben würden.

Vielleicht empfinden Sie verschiedene körperliche Gefühle und Spannungen. Wenn das so ist, ist es in Ordnung. Aber achten Sie auf die Mitte Ihres Körpers, denn dort wird der »Felt Sense« erscheinen.

Wie ich schon sagte, kann es sein, daß Sie sich glattweg weigern, diese Person zu sein, daß Sie sagen: »Nicht um alles in der Welt, nicht gerade diese Person«. In diesem Fall beschäftigen Sie sich bitte mit dieser intensiven Abneigung. Woher kommt dieser starke Widerstand? Das ist interessant, nicht wahr? Widmen Sie ihm eine Weile Ihre Aufmerksamkeit und seien Sie sehr verständnisvoll und freundlich zu ihm. Er wird Ihnen sagen, was er ist, nicht auf einmal, aber in mehreren kleinen Schritten.

Wenn Sie mit anderen Leuten arbeiten, müssen Sie vielleicht ein wenig kämpfen, die Frage besser erklären, sich nicht durch eine anfängliche Unwilligkeit abschrecken lassen. Manchmal hilft es, wenn Sie sich vorstellen, wie Sie den Charakter darstellen würden, und dann den Träumer fragen, was an Ihrer Auffassung falsch ist. In dieser Situation kommt dem Träumer oft ein plötzliches Gefühl dafür, wie es richtig wäre.

Natürlich müssen Sie nicht den ganzen Prozeß blockieren, indem Sie darauf bestehen, daß der Träumer die Frage 8 beantwortet. Es ist nicht nötig, daß jede einzelne Frage beantwortet wird. Die betroffene Person muß selber fühlen, was ihr helfen kann und was nicht. Akzeptieren Sie aber bloße Verlegenheit und Hemmungen nicht.

Sagen Sie dem Träumer, daß er es ganz im stillen und für sich allein tun kann. Die Leute verstehen diese Frage am Anfang oft nicht, wenn sie sie noch nie gestellt haben.

Wenn Sie aber wirklich in Ihrem Körper ein schlechtes Gefühl haben, indem Sie diese Frage stellen, dann müssen Sie natürlich aufhören. Das wichtigste Prinzip beim Befolgen irgendwelcher Instruktionen in irgendeinem menschlichen Prozeß muß stets bleiben, daß Ihr eigenes Gefühl das letzte Wort hat.

Ist diese Frage nicht gefährlich? Nehmen wir an, Sie haben einen plötzlichen Wutanfall. Wie können Sie wissen, ob es gut für Sie ist, diese Wut zu empfinden? Eine Wut, die Ihnen hilft, sich selbst zu behaupten, ist sicher gut und gehört zu einer gesunden Persönlichkeit. Wenn sie für Jahre unterdrückt worden ist, kann sie sehr stark und heftig erscheinen. Falls Sie in Wirklichkeit manchmal Leute physisch mit unkontrollierter Gewalt angreifen, dann stellen Sie diese Frage nicht. Aber in diesem Fall ist es auch unwahrscheinlich, daß in Ihren Träumen gewalttätige Charaktere als Außenstehende auftreten. Die meisten Leute haben jedoch seit Jahren nicht einmal gegen die Wand getreten.

Vielleicht empfinden Sie Ihre Wut als etwas Negatives, Nachtragendes, Altes und Verdorbenes, wenn sie auftaucht. Nehmen Sie sie, wie sie kommt, aber warten Sie darauf, daß sie sich in eine gesunde Wut oder in ein Gefühl der Stärke umwandelt. Machen Sie sich keine Vorstellung davon, wie sie sein sollte, sondern lassen Sie sie kommen, wie sie ist. Vielleicht verändert sie sich schnell, vielleicht braucht sie ein wenig Zeit dazu. Heißen Sie die neue Energie willkommen, damit sie nicht steckenbleibt.

Was von uns abgespalten ist und nicht gefühlt wird, bleibt unverändert. Sobald wir es aber fühlen, wandelt es sich. Die meisten Leute wissen das nicht! Sie glauben, gut zu sein, wenn sie keine negativen Gefühle haben.

Das Gegenteil trifft zu, indem man diese negativen Gefühle nicht fühlt, bleiben sie unverändert, oft über Jahre hinweg. Wenn Sie aber dieses Gefühl nur für eine kurze Weile in Ihrem Körper empfinden, erlauben Sie ihm, sich zu verändern.

Wenn es in Ihnen etwas Schlechtes, Krankes, Ungesundes gibt, lassen Sie es in Ihrem Inneren leben und atmen. Nur so kann es sich entwickeln und die Form annehmen, die es benötigt.

Eine Figur, die Sie oft in Träumen antreffen, ist das, was Jung als »Schatten« bezeichnete. Er ist das Gegenteil Ihrer gewohnten Persönlichkeit. Wenn Sie zum Beispiel ein friedfertiger Mensch sind, ist Ihr Schatten eine gewalttätige Figur. Da er Ihr Gegenteil ist, fühlen Sie sich wahrscheinlich von ihm abgestoßen. Diese Ablehnung kann aber verschleiert sein. Sie sagen vielleicht, diese Figur sei langweilig, unbedeutend, nicht der Beachtung wert.

In meinen eigenen Träumen habe ich lange Zeit die Bedeutung einiger der Charaktere nicht erkannt. Ich wollte gar nicht den Versuch machen, sie zu »sein«, denn sie schienen mir »langweilig«. »Das ist interessant, nicht wahr?«, schrieb ich als nächstes. Ich bin jemand, der sich für vieles interessiert. Ich forsche und experimentiere gerne; ich bin begierig darauf, Neues zu entdecken ... Ich denke gerne. Ich bin ein Intellektueller, ein College- Professor, ein Schriftsteller, ein Therapeut und, vor allem, ein Philosoph. Was, glauben Sie, würde ich am entschiedensten zurückweisen? Etwas »Langweiliges«.

Während vieler Jahre träumte ich von Taxifahrern, Geschäftsleuten in düsteren Nadelstreifanzügen, Bauern. Vor allem von Taxifahrern! Der Taxifahrer war oft unhöflich. Er wollte nicht dort anhalten, wo ich aussteigen mußte. Er fuhr dorthin, wo er wollte. Ein Farmer in einem meiner Träume hatte Erdöl auf seinem Land. Welches war seine hervorstechendste Eigenschaft? »Sehr langweilig und gewöhnlich«, sagte ich zuerst. Aber ein Farmer mit Öl auf seinem Land ist nichts Gewöhnliches!

Und diese Geschäftsleute? Eine wichtige Wachstumsrichtung in meinem Leben zeigte sich bald: ich sollte etwas effizienter werden in meiner Arbeit, in den Verhandlungen, in der Veröffentlichung meiner Werke, in der Verbreitung meiner Erkenntnisse. Jahrelang hatte ich es nicht fertiggebracht, die Leute wirklich zu erreichen. Das zu lernen, bereitete mir einige Mühe! Alle, die mich kennen, wissen, welch große Veränderung das für mich bedeutete. Es brauchte Zeit. Anfangs machten mich diese Anstrengungen fast krank! Nach einer Weile begann ich mich über mich selber lustig zu machen und mich zu brüsten, ich sei auf dem besten Wege, ein »Geschäftsmann« zu werden.

Es ging nicht nur darum, neue Fähigkeiten zu erlernen. Meine Persönlichkeit wurde ausgeglichener. Es war, als hätte ich vorher nur ein Bein gehabt und jetzt ein zweites bekommen. Diese Entwicklung war ein Teil einer größeren Veränderung in meiner Lebensweise. Aber zu Beginn schienen mir die Geschäftsleute in meinen Träumen langweilig und trivial.

Ich werde nie das Gegenteil von dem werden, was ich zuvor gewesen bin. Die Veränderung und Entwicklung meiner Persönlichkeit besteht lediglich darin, daß ihr ein kleines bißchen vom gegenteiligen Charakter hinzugefügt wird, und das auf meine eigene Art. Wenn Sie sehr unsportlich sind, wird Ihnen ein bißchen körperliche Betätigung gut tun, aber keine Angst, Sie werden deshalb noch lange kein Spitzenathlet. Ich mache oft Witze über meine Fortschritte im Geschäftsleben und sage zum Beispiel: »Bis ich achtzig bin, werde ich gerade knapp unter dem Durchschnitt sein.«

Wenn Sie von jemandem träumen, den Sie nicht ausstehen können, haben Sie keine Angst, Sie könnten wirklich wie diese Person werden. Das ist gar nicht möglich. Wenn Sie versuchen, diese Person zu »sein«, wird mehr von Ihrer eigenen Persönlichkeit durchdringen. Das Traumbild ist nicht wirklich diese Person, denn es ist aus Ihrem eigenen Körper entstanden.

Sie können Ihre am stärksten entwickelte Seite nie verlieren. Versuchen Sie nun, mit Ihrem selben Körper, die andere Seite zu sein.

Frage 8 ist die einzige Methode, die ich kenne, durch die man unmittelbar »die andere Seite« fühlen kann. Vor allem dann, wenn Sie normalerweise gutmütig sind und sich leicht unterdrücken und entmutigen lassen, ist es sehr wertvoll, wenn Sie einmal für wenige Minuten den gemeinen Unterdrücker spielen können.

Dieser Rollentausch ist etwas Faszinierendes. Unterdrückung und Bosheit sind Ihnen natürlich vertraut, aber nur als etwas, das sich gegen Sie richtet. Jetzt ermöglicht es Ihnen diese aus Ihrem Körper entstandene Traumfigur, die entgegengesetzte Rolle zu übernehmen. Im realen Leben werden Sie das nicht tun, wahrscheinlich mit Recht nicht. Aber tun Sie es eine Minute lang in Ihrem Körper. Dann wird Ihr Körper etwas Neues daraus machen.

Übertreiben Sie dieses Rollenspiel so sehr, daß Sie darüber lachen müssen. Würden Sie in einem Teufelskostüm auf die Bühne treten? Wie würden Ihnen Krallen gefallen? Würden Sie Flammen speien? Unheimliche Geräusche von sich geben? Wenn ja, wie?

Vielleicht kennen Sie diesen Teil von Ihnen ganz gut. Selbst dann könnten Sie die Abspaltung dieses Teils aufheben, indem Sie diese Rolle intensiver und mit Ihrem ganzen Körper spielen.

Oder: Lassen Sie sich durch die Traumgeschichte sagen, wie dieser Teil von Ihnen sich verhält, und wie Sie sich ihm gegenüber verhalten. Dann bleiben Sie offen für eine noch nicht definierte neue Verhaltensweise ihm gegenüber. Ziehen Sie verschiedene Möglichkeiten in Betracht. Dann stellen Sie sich den Charakter vor und lassen Sie Ihren Körper spontan reagieren.

Es gibt noch eine andere Möglichkeit, wenn Sie diesen Charakter nicht spielen wollen. Sie können sich stattdessen mit ihm konfrontieren und sich ihm gegenüber behaupten.

Beispiel: Traum von den Nazis

Die Nazis hatten die Macht übernommen. Wir konnten jederzeit erschossen werden und waren überzeugt, daß das der Fall sein werde, früher oder

später. Ich ging durch irgendeinen Raum, und es
geschah noch nichts, aber es war sinnlos, zu kämpfen
oder sich zu verstecken.

»Ich weigere mich, ein Nazi zu sein. Aber ich
könnte zweifellos mehr kämpferische Energie
brauchen, als ich im Traum gezeigt habe. Hmm
... Ich habe das Gefühl, es sei sinnlos, zu
kämpfen, ich würde nur getötet werden. Hmm
... Es scheint, daß ich der Konfrontation
ausweiche, mich nicht engagieren, mich nicht
behaupten will. Ich will mit der ganzen Sache
nichts zu tun haben. Nichts. Nun, hmm ... Ja,
ich kann fühlen wie etwas in mir lebendig wird,
wenn ich mir vorstelle, daß ich mich wehre,
ihnen entgegentrete.

Hmm ... Richtig! Warum sollte ich diesen
verdammten Halunken ausweichen!

Ja, das ist eine neue Energie. Warum immer
allem ausweichen, verdammt nochmal!«

Er nahm nicht die Rolle des Nazi ein, aber
indem er sich diesem gegenüber behauptete und
die Konfrontation mit ihm suchte, stieg eine neue
Energie auf.

Dies gilt allgemein: Wenn Ihr Gefühl es Ihnen
verunmöglicht, einen bestimmten Charakter zu
spielen, dann versuchen Sie, sich ihm gegenüber
auf eine Weise zu verhalten, die neu ist für Sie.

Man kann auch fragen: Wenn Sie wirklich in
dieser Situation wären, was würden Sie tun?

»Mit dem Nazi? Ich glaube, in dieser Situation
wüßte ich nichts anderes zu tun als im Traum.«

Nun, was könnte man sonst noch tun?

Oder fragen Sie sich dasselbe beim Traum vom
amerikanischen Perfektionisten (Kapitel 5):
Wenn es sich um eine wirkliche Situation
handelte und irgendein Mann Ihren ganzen

Besitz aus Ihrem Haus tragen würde, was würden Sie dann tun?

Bei der Frage 8 geht es sowohl darum, sich in eine andere Person hineinzuversetzen, als auch darum, Ihr Verhalten gegenüber dieser Person zu ändern. Beide Möglichkeiten können Ihnen einen Schritt bringen.

Frage 9: Kann der Traum weitergehen?

Rufen Sie sich das Ende des Traumes oder eine andere bedeutsame Szene in Erinnerung. Fühlen Sie sie. Wenn sie so lebendig wie möglich wieder gegenwärtig ist, beobachten Sie sie einfach und warten Sie ab, was weiter geschieht, ohne selber etwas zu erfinden.

Später: Welchen Impuls haben Sie, etwas zu tun (wenn Sie überhaupt einen haben), nachdem in der Szene Ihres Traumes von selbst etwas geschehen ist?

Diese drei Fragen (7, 8, 9) sind von Jung und Perls. Ich habe dabei die Rolle des Körpers betont.

Oft genügt eine der drei Fragen. Gewöhnlich brauchen Sie nicht alle drei Fragen gleichzeitig zu stellen. Sie können die übrigen zwei später stellen, falls das nötig sein sollte.

Rufen Sie sich das Ende oder irgendeinen anderen wichtigen Teil des Traumes wieder in Erinnerung. Dann beobachten Sie diesen einfach. Warten Sie darauf, daß etwas geschieht.

Wenn das der Fall ist, fragen Sie sich: Was für einen Impuls haben Sie jetzt? Was würden Sie tun, wenn Sie in dieser Situation wären, jetzt, nachdem das geschehen ist? Warten Sie, lassen Sie etwas aus Ihrem Körper aufsteigen.

(Ein Teil eines längeren Traumes:) ... *dann machte sie so eine giftige Bemerkung (was sie öfters tut), und ich ließ sie einfach stehen und ging weiter.*

Ich versetzte mich zurück in den Moment, als sie diese Bemerkung machte, und ließ die Geschichte von da an weitergehen: Sie faßte mich um die Brust und stieß mich zu Boden. Ich hatte ein Gefühl des Sinkens, das mich unglücklich machte. Ich dachte, ja, sie würde mich wirklich zu Boden werfen, wenn sie könnte.

Nun, wie reagiere ich darauf? ... Ich warte. Dann: Plötzlich war ich über ihr und schlug sie, dann ergriff ich sie an beiden Handgelenken und schleifte sie weg!

Wenn Sie eine Traumgeschichte vervollständigen, lassen Sie sie so weit gehen, wie sie will, bis Sie das Gefühl haben, sie sei nun vollendet, und es könne nichts mehr geschehen (siehe Malamud 1979).

Beim Focusing haben wir gelernt, daß diese Traum-Fortsetzungen aus dem Körpergefühl entstehen können. Richten Sie Ihre Aufmerksamkeit in Ihren Körper und lassen Sie die Fortsetzung der Geschichte von dorther aufsteigen; erfinden Sie sie nicht.

Im oben geschilderten Beispiel hat der Träumer nicht von sich aus etwas getan. Seine Handlung kam aus eigenem Antrieb.

Die Fragen 7, 8 und 9 können als drei verschiedene Möglichkeiten, mit den Charakteren des Traums weiterzuarbeiten, im Gedächtnis behalten werden.
Die Frage 10 über die Symbole wurde separat in Kapitel 12 behandelt.

Frage 11: Körper-Analogie?

Etwas in einem Traum kann eine Analogie für den Körper sein. Ein langer Gegenstand kann zum Beispiel einen Penis bedeuten, ein Geldbeutel eine Vagina. Ein Auto kann Ihre sexuelle Aktivität symbolisieren, ein Haus Ihren Körper. Paßt das?

Das Dachgeschoß oder eine andere hochgelegene Stelle kann das Denken bedeuten, im Kopf sein, weit weg von den Gefühlen. Das Erdgeschoß symbolisiert die Gefühle, im Körper sein, geerdet sein. Der Keller, der Untergrund, oder unter Wasser, kann das Unbewußte oder Unsichtbare bedeuten. Merkwürdig aussehende Maschinen und Diagramme können oft einen Sinn ergeben, wenn man sie in Analogie zum Körper betrachtet.

Beispiel: Traum vom Lift

Ich fuhr in einem Lift nach oben. Als er hoch oben war, begann alles zu schwanken und zu zittern. Ich stieg im 25. Stock aus. Ich konnte aber nicht mehr zurück, der Lift fuhr hinunter. (Der Traum geht weiter).

Jetzt fragen Sie sich selbst: »Was würde es bedeuten, wenn das Hoch-oben-Sein hieße, im Kopf zu sein, und das Hinunterfahren, weiter nach unten in den Körper zu gelangen? Kann ich fühlen, wie es wäre, wenn ich mich dort unten in meinem Körper befände? ... Etwas hindert mich daran, hinunterzugelangen! Ich muß einen Moment lang dabei verweilen.«

Beispiel: Traum vom Eis auf dem Motor

Ich besaß ein Motorrad. (Ich habe mir schon immer eins gewünscht, aber das schickt sich nicht für

Frauen.) Es stand da, oder vielmehr es lehnte gegen
die Garagenwand. Auf dem Motor und dem hinteren
Rad lag Eis.

»Nun, wenn der Motor gefroren ist, dann fährt es
nicht. Mein Wunsch nach einem Motorrad
vereist, vermute ich. Lassen Sie mich das in
meinem Körper fühlen, meinen Wunsch nach
einem Motorrad. . . . Oh! Sicher! Meine sexuellen Bedürfnisse sind ebenfalls vereist. Eis ist wie
ein Betäubungsmittel. Ich fühle die Bedürfnisse
nicht . . . aber ich könnte es.«

In diesem Beispiel ist das Motorrad eine
Analogie für den Körper. Welcher Teil des
Körpers entspricht dem Motor und dem Hinter-
rad?

Frage 12: Gegensätze?

Was im Traum unterscheidet sich in besonderem Maße von der
wirklichen Situation?
Was genau hat der Traum verändert?

Beispiel: Traum von der Wand
Eine Wand (die in Wirklichkeit nicht da ist) ging durch die ganze
Länge meiner Wohnung und teilte sie in zwei Hälften.

Wenn der Traum eine reale Situation in einer gewissen Hinsicht
ändert, fragen Sie: Warum bringt er gerade diese Veränderung?
Oder: Bewertet der Traum irgendetwas anders, als Sie dies in
Ihrem wachen Zustand tun? Erscheint vielleicht jemand, den Sie
für dumm halten, im Traum als ungewöhnlich starke, beeindruk-
kende Persönlichkeit? Oder wird jemand, den Sie sonst bewun-
dern, als unbedeutend, klein oder hilflos dargestellt? Ist etwas,
das Sie für wertlos halten, im Traum außergewöhnlich schön?

Sehen Sie, ob der Traum Ihre wache Haltung »korrigiert«. Wenn
dies der Fall ist, so versuchen Sie, eine gemäßigtere Haltung
zwischen den beiden Extremen einzunehmen.

Beispiel: Traum vom großen Vater
Im Traum kam mein Vater zu Besuch. Er war aber außerordentlich
groß. Linda und ich reichten gerade bis zu seinen Stiefeln. Und unser
Haus war winzig.

Frage: Könnte es sein, daß er viel wichtiger für mich ist, als ich
mir das selber eingestehen will?
Bleiben Sie ruhig und warten Sie ab, ob etwas geschieht.

**Beispiel: Traum von der zerstreuten Bi-
bliothekarin**
Ich brachte Bücher in die Bibliothek zurück. Die
Dame hinter dem Schalter war irgendwie zerstreut.
Sie zählte die Bücher, schrieb dann aber eine andere
Zahl nieder, als sie gesagt hatte. Sie erläuterte mir
verschiedene Regeln und komplizierte Prozeduren für
die Rückgabe der Bücher. Ich sagte, ich hätte sie
zurückgebracht, das sei alles, und ging weg.

»An wen erinnert mich diese zerstreute Dame?
An Sandy, ihrem Aussehen nach. Aber Sandy ist
eine der klügsten Personen, die ich auf dieser
Welt kenne!«
   Vielleicht überschätzen Sie Sandy in einem
gewissen Sinn? Achten Sie auf Ihren Körper:
»Hmm ... ich kann fühlen, daß ich denken
will, sie sei so gescheit ... Was ist das für ein
Gefühl, dieses Glaubenwollen?«
   Frage 12 ist kein Orakel, das Ihnen sagt, Sie
sollten mehr oder weniger von einer bestimmten

Person oder einem Ding halten. Vielmehr führt sie zu einer Frage, die Sie sich vielleicht anders nicht hätten stellen können.

Nehmen wir zum Beispiel den Traum vom großen Vater. Einige Fachleute würden sagen, der Traum zeige, daß der Vater dieser Person schon zu viel bedeute. Andere würden sagen, der Träumer halte zu wenig vom Vater und müsse diese Ansicht ändern. Da sich die Experten nicht einig sind, muß Ihr Körper entscheiden.

Versuchen Sie es auf beide Arten. Vielleicht wissen Sie, daß Ihr Vater Ihnen zu viel bedeutet. Aber er wird alt. Vielleicht sollten Sie ihn besuchen oder mehr für ihn tun, wer weiß?

Ein weiteres Beispiel: Traum vom großen Rücken

Ich war mit einer Frau auf einem Bett, und es waren außer mir noch einige andere Männer dort. Dann sagte die Frau zu den anderen, sie sollten hinausgehen, sodaß wir allein sein konnten. Ich sah, daß es Teenager waren, aber sie waren sehr groß, und einer von ihnen hatte einen außergewöhnlich breiten Rücken, wie ich sehen konnte, als sie hinausgingen. Dann waren wir allein, und ich glaube, wir liebten uns.

Ergibt es einen Sinn, wenn sie nach einem Teenager-Aspekt in Ihnen fragen? Halten Sie diesen für sehr wichtig oder für nicht so wichtig?

Bedeutet der große Rücken, daß dieser Aspekt größer ist, als Sie gedacht haben? Oder zeigt das Bild eher, wie groß er ist? Nur Sie können dies entscheiden. Die Geschichte (Frage 5) sagt, daß Sie sich lieben, nachdem die Teenager gegangen sind. Bewirkt das etwas in Ihnen? Nur das, was sich in Ihnen neu öffnet, kann Ihnen die Antwort

geben. Alles andere sind bloß verschiedene
Vermutungen.

Beispiel: Traum von der Untergrundbahn
*Ich versuche verzweifelt, die Untergrundbahn zu
finden. Ich frage einige Leute auf der Straße, die in
eine bestimmte Richtung zeigen und sagen, die
Untergrundbahn sei gleich dort drüben. Ich sehe zwei
Eingänge, der eine davon führt zur Untergrundbahn,
der andere anderswohin, und jemand schießt von
dorther auf mich. Ich renne in den Eingang der
Untergrundbahn, die Treppe dort führt nach oben
statt nach unten, trotzdem halte ich es im Traum für
eine Untergrundbahnstation. Ein Zug kommt und
hält. Das ist alles. Die Station ist geschlossen. Ich
steige wieder die Treppen hinunter und sehe jemanden
mit einem Gewehr. Ich versuche mich zu ducken,
werde aber erschossen.*

Hier gibt es viel zu untersuchen, aber der
Gegensatz zur Realität ist auffallend. Von der
Straße aus steigt der Träumer die Treppe, die zur
Untergrundbahn führt, hinauf statt hinunter.
   Hier gibt es einige Fragen zu stellen. (Nach
den ersten Antworten kann man natürlich auf
verschiedenen Wegen weiter gehen).
   Was könnte es bedeuten, daß Sie hinauf statt
hinunter gehen?
   Was ist eine Untergrundbahn? Wozu dient
sie? Der Träumer kann zum Beispiel antworten:
»Sie bringt einen schnell an einen anderen Ort,
unter dem Erdboden.« Wenn das in den Traum
eingebaut wird, ergibt sich daraus die nächste
Frage:
   Was könnte das bedeuten: Sie glauben, sich
auf einem schnellen, tiefen Weg zu bewegen,
aber in Wirklichkeit gehen Sie nach oben in Ihre
Gedanken?

Paßt das auf irgendetwas in Ihrem Leben? Gibt es irgendetwas, dem Sie ausweichen, und wenn Sie dann zurückkommen, werden Sie dennoch wieder vom Problem eingeholt?

Wie gehen Sie mit Ihrer Wut um? Stimmt es, daß Sie manchmal glauben, Sie seien damit fertiggeworden, wenn das in Wirklichkeit nicht der Fall ist?

Es lohnt sich immer, Traumerscheinungen, die der Wirklichkeit widersprechen, zu hinterfragen.

Die Fragen 10, 11 und 12 sind drei Möglichkeiten der Entschlüsselung: Symbole, Analogien für den Körper und Gegensätze.

Frage 13: Kindheit?

Welche Kindheitserinnerung kann in Zusammenhang mit dem Traum auftreten?

Was steigt auf, wenn Sie an Ihre Kindheit denken?

Was in Ihrer Kindheit löste in Ihnen dieselben Gefühle aus wie der Traum?

Was geschah damals in Ihrem Leben? Was bedeutete das für Sie?

Beispiel: Traum von brüchigen Treppen
Es war alles sehr schön mit großen Räumen und kunstvoller Holzverkleidung. Die Treppen aber waren zuoberst sehr brüchig. Sie wackelten irgendwie.

Assoziation: »Als ich klein war, hatte ich ein Dachzimmer, und die Treppe, die dort hinauf führte, war auch so wacklig. Man mußte den Fuß sehr sorgfältig aufsetzen und sich dabei irgendwo festhalten.«

Die Erinnerung an ihre Kindheit läßt sie nun an das denken, was damals in ihrem Leben vorging: (Oder Sie fragen sich selber: Was war damals mit mir?) »Ich ging oft in dieses Dachzimmer hinauf und saß stundenlang dort. Es tröstete mich . . . Ich kann mich erinnern, daß ich zu jener Zeit oft geschlagen wurde. Ich habe mich immer daran erinnert, aber, hmm . . . (sie holt tief Atem) . . . in den Jahren danach ist es mir klar geworden, daß es viel schlimmer war, als ich es damals wahrhaben wollte. Ich habe mich daran erinnert, aber ich habe es von mir weggeschoben. Ich sagte mir, das komme in den meisten Familien vor. Aber . . . (Atemholen) . . . ich kann es jetzt berühren, wenigstens ein bißchen, in meinem Innern. Es hat gut getan, das zu tun, jetzt. Es ist so lange verdrängt worden. Aber, hmm, ich will nicht zuviel davon auf einmal.«

Wie Freud sagte, hat fast jeder Mensch Kindheitserinnerungen, die er fühlen muß, in seinem Innern, damit sie sich irgendwie verändern. Man kann dann gewisse Einschränkungen überwinden, mit denen man vorher nicht fertiggeworden ist. Die Interpretation eines Traums kann davon abhängen, daß Sie so etwas tun, denn sonst hätten Sie keine Interpretation, sondern lediglich Vermutungen.

Bei dem soeben geschilderten Traum könnte irgend jemand auf die Idee kommen: das obere und das untere Stockwerk stellen den Körper dar. Die Verbindung zwischen beiden ist brüchig, sodaß die betreffende Person zwar einen gewissen Zugang zu den tieferen, oder körperlichen, oder geerdeten Schichten hat, aber dieser Zugang ist brüchig und unsicher. Es muß also noch daran gearbeitet werden. Eine andere Vermutung wäre: Wahrscheinlich ist es etwas aus der Kindheit (weil dort der Ursprung praktisch aller unserer Probleme liegt). Man könnte auch überlegen: Wahrscheinlich sind gewisse Kindheitserlebnisse nicht vollständig verarbeitet worden, sodaß sie einem freien und sicheren Zugang im Wege stehen. Es kommt so häufig vor, daß wir nur ein oder zwei Dinge verdrängen, aber diese Verdrängung blockiert unseren ganzen Zugang zu unserem Körper und unserer Ganzheit.

Dies sind aber bloße Verallgemeinerungen, die vielleicht auf jeden einzelnen Menschen zutreffen. Vergleichen Sie diese nichtssagenden Allgemeinheiten mit der realen Assoziation, die die Träumerin gehabt hat, und der tieferen Öffnung, die ihr diese sogleich bringt. Zudem sind diese Allgemeinheiten nur eine mögliche Kombination von Vermutungen. Andere, ebenso wahrscheinliche Schlußfolgerungen hätten ebenfalls gezogen werden können. Dann hätten wir keine Interpretation, sondern nur einige sich widersprechende Hypothesen.

Eine wirkliche Interpretation ist normalerweise dasselbe wie ein wirklicher körperlicher Schritt. Hier ist es die wirkliche Erinnerung, das wirkliche, unmittelbare Gefühl von dem, was damit getan werden muß, und die Ausführung dieses Schrittes.

Wenn sich die Bedeutung eines solchen Traumes öffnet, ist das gleichbedeutend mit der Öffnung und dem Fühlen dieser Kindheitserinnerung.

Sie könnten dies aus den folgenden Gründen anstreben: Ein Traum handelt von Ihrem gegenwärtigen Leben und Ihrem gegenwärtigen

Wachstum, nicht nur von Ihrer Kindheit. Das, was die Erinnerung bringt, ist wahrscheinlich heute noch relevant. Bleiben Sie aber nicht dabei stecken: »Ja, so war es. Ich konnte es nie verwinden, daß sie mich nicht geliebt haben . . .«, oder was auch immer die Kindheitserinnerung Ihnen gebracht hat. Auch heute schließt Ihre Lebensweise und -haltung das ein, was diese Kindheitserinnerung ausdrückt. Ihre heutige Lebensweise ist aber offen für Veränderungen. Mit ihr kann sich auch das verändern, was von Ihrer Kindheit in Ihnen zurückgeblieben ist und noch nachwirkt.

Menschen sind nicht mathematische Summen von all dem, was sie erlebt haben.

Wir leben aber oft auf eine Art, die unsere Kindheitserlebnisse wiederholt. Dieselben Situationen wickeln sich ab, und dasselbe Resultat ergibt sich. Doch der Organismus ist so beschaffen, daß er nach einem gesunden und ganzheitlichen Leben strebt. Solche Repetitionen sind deshalb nicht nur schlecht. Sie sind auch der Beginn der Überwindung von dem, was uns in unserer Kindheit verletzt und behindert hat. Der Körper fängt immer wieder von neuem an, es zu überwinden. Dasselbe Ergebnis ist immer wieder da, aber die Richtung der Heilung wird ebenfalls gezeigt, wenn Sie auf Ihren Körper hören.

Wie kann Ihr Körper das tun? Es ist, wie wenn Sie Ihren Atem anhalten: Ihr Körper will ausatmen. Wenn Sie zehn Minuten lang in einer verkrampften Stellung dasitzen, dann hat Ihr Körper das Bedürfnis, aufzustehen. Wenn Sie Ihre Wut zurückhalten, will Ihr Körper dieser Wut Ausdruck geben. Wenn Sie Ihre sexuellen Wünsche unterdrücken, möchte Ihr Körper ihnen nachgeben. Wenn Sie immer viel zu nett sind und zuletzt an sich selbst denken, produziert Ihr Körper eine Traumfigur, die egoistisch und rücksichtslos ist. Und so weiter. Die Erinnerungen aus Ihrer Kindheit sind deshalb nicht einfach etwas Negatives. Sie zeigen, daß Ihr Körper nie mit der Bemühung aufhört, sie zu überwinden.

Wenn also so eine Erinnerung in Ihnen aufsteigt, so fühlen Sie, in welcher Richtung Sie mehr Leben und frische Luft finden. Sie müssen aber auch die alten Gefühle, die aus der Erinnerung auftauchen, empfinden. In meinem Beispiel müssen Sie also auch die Verkrampfung Ihres Körpers fühlen, wenn Sie die Wachstumsrichtung und den Wunsch, aufzustehen, fühlen wollen. Schieben Sie deshalb das alte Gefühl nicht zur Seite und versuchen Sie nicht, es durch etwas Besseres zu ersetzen. Die Wachstumsrichtung ist in dem negativen Gefühl enthalten. Wenn sie aufsteigt, halten Sie sie fest, sodaß Sie sowohl das verkrampfte Gefühl als auch den Wunsch, aufzustehen, wieder und wieder empfinden können.

Manchmal kommt die Wachstumsrichtung nicht so schnell. Viele Leute finden es hilfreich, das Gefühl, wie es damals war, einfach hinzunehmen. Das, was wir als Kinder nicht ertragen konnten, haben wir damals verdrängt. Dann hilft es schon, wenn man es einfach zum Vorschein kommen und atmen läßt.

Berühren Sie diese alte Verletzung oder Angst ganz zart, aber immer wieder. Nach einer Weile wird der Heilungsprozeß darin sichtbar.

Denken Sie an verschiedene Aspekte Ihres
Lebens. Es ist wahrscheinlich, daß der Traum
von den Grenzen handelt, den Einschränkungen,
die Ihr Körper zu überwinden sucht.

Viele Leute denken nie daran, andere tun es
die ganze Zeit. Wo ist Ihr Leben blockiert? Was
möchten Sie gerne tun, wie möchten Sie gerne
sein? Was möchten Sie tun, wenn Sie nicht zu
ängstlich wären? Worüber sind Sie resigniert?
Warum ist Ihr Leben grau und eintönig? Welches
sind die Grenzen und Hindernisse in Ihrem
Leben?

Wenn Sie mit Ihrem Leben ganz zufrieden
sind, umso besser. Es muß keine Illusion sein.
Aber selbst dann ist für jeden Menschen noch
eine große Entwicklung möglich, und diese ist
aufregender als eine Reise, interessanter als
äußere Abenteuer. Sogar wenn Sie es nicht nötig
haben, zu wachsen und sich zu entwickeln,
werden Sie es immer noch wollen. Vielleicht
antworten Sie aber auch: »Was ich gerne möchte,
ist eine bessere Arbeitsstelle, oder daß mein

Mann sich besser benimmt – aber solche Sachen hängen von andern Leuten ab. Wie kann ich meine Grenzen herausfinden, wie Sie sagen?« Diese äußeren Umstände können Sie zu Ihren Grenzen führen: Was geschieht in Ihrem Inneren im Zusammenhang damit? Was in Ihnen kann sich mit der heutigen Arbeitsstelle nicht zufriedengeben, und was in Ihnen hat es aufgegeben, sich um eine neue Stelle zu bemühen? Welche Gefühle, Ängste und Widerstände tauchen auf, wenn Sie daran denken, es zu versuchen? Wo in Ihrem Inneren berührt Sie das Benehmen Ihres Mannes? Was in Ihnen fühlt sich betroffen? Auf diese Weise werden Sie bald Ihre eigenen Grenzen finden. Wenn Sie einmal in Ihrem Inneren einige Schritte gemacht haben, kann sich das auch in der äußeren Situation als nützlich erweisen. Sie können stärker und entschlossener werden, sodaß sie auch mit anderen Menschen besser zurechtkommen.

Wir können in mancher Beziehung während Jahren keine Fortschritte machen. Was wir nötig haben, ist, als Ganzes zu wachsen. Stattdessen sehen wir nur die ganz bestimmte Situation. Oft scheint es keinen Ausweg zu geben. Für die Situation können wir nichts, und dennoch scheitern wir, so wie wir jetzt sind, immer und immer wieder daran. Vielleicht benötigen wir eine umfassendere Veränderung. Vielleicht sollte ich mich weniger auf dieses eine Ziel konzentrieren und mehr auf mich selbst, auf die Art von Mensch, die ich bin, auf mein inneres Wesen und Wachstum. Wo ist es verkrampft? Wo ist es eingeschränkt? In welcher Beziehung habe ich mich selbst schon vor langer Zeit aufgegeben und könnte nun doch noch beginnen, zu wachsen?

Vielleicht entgegnen Sie: »Ich bin zu alt. Wenn

ich nun fähig würde zu dem, was ich früher nicht konnte, was würde mir das noch helfen? Das, was ich verpaßte, als ich jung war, könnte ich doch nicht mehr nachholen.« Das kann sein, Sie sind vielleicht nicht mehr in der Lage, zu bekommen, was Sie verpaßt haben. Aber Sie können sich immer noch entwickeln, wirklich sein.

Viele Leute sagen: »Man kann im Leben nicht alles bekommen, was man will«, und das stimmt auch. Aber sie sagen es als Vorwand, um sich nicht weiter entwickeln zu müssen. Sie sagen: »Ich habe viel verpaßt, das ich hätte haben können, wenn ich anders gewesen wäre. Aber jetzt ist es zu spät, mich zu verändern. Man kann im Leben sowieso nicht alles haben, was man gerne möchte.« Solche Leute wissen sicher, daß es im Leben nicht darum geht, möglichst viel zu besitzen und zu konsumieren. Aber hier handelt es sich um ein resigniertes Aufgeben, eine fehlende Entwicklung der menschlichen Essenz. Es geht gar nicht darum, etwas zu bekommen.

Sie können sich jetzt entwickeln! Das bringt Ihnen vielleicht nicht mehr das, was Sie verpaßt haben, aber die trostlose, resignierte Stimmung wird neuer Energie Platz machen. Die Entwicklung (und nur schon die Bewegung, die dorthin führt) erweitert die Persönlichkeit.

Als Tante Mary siebzig Jahre alt war, realisierte sie eines Tages ganz plötzlich, daß sie ihr Leben lang für andere da gewesen war und sich immer den Erwartungen ihrer Umwelt angepaßt hatte. Statt daß diese Erkenntnis sie deprimiert hätte, gab sie ihr neue Lebenskraft. Sie sagte: »Zu schade, daß es schon so spät ist, aber jetzt bin ich frei.« Dann erklärte sie ihrem Gatten: »Ich mache eine Weltreise. Wenn du willst, kann du mitkommen.« Sie verkaufte alles, was sie besaß, und reiste ab. So konnte sie noch einige Jahre auf diese neue, freie Weise leben.

Das schlechte Gefühl, das wir beim Gedanken an das, was wir verpaßt haben, empfinden, liegt zu einem großen Teil daran, daß wir uns immer noch nicht verändert haben. Wir würden es wieder falsch machen! Im nachhinein wissen wir zwar, wie wir uns damals hätten verhalten sollen. Aber wenn wir heute wieder in eine ähnliche Situation geraten, machen wir wieder genau die gleichen Fehler! Wenn sich das einmal ändert, ertragen wir die früher gemachten Fehler viel leichter.

Selbst wenn wir uns nicht sofort ändern können, gibt uns doch schon der Kampf gegen unsere Grenzen neue Energie . . Die Herausforderung, die wir annehmen, gibt uns frische Luft. Wie sehr wir uns verändern, hängt von den Ergebnissen, dem Erfolg ab. Es geht hier auch darum, etwas zu »bekommen«. Aber auch unabhängig von Resultaten und Erfolgserlebnissen ist schon die Bewegung hin zu einer Wachstumsrichtung eine gute Art, lebendig zu sein.

Alte Leute glauben immer, für sie sei es zu spät, und den Jungen sagen sie: »Ihr sollt das Leben genießen, solange ihr jung seid. Das ist wichtig.« Es ist so »wichtig«, daß es lähmend wirkt. Vielleicht wäre es sogar besser zu sagen: »Ihr braucht das Leben nicht zu genießen.«

Freiheit, Spiel und Lebenslust braucht man um ihrer selbst willen. Auch die persönliche Entwicklung benötigt man um ihrer selbst willen, um ihrer neuen Energie und der Entkrampfung willen, die sie mit sich bringt. Dieses befreiende Körpergefühl geht verloren, wenn man zu stark unter Druck steht. Man läuft dann Gefahr, zu sehr am äußeren Verhalten zu arbeiten, und deshalb gerade an diesem zu scheitern. Ein wirklich freier Mensch stellt die menschliche Essenz über den äußeren Erfolg. Es ist sicher verständlich, daß die Resultate Ihnen nicht gleichgültig sind. Was aber auch immer die Resultate sein mögen, die Bewegung in einer Wachstumsrichtung lohnt sich schon um ihrer selbst willen.

Träume können die Wachstumsrichtungen bringen, die dieses positive Gefühl auslösen, und ebenso die energiefördernden Schritte, die diese Wachstumsrichtungen in die Wirklichkeit umsetzen.

Wenn Sie gar kein Gefühl haben, in welche Richtung Ihre Entwicklung als nächstes gehen soll (oder wenn Sie ein unlösbares Problem haben), öffnen Sie einen kleinen Raum in Ihrem Inneren, in den die Schritte eintreten können. Tun Sie das folgendermaßen: Obwohl Sie sich keinen möglichen Schritt vorstellen können, konzentrieren Sie sich auf das hoffnungslose oder verletzte Gefühl in Ihrem Körper, so als ob ein kleiner Schritt eintreten könnte. Wenn dann nichts geschieht, fragen Sie weiter. Lassen Sie die Fragen einen Raum schaffen. Es macht nichts, wenn dieser jetzt noch leer ist. Lassen Sie ihn offen. Überprüfen Sie ihn öfters. Warten Sie darauf, daß nach einer Weile ein kleiner Schritt in ihn eindringt, aus einem Traum oder sonstwie. Wenn Sie dann einen Traum haben, können Sie die folgende Frage stellen: Bezieht sich irgend etwas im Traum auf diesen Raum, den ich dort mit meinen Fragen geschaffen habe?

Freud war der Meinung, jede menschliche Erfahrung hänge in einem gewissen Sinne mit der Sexualität zusammen. Er hielt die Lebensenergie für eine sexuelle Energie.

Freud hat auch gezeigt, daß zwischen unserem sexuellen Verhalten und unserem Verhalten in anderen Situationen oft eine Analogie besteht. Das trifft zu. Sie sind dieselbe Person, dieselbe Konstellation, ob Sie lieben oder etwas anderes tun. Wenn Sie gerne Pläne entwerfen, diese aber selten in die Tat umsetzen, ist es nicht verwunderlich, wenn Sie im Vorspiel besser sind als im eigentlichen Sexualakt. Wenn Sie andererseits extravertiert sind, gewohnt, die Dinge ohne Umstände anzupacken, sagt Ihre Frau vielleicht von Ihnen: »Er ist nur am Ziel interessiert.« Wenn Sie Angst haben vor neuen Situationen, lassen Sie sich leicht verunsichern, wenn Ihre Frau neue Liebesspiele mit Ihnen ausprobieren möchte. Und so weiter.

Diese Beispiele sind stark vereinfacht. Wenn Sie Ihre eigenen Gefühle der Sexualität gegenüber untersuchen, werden Sie sie sehr komplex finden. Sie sind ein Ausdruck derselben Komplexität, die Sie auch in anderen Situationen haben.

Freud hätte gesagt, die Probleme, die wir in anderen Lebenslagen haben, seien im Grunde sexuelle Probleme. Wir brauchen das nicht zu bestätigen oder zurückzuweisen. Wir können es in beide Richtungen ausprobieren. Sex und irgend etwas anderes können Analogien sein für das jeweils andere.

Im Traum kann ein sexuelles Erlebnis eine Eigenschaft von Ihnen ausdrücken, die auch in anderen Zusammenhängen eine Rolle spielt.

Beispiel: Traum von der betrunkenen Frau
Ich schaue einer Frau auf der anderen Seite der Straße zu, die ihre Kleider ausgezogen hat. Sie ist betrunken, und ich komme mir ein wenig blöd vor, weil ich ihre Lage ausnütze, indem ich sie anschaue. Ich weiß, daß sie morgen ihr heutiges Benehmen bereuen wird.

Assoziationen: »Ich habe tatsächlich einen voyeuristischen Zug. Ich schaue gerne nackte Frauen an. Aber das wußte ich schon vorher.«

Was in Ihrem Leben ist so? Sie tun es, aber Sie kommen sich blöd dabei vor?

»Aha! Ein Durchbruch. Ich weiß, was es ist! (tiefer Atemzug). Ja, es ist Zeit, daß ich mich damit auseinandersetze.«

Was es auch immer sei, betrifft es Ihr Sexualleben?

»Nein, das ist es nicht. Es geht darum, daß ich die Dinge oft nur halbherzig in Angriff nehme, und mich dann schlecht fühle, wenn es schiefgeht. Das betrifft verschiedene Dinge, vor allem ein ganz bestimmtes Problem.«

Es kommt hier nicht darauf an, ob sich ein sexuelles Problem auf andern Gebieten manifestiert, oder ob ein allgemeines Problem in einer sexuellen Handlung ausgedrückt wird. Dieselbe Konstellation kommt in beiden Fällen zum Ausdruck. Im vorliegenden Fall hat dieser sexuelle Traum zu einem Schritt geführt, der sich auf anderen Gebieten als wichtiger erweist. Umgekehrt kann ein Traum scheinbar nicht von einem sexuellen Thema handeln, und doch kommt der Durchbruch dann, wenn Sie ihn im Zusammenhang mit Ihrer Sexualität betrachten. Überlegen Sie sich also, auf welche Weise der Traum Sie und Ihre Sexualität betreffen könnte.

Frage 16: Spiritualität

Könnte der Traum ein kreatives oder spirituelles Potential in Ihnen ansprechen?
Gibt es Dimension der Menschlichkeit in Ihrem Traum, die Sie in Ihrem täglichen Leben nicht beachten?

Traum vom Dieb in einer Villa
Die riesige Villa war voller Gold und Antiquitäten. Ich war ein Dieb. Ich ging hinein und stahl die Leintücher unter den Bettdecken. Die Bettdecken waren aus Gold. Ich ließ sie leicht zerknittert zurück.

Was würden Sie sagen, ist der Unterschied zwischen Leintüchern und Bettdecken?
»Leintücher braucht man, aber Bettdecken sind nur zur Dekoration da.«
Kümmern Sie sich in Ihrem Leben nur um das Notwendige und haben Sie keine Zeit für das Schöne?
»Es ist wahr, daß ich wenig Zeit habe für die Schönheit, für mich selbst.«
Und für geistige Dinge?
»Meinen Sie meinen Glauben? Ich gab ihn auf, als ich 22 Jahre alt war.«
Was könnte in Ihnen geschehen, wenn Sie versuchen, zu sagen: Ich habe mich in meinem Leben nur auf die Arbeit und die Bedürfnisse des täglichen Lebens konzentriert. Will etwas in mir aus meinem Leben mehr als das machen?

Stellen wir uns jemanden vor, der äußerlich ganz gewöhnlich ist. Er ist sich aber bewußt, daß in seinem Inneren gewisse merkwürdige Dinge vorgehen – wie das auf jeden Menschen zutrifft. Die Leute haben Angst, darüber zu sprechen. Vielleicht fürchtet sich die Person davor, verrückt zu werden, oder daß die Leute sie für verrückt halten könnten. Vielleicht hat sie von Zeit zu Zeit gegen Selbstmordgedanken zu kämpfen, wie das bei vielen äußerlich gewöhnlichen Menschen der Fall ist. Oder vielleicht langweilt sie sich ganz einfach und hat das unbestimmte Gefühl, daß ihr das Leben mehr hätte bringen sollen. Vielleicht nicht einmal das.

Wenn Sie sie fragen: »Glaubst du, daß eine spirituelle Entwicklung für dich möglich wäre?«, wundert sie sich, was Sie damit meinen könnten. Vielleicht denkt sie, Sie könnten darunter nur die orthodoxe Religion verstehen.

Oder wenn Sie fragen: »Hast du jemals daran gedacht, ein Dichter zu werden?« würde sie lachen. Auch wenn sie gelegentlich Gedichte schriebe, würde sie sich deshalb innerlich verlegen fühlen.

Die Leute schieben ästhetische und spirituelle Dimensionen oft weit weg von sich. Und dennoch gehören diese zu jedem Menschen.

Träume können Ihnen gerade diese Frage stellen: Möchten Sie eine spirituelle Entwicklung? Könnten Sie ein Dichter werden? Wie wäre es mit einer gewissen ästhetischen Erfahrung; Sie haben diese Seite Ihrer Persönlichkeit nicht entwickelt. Oder das Mysterium des Universums? Der Ozean? Der Traum kann etwas überwältigend Schönes zeigen.

Gehen Sie nicht daran vorüber, wenn der Traum Ihnen eine spirituelle Richtung zeigen könnte – vor allem dann nicht, wenn Sie sonst zuletzt an so etwas denken würden.

Wenn Sie aber keinen Zugang haben zu dieser Spiritualität? Wenn Sie darin nie einen Sinn haben sehen können? Dann halten Sie einfach das Gefühl, das der Traum Ihnen gegeben hat, fest. Seine Symbole und Bilder können Ihnen die Richtung besser zeigen als Worte.

Aber auch wenn Sie viele Konzepte über Spiritualität haben, zwingen Sie sie dem Traum nicht auf. Lassen Sie sich durch den Traum weiterbringen, dorthin, woran Sie noch nie gedacht haben. Achten Sie auf das Gefühl. Die Konzepte können Sie später entwickeln.

Wenn Ihr Traum Ihnen etwas überwältigend Schönes oder Eindrückliches zeigt, respektieren Sie das einfach, erinnern Sie sich daran, fühlen Sie es mit Ihrem Körper. Mehr wird kommen.

Wie auch immer Ihr Leben heute aussieht, warum sollten Sie den Rest davon auf dieselbe Weise verbringen? Warum sollten Sie den Film zu Ende sehen, wenn sie schon im voraus wissen, wie es weitergeht? Glauben Sie, daß Sie heute schon sagen können, wie der Rest Ihres Lebens verlaufen wird? Gehen Sie in eine neue Richtung! Was von all dem, was das Beste des menschlichen Lebens ausmacht, stand Ihnen bisher am fernsten? Sie brauchen es nicht im voraus zu verstehen. Lassen Sie sich durch Ihren Traum zu ihm führen.